myBook+

AF738279

Ihr Portal für alle Online-Materialien zum Buch!

Arbeitshilfen, die über ein normales Buch hinaus eine digitale Dimension eröffnen. Je nach Thema Vorlagen, Informationsgrafiken, Tutorials, Videos oder speziell entwickelte Rechner – all das bietet Ihnen die Plattform myBook+.

Ein neues Leseerlebnis

Lesen Sie Ihr Buch online im Browser – geräteunabhängig und ohne Download!

Und so einfach geht's:

- Gehen Sie auf **https://mybookplus.de**, registrieren Sie sich und geben Sie Ihren Buchcode ein, um auf die Online-Materialien Ihres Buches zu gelangen
- **Ihren individuellen Buchcode finden Sie am Buchende**

Wir wünschen Ihnen viel Spaß mit myBook+!

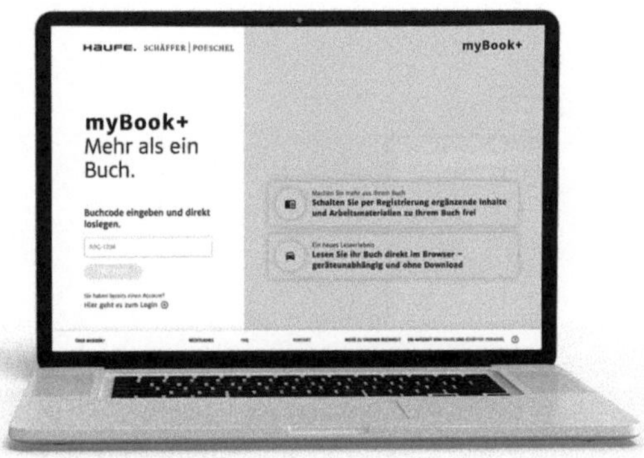

Immobilie geerbt?

Matthias Nöllke

Immobilie geerbt?

Was Sie als Erbe einer Wohnung
oder eines Hauses wissen müssen

1. Auflage

Haufe Group
Freiburg · München · Stuttgart

Bibliografische Information der Deutschen Nationalbibliothek

Die Deutsche Nationalbibliothek verzeichnet diese Publikation in der Deutschen Nationalbibliografie; detaillierte bibliografische Daten sind im Internet über http://dnb.dnb.de/ abrufbar.

Print: ISBN 978-3-648-17431-9 Bestell-Nr. 16103-0001
ePub: ISBN 978-3-648-17432-6 Bestell-Nr. 16103-0100
ePDF: ISBN 978-3-648-17433-3 Bestell-Nr. 16103-0150

Matthias Nöllke
Immobilie geerbt?
1. Auflage, März 2024

www.haufe.de
info@haufe.de

Bildnachweis (Cover): © Bildcollage von Torge Stoffers unter Verwendung von istock.com

Produktmanagement: Jasmin Jallad
Lektorat: Ulrich Leinz

Inhaltsverzeichnis

Die wichtigen Worte vorweg

Sie erben eine Immobilie. Egal, ob es sich um das klassische Einfamilienhaus handelt, ein Reihenhaus, eine Eigentumswohnung, vermietet oder nicht, ein Baugrundstück oder ein Objekt, in dem mehrere Parteien leben. Es stellen sich viele Fragen: Was ist als erstes zu tun? Welche Fristen gibt es zu beachten? Müssen Sie einen Erbschein beantragen? Und wie ist das mit dem Grundbuch? Sollten Sie vorher Einsicht nehmen, bevor Sie das Erbe antreten? Wie gehen Sie vor? Auf welche Eintragungen kommt es an?

Ist es sinnvoll, das Erbe auszuschlagen? Wie lässt sich das beurteilen? Und wie macht man das überhaupt? Welche Fristen müssen Sie einhalten? Welche Folgen ergeben daraus? Erbt dann jemand anders Ihren Teil? Ihre Kinder? Oder erben diejenigen, die das Erbe antreten, dann mehr? Lässt sich das Erbe nur teilweise ausschlagen, nach dem Muster: Aktiendepot und Familienschmuck – ja, Haus und Grundbesitz – nein?

Und wenn Sie das Erbe antreten, sind Entscheidungen zu treffen: Soll das Objekt verkauft werden? Wollen Sie es vermieten oder selbst nutzen? Müssen Sie Ihre Miterben auszahlen? Und in welcher Höhe? Oder wenn das Objekt vermietet ist: Können Sie einen neuen Mietvertrag abschließen? Können Sie kündigen und selbst dort einziehen?

Häufig sind geerbte Immobilien nicht im allerbesten Zustand. Was kommt an Kosten auf Sie zu, wenn Sie renovieren, sanieren oder komplett erneuern? Besondere Bedeutung hat das Thema Heizung und Energie: Ist das Haus mit einer Öl- und Gasheizung ausgestattet, kann es sein, dass Sie als Neubesitzer die Anlage erneuern müssen. Mit dem neuen Gebäudeenergiegesetz kommen Verpflichtungen auf Sie als Immobilienbesitzer zu. Die sollten Sie kennen, Aufwand und Kosten abschätzen können.

Und dann gibt häufig es noch eine emotionale Seite, mit der Sie ebenfalls umgehen müssen: Was bedeutet es, wenn das eigene Elternhaus verkauft werden soll? Oder wenn die Schwester mit ihrer Familie dort einzieht? Welche Empfindlichkeiten spielen da mit hinein? Wie finden Sie eine Lösung? Und wie kann es gelingen, von einem Haus, das mit so vielen Erinnerungen verbunden ist, Abschied zu nehmen?

Besonderer Klärungsbedarf besteht, wenn Sie zu mehreren erben. Denn das Thema Erbengemeinschaft steckt voller Tücken, vor allem wenn es um Immobilien geht. Weil die sich nicht ohne weiteres teilen lassen, müssen alle Entscheidungen einvernehmlich getroffen werden. Und das sorgt oftmals für Streit. Allerdings gibt es bewährte Methoden, doch noch zu einer Lösung zu kommen. Ob man sich noch einmal zusammensetzt, eine gemeinsame Vertrauensperson einschaltet oder einen professionellen Mediator. Am Ende geht es darum, eine »Teilungsversteigerung« abzuwenden. Denn die ist meist die schlechteste Lösung für alle Beteiligten.

All diese Fragen werden uns in diesem Buch beschäftigen. Und noch viel mehr: Wie ist das mit der Erbschaftssteuer? Wie wird der Wert der Immobilie dabei berechnet? Kann es sein, dass Sie die Immobilie verkaufen müssen, um die Erbschaftssteuer aufzubringen? Oder gibt es Möglichkeiten, genau das zu vermeiden? Auf den folgenden Seiten erfahren Sie mehr darüber. Wir haben für Sie Formulare vorbereitet, Musterbriefe, Checklisten und Entscheidungshilfen. Die können Sie sich auch herunterladen.

Zuletzt noch der Hinweis: Wenn Sie in diesem Buch etwas vermissen, wenn Sie Wünsche oder Anregungen haben, lassen Sie es uns wissen. Das gilt auch, wenn Ihnen irgendwelche Fehler auffallen. Die Leser der Neuauflage werden es Ihnen danken (und wir freuen uns natürlich ebenfalls über jeden Hinweis). Schließlich kann auch nicht ausgeschlossen werden, dass sich die Gesetzeslage und/oder die Rechtsprechung ändert. Daher weisen wir ausdrücklich auf Folgendes hin: Redaktionsschluss für dieses Buch war der 31. Januar 2024.

Und damit hoffe ich, dass Sie aus diesem Buch möglichst viel mitnehmen!

Dr. Matthias Nöllke

Abkürzungsverzeichnis

Abs.	Absatz
AG	Amtsgericht
AO	Abgabenordnung
Az.	Aktenzeichen
BayOLG	Bayerisches Oberlandesgericht
BewG	Bewertungsgesetz
BFH	Bundesfinanzhof
BGB	Bürgerliches Gesetzbuch
BGH	Bundesgerichtshof
ErbStG	Erbschaftssteuer- und Schenkungssteuergesetz
EstG	Einkommensteuergesetz
FamFG	Gesetz über das Verfahren in Familiensachen und in den Angelegenheiten der freiwilligen Gerichtsbarkeit
FG	Finanzgericht
FGG	Gesetz über die freiwillige Gerichtsbarkeit
GBO	Grundbuchordnung
GEG	Gebäudeenergiegesetz
GNotKG	Gesetz über Kosten der freiwilligen Gerichtsbarkeit für Gerichte und Notare
InsO	Insolvenzordnung
KG	Kammergericht (Berlin)
KV	Kostenverzeichnis
LG	Landgericht
LPartG	Gesetz über die Eingetragene Lebenspartnerschaft
OLG	Oberlandesgericht
StGB	Strafgesetzbuch
WEG	Wohnungseigentumsgesetz. Oder: Wohnungseigentümergemeinschaft
ZPO	Zivilprozessordnung
ZVG	Zwangsversteigerungsgesetz

1 Vom Erben zum Eigentümer

In diesem ersten Kapitel erfahren Sie, wie Sie zum Erben werden. Und wenn Sie es sind, stellen sich viele Fragen wie: Gibt es ein Testament? Was müssen Sie selbst in die Wege leiten? Was übernimmt das Nachlassgericht? Brauchen Sie einen Erbschein? Ab wann können Sie über Ihr Erbe verfügen? Wie können Sie den Prozess beschleunigen? Was sollten Sie klären, bevor Sie eine Erbschaft antreten? Wann ist es sinnvoll, eine Erbschaft auszuschlagen? Wie gehen Sie dabei vor? Und wie viel Zeit haben Sie?

Der größte Brocken in der Erbmasse: der Immobilienbesitz

Kaum ein anderer Vermögenswert spielt im Nachlass eine so große Rolle wie der Immobilienbesitz. Fast jede zweite Erbschaft in Deutschland ist mit einer Immobilie verbunden, schätzen Experten. Tendenz steigend. Knapp die Hälfte der Fälle betrifft Einfamilienhäuser, über ein Viertel Eigentumswohnungen. Es folgen Grundstücke, Zweifamilienhäuser, Mehrfamilienhäuser. Das sind beträchtliche Vermögenswerte, die Jahr für Jahr transferiert werden. Circa 400 Milliarden Euro sollen es sein. Das ist mehr als der Bundeshaushalt. Dabei handelt es sich um Schätzungen. Die genauen Zahlen kennt niemand. Einer der Gründe: Der Wert der Immobilie wird gar nicht erfasst, weil sie von den Erben selbst genutzt wird und damit meist von der Erbschaftssteuer befreit bleibt.

1.1 Wer erbt was?

Zum Erben einer Immobilie können Sie auf unterschiedliche Weise werden. Die einfachste Möglichkeit ist auch die bei weitem häufigste: Es gibt *kein* Testament, Sie sind Erbe, weil Sie in der gesetzlichen Erbfolge (siehe 1.1.1) dafür vorgesehen sind. Zum Beispiel als Ehepartner, Sohn oder Tochter. Dann geht der gesamte Nachlass auf Sie über, mit allen Rechten und Pflichten. Gibt es mehrere Erben, bilden sie eine Erbengemeinschaft. Das Thema wird uns noch ausführlich beschäftigen, in einem eigenen Kapitel, dem Kapitel 5. Hier nur so viel: Die Erbengemeinschaft übernimmt gemeinsam den gesamten Nachlass – mit allen Rechten und Pflichten. Die einzelnen Erben haben womöglich nur unterschiedlich große Anteile an diesem Nachlass.

Dies ist wichtig zu verstehen: Es bleibt kein Rest. Und es ist zunächst auch nicht so, dass einzelne Erben bestimmte Vermögenswerte beanspruchen können. Nach dem Muster: Sie bekommen das Haus und Ihre Schwester das Aktiendepot. Und die Schulden übernimmt der vermögende Bruder der Verstorbenen, Ihr Onkel. Zunächst geht es nur um die unterschiedlichen **Anteile**. Wie die aufgeteilt werden, das ist ein eigenes Thema. Hier kann das Testament Vorgaben machen (siehe dazu auch Kapitel 1.1.3). Doch ist das keineswegs zwingend. Und es geschieht auch nicht so, wie man sich das landläufig vorstellt. Das Testament ist nämlich nicht die Auflistung der eigenen

Vermögenswerte mit der Angabe, wer was bekommt. Vielmehr geht es zunächst nur um die Aufteilung des Nachlasses, also wie groß die einzelnen Stücke vom Kuchen sind.

Das hat zwei Vorteile: Es muss nicht ständig ein neues Testament gemacht werden, wenn sich die Vermögenswerte ändern, sagen wir: ein neues teures Auto angeschafft oder der Familienschmuck verkauft wird. Zweitens: Es geht um den Nachlass in seiner Gesamtheit. Und der enthält sehr oft auch Teile, die nicht so attraktiv sind: Verbindlichkeiten, Zahlungsverpflichtungen, Schulden, womöglich auch in Form einer überschuldeten Immobilie.

1.1.1 Die gesetzliche Erbfolge

Auch wenn der Verstorbene, der »Erblasser«, wie es im Erbrecht heißt, seinen Nachlass nach den eigenen Wünschen und Vorlieben aufteilen kann, so sind seinen Möglichkeiten doch gewisse Grenzen gesetzt. Wer enterbt wird, muss noch lange nicht leer ausgehen, wie wir noch sehen werden (siehe dazu auch Kapitel 1.1.4).

Den Rahmen für die Erbschaft setzt die sogenannte »gesetzliche Erbfolge«. Sie gilt automatisch, wenn kein Testament vorliegt. Sie regelt die Reihenfolge, in der ein Nachlass vererbt wird, und wie groß der Anteil ausfällt.

Erste, zweite, dritte, vierte Ordnung

Um die gesetzliche Erbfolge zu verstehen, müssen wir uns mit dem Ordnungssystem des Erbrechts beschäftigen. Es gibt Erben erster, zweiter, dritter und vierter Ordnung. Welcher Ordnung Sie als Erbe angehören, richtet sich nach dem Verwandtschaftsverhältnis. Je näher Sie dem Gesetz nach mit dem Erblasser verwandt sind, umso höher werden Sie »gerankt«. Kinder gehören der ersten Ordnung an, Eltern und Geschwister der zweiten, Cousins und Cousinen sind Erben dritter Ordnung. Und so weiter. Doch es gibt eine wichtige Ausnahme: Ehepartner sind zwar nicht verwandt, sie zählen aber zu den Erben erster Ordnung. Im Einzelnen:

Erben erster Ordnung: Kinder, leibliche, aber auch Adoptivkinder, nachgeordnet: deren Kinder, also die Enkel, und der Ehepartner (§ 1924 BGB)

Erben zweiter Ordnung: Eltern, Geschwister, Nichten und Neffen (§ 1925 BGB)

Erben dritter Ordnung: Großeltern, Tanten und Onkel, Cousinen und Cousins (§ 1926 BGB)

Erben vierter Ordnung: Urgroßeltern und deren Abkömmlinge (§ 1928 BGB)

Dabei gilt das Ausschlussprinzip: Gibt es Erben erster Ordnung, gehen die Erben zweiter Ordnung leer aus. Und die Erben dritter Ordnung kommen erst zum Zuge, wenn es keine Erben erster und zweiter Ordnung gibt. Was die vierte Ordnung angeht, so fragen Sie sich vielleicht, wie es sein kann, dass jemand seine Urenkel beerbt. Das mag tatsächlich eine kuriose Ausnahme sein, doch worauf es ankommt, das sind die »Abkömmlinge«, also deren direkte Verwandte.

Konkret heißt das: Wenn es sonst keine anderen Verwandten gibt, dann geht man zurück bis zu den Urgroßeltern. Die mögen längst verstorben sein, doch haben die womöglich Kinder, Enkel oder Urenkel, die dann als Erben vierter Ordnung ins Spiel kommen. Dabei fällt der gesamte Nachlass an denjenigen »Abkömmling«, der mit dem Verstorbenen am nächsten verwandt ist. Gibt es mehrere gleich nahe Verwandte, sagen wir fünf Urenkel, so erben die zu »gleichen Teilen« (§ 1928 Abs. 3 BGB).

Es gibt noch eine fünfte und »fernere« Ordnungen, die sich so zusammenfassen lassen: Wer irgendeine Verwandtschaft mit dem Verstorbenen nachweisen kann, dem fällt der Nachlass zu – wenn sich sonst niemand anders aufspüren lässt, der näher verwandt ist (§ 1929 BGB).

Das Repräsentationsprinzip

Ein weiteres Prinzip bei der gesetzlichen Erbfolge ist schon angeklungen. Es handelt sich um das »Repräsentationsprinzip«. Damit ist gemeint: Wenn ein erbberechtigter Angehöriger nicht mehr lebt, dann rücken seine direkten Nachkommen an seine Stelle. Aber eben nur dann.

Beispiel: Erbt die Schwester, erben nicht ihre Kinder

Nehmen wir an, die Verstorbene ist ledig geblieben, sie hat keine eigenen Kinder, aber zwei Geschwister, die als Erben zweiter Ordnung erbberechtigt sind. Der Bruder ist bereits verstorben, er hat aber einen Sohn. Der rückt nach dem Repräsentationsprinzip an seine Stelle und erbt seinen Anteil. Die Schwester hat drei Kinder. Die werden in der gesetzlichen Erbfolge jedoch nicht berücksichtigt. Denn ihre Mutter lebt ja und ist in der Lage, das Erbe anzutreten. Nur wenn sie das Erbe ausschlägt (siehe Kapitel 1.6), kommen ihre Kinder nach dem Repräsentationsprinzip wieder ins Spiel. Sie können die Erbschaft antreten – oder gleichfalls ausschlagen. In diesem Fall bliebe nur der Neffe der Verstorbenen als Alleinerbe übrig – wenn er das Erbe annimmt.

Dabei sollten Sie wissen: Das Repräsentationsprinzip kommt **nur bei Verwandten** zum Tragen. Der Ehepartner, der bei den Erben erster Ordnung berücksichtigt wird, spielt beim Repräsentationsprinzip keine Rolle. Um bei dem eben erwähnten Beispiel zu bleiben: Wenn der Bruder der Erblasserin verstorben ist, spielt es keine Rolle, ob seine Frau noch am Leben ist. Von der gesetzlichen Erbfolge ist sie ausgeschlossen.

Ein letzter Punkt: Adoptivkinder und leibliche Kinder sind gleichgestellt. Auch spielt es keine Rolle, ob es sich um eheliche oder uneheliche Kinder handelt oder ob sie aus erster, zweiter und fünfter Ehe stammen.

All dies gilt, um es noch einmal zu betonen, für die *gesetzliche* Erbfolge. Hat die Verstorbene jedoch ein Testament hinterlassen und verfügt, dass ihre Verwandten gar nichts bekommen und alles an den Tierschutzverein gehen soll, so gelten andere Regeln. Dass in diesem Fall die Verwandten nicht leer ausgehen müssen, wird uns gleich noch beschäftigen.

Die Anteile

Was Sie bekommen, das hängt auch davon ab, wie hoch Ihr Anteil am Erbe ist. Ist das nicht durch ein Testament festgelegt, greift auch hier die gesetzliche Regelung. Und die sieht vor, dass gleichrangige Erben zu *gleichen Teilen* erben. Gibt es drei Kinder, erben die jeweils zu einem Drittel. Der Anteil ist nicht größer oder kleiner, wenn es sich um leibliche oder Adoptivkinder handelt, uneheliche Kinder, minderjährige oder Kinder aus vorangegangenen Ehen.

Nach dem Repräsentationsprinzip wird nur der Anteil weiterverteilt, der auf die Person entfällt, an deren Stelle man in die Erbschaft eintritt. Gibt es zwei Kinder (und keinen Ehepartner mehr), erben die jeweils zur Hälfte. Wenn von den beiden Kindern eines nicht mehr lebt oder das Erbe ausschlägt, geht sein Anteil womöglich auf seine Kinder über. Gibt es davon drei Kinder, die alle das Erbe annehmen, beträgt ihr Anteil jeweils ein Sechstel (nämlich von der Hälfte ein Drittel).

Wie viel bekommt der Ehepartner?

Eine Sonderrolle spielt der Ehepartner oder der Partner einer eingetragenen Lebensgemeinschaft.

Der Partner/Ehepartner erbt mindestens ein Viertel. Nämlich dann, wenn es noch weitere Verwandte erster Ordnung gibt, also eigene Kinder und deren Abkömmlinge, und die Vermögensverhältnisse über einen Ehevertrag geregelt sind und zum Beispiel »Gütertrennung« vereinbart wurde.

Die meisten Ehen sind jedoch eine »Zugewinngemeinschaft«. Und dann erhöht sich der Anteil des Ehepartners auf die Hälfte.

Sind Verwandte zweiter Ordnung zu berücksichtigen, z. B. weil es keine gemeinsamen Kinder gibt, erbt der Ehepartner drei Viertel in einer »Zugewinngemeinschaft«. Wurde Gütertrennung vereinbart, ist es sogar nur Hälfte.

Diese Regelung ist vielen gar nicht bewusst. Kinderlose Ehepaare meinen, der überlebende Ehepartner erbt automatisch alles. Doch das ist nicht immer der Fall. Zunächst einmal wird nämlich nach den Angehörigen erster Ordnung geschaut. Das sind auch die eigenen Eltern. Die erben die Hälfte (bei Gütertrennung) oder ein Viertel (bei der Zugewinngemeinschaft). Sind die Eltern bereits verstorben, treten aber nach dem Repräsentationsprinzip deren Abkömmlinge auf den Plan: Die Kinder der Eltern, das können Geschwister, aber auch Halbgeschwister sein. Und es spielt keine Rolle, ob man mit diesen Geschwistern in Eintracht und Harmonie gelebt hat oder sie nicht einmal persönlich kennt (was bei Halbgeschwistern ja durchaus vorkommt).

Wenn Sie jetzt etwas unruhig werden, weil Sie selbst kinderlos sind und Ihren Geschwistern und/oder deren Kindern eher distanziert gegenüberstehen: Es gibt eine ganz einfache Methode, den eben geschilderten Fall zu verhindern: Sie regeln das in Ihrem Testament und setzen Ihren Lebenspartner als Alleinerben ein. Allerdings gibt es eine Einschränkung: Die Eltern des Verstorbenen könnten ihren Pflichtteil (siehe 1.1.4) beanspruchen! Dieses Recht steht den Geschwistern allerdings nicht zu. Und der Pflichtteil ist auch nur dann auszuzahlen, wenn er von den Eltern beansprucht wird. Ein gutes Verhältnis zu den Schwiegereltern kann sich also lohnen.

Sind keine Eltern, Geschwister, Nichten und Neffen vorhanden, dann fällt dem Ehepartner auch ohne Testament das gesamte Erbe zu.

Und noch ein Hinweis: Wer in einer »Ehe ohne Trauschein« zusammenlebt, hat ohne testamentarische Verfügung *keinerlei* Ansprüche auf das Erbe. Die gesetzlichen Bestimmungen über das »gesetzliche Erbrecht des Ehegatten«, auf die wir uns in diesem Abschnitt beziehen, finden sich in § 1931 BGB.

1.1.2 Gibt es ein Testament?

Von der gesetzlichen Erbfolge kann abgewichen werden, wenn man seinen Nachlass testamentarisch regelt. Dann spielen verwandtschaftliche Beziehungen (fast) keine Rolle mehr. Wer erbt, das kann der »Erblasser« nach freien Stücken entscheiden. Es muss sich nicht einmal um natürliche Personen handeln, auch Vereine, Stiftungen, Kirchen und andere Organisationen jeder Art können bedacht werden.

Allerdings gibt es eine Grenze: Die nächsten Angehörigen wie der Ehepartner oder (eingetragener) Lebenspartner, Kinder, Enkel und Urenkel sowie die eigenen Eltern (wenn keine eigenen Kinder vorhanden sind) haben Anspruch auf ihren »Pflichtteil« (siehe Kapitel 1.1.4). Diesen Anspruch müssen Sie allerdings rechtzeitig stellen und gegebenenfalls einklagen. Sonst gehen sie leer aus.

Notariell beurkundet oder selbstgestrickt?
Beim Testament müssen wir unterscheiden zwischen einerseits dem notariell beurkundeten Testament, das erbrechtlich geprüft und für gut befunden worden ist – und das den Erbschein ersetzen kann. Und andererseits dem, sagen wir: freihändig formulierten, selbstgestrickten Testament, bei dem ein Erbschein (Kapitel 1.2) meistens nötig ist (vor allem wenn es um Immobilien geht) – das jedoch nicht weniger gültig ist.

Was dieses selbst aufgesetzte Testament betrifft, so kann es gegen eine Gebühr beim zuständigen Nachlassgericht hinterlegt werden (aktuell 93 Euro: 75 Euro für die Aufbewahrung, 18 Euro für die Erfassung im Zentralen Testamentsregister).

Wenn Sie selbst in Besitz eines solchen Testaments sind oder es in den Unterlagen des Verstorbenen finden, sind Sie verpflichtet, es unverzüglich an das Nachlassgericht weiterzuleiten. Auch wenn Sie Zweifel haben, ob es überhaupt gültig ist, weil es nicht handschriftlich verfasst wurde, die Unterschrift fehlt oder es unklar formuliert ist. Sie dürfen es nicht für sich behalten. Es ist Sache des Nachlassgerichts, darüber zu entscheiden.

Welches Nachlassgericht ist zuständig?

Das Nachlassgericht ist kein eigenständiges Gericht wie ein Finanz- oder Arbeitsgericht. Vielmehr handelt es sich um eine Abteilung des Amtsgerichts, das sich um das Erbrecht kümmert. Maßgeblich ist, wo der Verstorbene zuletzt seinen »gewöhnlichen Aufenthalt«, seinen Wohnsitz, hatte. Das kann auch das Pflegeheim sein, in dem er zuletzt untergebracht war. Klären Sie, welches Amtsgericht für diesen Ort zuständig ist. Dort befindet sich das zuständige Nachlassgericht.

1.1.3 Erbe oder Vermächtnis?

Eine wichtige Unterscheidung ist die zwischen Erbe und Vermächtnis. Beides wird im Testament geregelt (oder im notariell beurkundeten Erbvertrag). Den meisten ist der Unterschied nicht geläufig. Denn in beiden Fällen geht etwas aus dem Nachlass in Ihren Besitz über. Doch stehen unterschiedliche Prinzipien dahinter, und die rechtlichen Konsequenzen können geradezu gegensätzlich sein:

Beim **Erbe** geht es nicht um konkrete Wertgegenstände, sondern um Anteile: Sie sind beispielsweise Alleinerbe oder erben 1/3, 1/6 oder 1/8. Wichtiger noch: Als Erbe treten Sie in alle Rechte und Pflichten ein, die mit dem Nachlass verbunden sind.

Beim **Vermächtnis** wird Ihnen ein bestimmter Vermögenswert aus dem Nachlass »vermacht«: Sie sollen die Münzsammlung der Verstorbenen bekommen oder die Eigentumswohnung in Stuttgart. Wichtiger noch: Mit einem bloßen Vermächtnis werden Sie nicht zum Erben. Sie haben weder die Rechte, noch die Pflichten, die mit dem Nachlass verbunden sind.

Bevor Sie voreilige Schlüsse ziehen: Erbschaftssteuer müssen Sie in beiden Fällen zahlen (siehe Kapitel 9.1). Zumindest wenn Sie die Freibeträge überschreiten. Aber – und das ist entscheidend: Rechtsnachfolger sind Sie nur als Erbe. Wenn Ihnen im Testament nur etwas »vermacht« wird, so haben Sie Anspruch auf den betreffenden Vermögenswert. Den Anspruch haben Sie aber gegenüber den Erben. Die müssen Ihnen die Münzsammlung aushändigen oder mit Ihnen zum Notar, um die Eigentumswohnung auf Sie umzuschreiben. Mehr dazu später.

Und wenn die Erben das nicht tun, dann müssen Sie Ihre Ansprüche gegenüber den Erben gerichtlich durchsetzen. In den meisten Fällen wird das nicht nötig sein. Erst recht nicht, wenn das Testament klar formuliert ist. Aber der Unterschied sollte klar geworden sein: Als »Vermächtnisnehmer« haben Sie mit dem Erbschein und all den anderen Erbschaftsangelegenheiten nur indirekt zu tun. Und Sie haben im Unterschied zu den Erben erst einmal keinen Zugriff auf den Nachlass.

Woran Sie erkennen, dass Sie kein Erbe sind

In vielen Testamenten taucht der Begriff »Vermächtnis« gar nicht auf. Doch finden sich Formulierungen, die in diesem Sinne gedeutet werden. Zum Beispiel: »Svenja T. soll die Eigentumswohnung in Stuttgart bekommen.« Oder: »Ich hinterlasse meine Kunstsammlung Svenja T.« Oder: »Ich bestimme, dass mein Auto an meinen Neffen Lukas geht.« Werden Svenja T. und Neffe Lukas nicht an anderer Stelle des Testaments als Erben eingesetzt, sind sie kein Erbe und gehören auch nicht einer etwaigen Erbengemeinschaft an.

Manchmal sind die Formulierungen im Testament missverständlich und müssen gedeutet werden. Etwa wenn dort steht: »Ich vererbe meinem Schwager Ulf das gesamte Mobiliar.« Mit hoher Wahrscheinlichkeit handelt es sich um ein Vermächtnis. Denn es ist ja ein bestimmter Gegenstand, der hier im erbrechtlichen Sinne »vermacht« und eben nicht »vererbt« wird.

Im Sinne von § 2084 BGB geht es darum, herauszufinden: Was ist der Wille des Verstorbenen? Im vorliegenden Fall dürfen wir annehmen, dass ihm die juristische Bedeutung des Wortes »vererben« nicht bewusst gewesen wird, es ihm aber darum gegangen ist, dass Ulf das Mobiliar bekommt. Und das ist ein Vermächtnis.

Zwar gibt es manche Spitzfindigkeiten, die sich nur Juristen mit dem Schwerpunkt Erbrecht erschließen. In solchen Fällen brauchen Sie deren Rat. Doch findet sich im BGB eine brauchbare Faustregel:

§ 2087 BGB: Zuwendung des Vermögens, eines Bruchteils oder einzelner Gegenstände

(1) Hat der Erblasser sein Vermögen oder einen Bruchteil seines Vermögens dem Bedachten zugewendet, so ist die Verfügung als Erbeinsetzung anzusehen, auch wenn der Bedachte nicht als Erbe bezeichnet ist.

(2) Sind dem Bedachten nur einzelne Gegenstände zugewendet, so ist im Zweifel nicht anzunehmen, dass er Erbe sein soll, auch wenn er als Erbe bezeichnet ist.

Auf eine weitere Besonderheit wollen wir noch hinweisen: Große Vermögenswerte sollten eher »vererbt«, spezielle Liebhaberobjekte »vermacht« werden. Es spricht nicht gerade für ein durchdachtes Testament, wenn eine Immobilie als »Vermächtnis« übertragen wird und für die eigentlichen Erben nicht mehr viel übrigbleibt. Ist außerdem noch damit zu rechnen, dass enterbte Familienmitglieder ihren Pflichtteil (siehe Kapitel 1.1.4) einfordern, ist es kaum ratsam, ein solches Erbe anzutreten. Denn bei der Berechnung des Pflichtteils wird der gesamte Nachlass berücksichtigt, einschließlich aller Vermächtnisse.

Und wenn es das Vermächtnis gar nicht mehr gibt?
Was geschieht, wenn einer Person ein bestimmter Vermögenswert vermacht wird, doch der ist gar nicht mehr vorhanden, wenn der Erblasser stirbt? Neffe Korbinian soll laut Testament die Goldmünzen bekommen, aber im Nachlass finden sich gar keine Goldmünzen? Müssen dann die Erben eine Entschädigung leisten? Klare Antwort: Nein. Was am Todestag nicht mehr zum Nachlass gehört, kann nicht vermacht werden. Das Vermächtnis bezieht sich immer auf einen bestimmten Gegenstand. Wenn der nicht mehr vorhanden ist, kann er nicht mehr vermacht werden. Das Vermächtnis ist unwirksam.

1.1.4 Der Pflichtteil

Für die Erben von Immobilien ist das Thema Pflichtteil von besonderem Interesse. Denn den Pflichtteil können diejenigen Angehörigen beanspruchen, die im Testament gar nicht oder nicht ausreichend genug bedacht worden sind. Meist handelt es sich um enterbte Kinder, ob aus früheren Beziehungen oder vermeintlich missratene Sprösslinge, die der Erblasser abstrafen will. Allerdings haben auch die Ehepartner Anspruch auf ihren Pflichtteil. In bestimmten Fällen auch die Eltern (nämlich, wenn keine eigenen Kinder oder Enkel vorhanden sind) oder die Enkel (wenn der Elternteil bereits verstorben ist, der vom Erblasser abstammt). Das klingt kompliziert, ist aber recht einfach zu verstehen: Ein Kind des Erblassers ist pflichtteilsberechtigt. Ist dieses Kind bereits verstorben, können seine Kinder den Pflichtteil beanspruchen.

Wichtig: Alle anderen sind beim Thema Pflichtteil ausgeschlossen! Geschwister, Neffen und Nichten, geschiedene Ehepartner, Partner ohne Trauschein und alle anderen haben keinen Anspruch. Es sind nur die nächsten Angehörigen.

Der Pflichtteil ist so etwas wie das Minimum, das jemand bekommen muss. Er beträgt die *Hälfte* der Summe, die einem nach der gesetzlichen Erbfolge zustehen würde (§ 2303 Abs. 1 BGB).

Beispiel: Wird eine Tochter enterbt, während ihre beiden Geschwister erben, so beträgt der Pflichtteil ein Sechstel des Nachlasses. Denn nach der gesetzlichen Erbfolge stünde ihr ein Drittel zu.

Wichtig für unser Thema: Wer den Pflichtteil beansprucht, wird dadurch *nicht* zum Erben und auch nicht Teil der Erbengemeinschaft. Vielmehr hat er Ansprüche gegenüber den Erben. Und zwar finanzielle Ansprüche. Der Pflichtteil wird ausbezahlt. Der »enterbte Erbe« kann keinerlei Ansprüche auf Wertgegenstände aus dem Nachlass geltend machen.

Für die tatsächlichen Erben heißt das jedoch: Es muss der Wert des Nachlasses bestimmt werden (siehe Kapitel 1.2.4). Und zwar zum Zeitpunkt des Erbfalls, mit anderen Worten, Stichtag ist der Tag, an dem der Erblasser verstirbt (vgl. § 1942 BGB). Wertsteigerungen oder -minderungen werden nicht berücksichtigt. Ein Wertpapierdepot wird also nach dem Tageskurs des Todestags bewertet. Immobilien sind im Allgemeinen weit weniger Wertschwankungen unterworfen. Üblicherweise werden sie durch ein »Wertgutachten« bewertet. Die Kosten für dieses Gutachten werden aus dem Nachlass bezahlt. Das heißt, die Erben kommen dafür auf. Allerdings mindern die Kosten auch den Wert des Nachlasses. Und so steuert der Pflichtteilberechtigte zumindest einen Teil der Kosten indirekt bei.

Mögliche Schulden werden naheliegenderweise ebenfalls vom Vermögen abgezogen. Und auch die Kosten, die durch den Erbfall entstehen, sind abzugsfähig. Nicht jedoch die Kosten der Testamentseröffnung, des Erbscheins, Grabpflegekosten, die Kosten der Erbschaftssteuererklärung oder die Erbschaftssteuer selbst.

Muss die ererbte Immobilie verkauft werden, um den Pflichtteil auszuzahlen?

Eine Frage, die sich mancher bange stellt: Müssen Sie eine Immobilie veräußern, um den Pflichtteil aufzubringen? Vor allem wenn die Immobilie sehr hoch bewertet wird, ist es nicht ungewöhnlich, dass die Erben nicht in der Lage sind, die erforderliche Summe aufzubringen. Dann lautet die Antwort auf die Frage bedauerlicherweise: Ja.

So kann paradoxerweise eine Enterbung dazu führen, dass ein Haus nicht mehr in Familienbesitz bleibt.

Die Erben sind keineswegs verpflichtet, von sich aus aktiv zu werden und einen Pflichtteil auszuzahlen. Vielmehr muss derjenige, der den Pflichtteil beansprucht, diesen einfordern. Seine Ansprüche auf den Pflichtteil verjähren nach drei Jahren. Dabei beginnt die Frist erst mit Ablauf des Kalenderjahrs, in dem der Anspruch entstanden ist und der Berechtigte Kenntnis von dem Erbfall und den Erben erlangt hat. Um seine Ansprüche zu wahren, muss er in dieser Zeit eine rechtsverbindliche Erklärung der Erben verlangen, in der sie seinen Pflichtteilsanspruch anerkennen. Oder er kann bei Gericht Klage einreichen. Die bloße Aufforderung, seine Ansprüche anzuerkennen und ihn auszuzahlen, reicht nicht aus.

1.1.5 Wer bekommt den Hausrat?

Eine Besonderheit betrifft den Hausrat des Verstorbenen. Der kann nämlich komplett an den Ehe- bzw. eingetragenen Lebenspartner übergehen – auch wenn es noch weitere Miterben gibt. Dieser Anspruch gründet sich auf § 1932 BGB und § 10 LPartG. Der juristische Begriff hierfür lautet »Voraus«. Zum Voraus gehören nicht nur die Gegenstände des gemeinsamen Haushalts wie Möbel, Haushaltsgeräte, Geschirr, Bestecke, Wäsche, Bücher und so weiter, sondern auch die Geschenke, die sich die Partner zur Hochzeit gemacht haben.

Dieses Recht erstreckt sich auch auf Gegenstände von einigem Wert wie Gemälde, Teppiche oder Antiquitäten, wenn sie denn die gemeinsame Wohnung schmücken. Auch das gemeinsam genutzte Auto gehört zum »Voraus«. Allerdings gilt diese Regelung nur, wenn der Lebenspartner als gesetzlicher Erbe (siehe Kapitel 1.1.1) zum Zuge kommt. Wird er testamentarisch eingesetzt oder gibt es einen Erbvertrag, fällt der gesamte Hausrat in den Nachlass und muss bei der Aufteilung unter den Erben berücksichtigt werden. Und noch etwas: Die Vermögenswerte, die im »Voraus« enthalten sind, müssen bei der Erbschaftssteuererklärung berücksichtigt werden.

1.1.6 Der Zugang zur Wohnung

Im Prinzip können Sie als Erbe sofort über den Nachlass verfügen. Welche Einschränkungen es gibt, werden wir noch schildern (siehe dazu Kapitel 1.6.2). Doch sind Sie auch als »vorläufiger Erbe« berechtigt, die Wohnung des Verstorbenen zu betreten und die Unterlagen zu sichten, die für die Erbschaft von Bedeutung sind (siehe dazu Kapitel 2.1).

Auch ist es möglich, Sicherungsmaßnahmen zu veranlassen, um Personen auszuschließen, die mit der Erbschaft nichts zu tun haben, aber aus irgendwelchen Gründen noch Zugang zu der Wohnung haben und Vermögenswerte beiseiteschaffen könnten.

Sie können Schlösser austauschen lassen, Vollmachten widerrufen (damit die Konten nicht abgeräumt werden) und wertvolle Gegenstände aus dem Nachlass in Sicherheit bringen. Es geht natürlich nicht darum, sich etwas anzueignen, sondern etwas zu verwahren. Daher ist es ratsam, auch andere Erben oder Zeugen beizuziehen, um das eigene Verhalten zu dokumentieren, damit gar nicht erst der Verdacht aufkommt, Sie wollten sich Vorteile verschaffen.

1.1.7 Vollmachten widerrufen

Um den Nachlass zu sichern, können Sie Vollmachten widerrufen, die der Verstorbene erteilt hat. Dies gilt auch für Vollmachten, die »über den Tod hinaus« erteilt wurden. Denn nach § 1922 BGB gehen alle Rechte und Pflichten des Erblassers auf die Erben über. Dazu gehört auch das Recht, Vollmachten zu widerrufen.

Allerdings sollte eine Vollmacht nicht voreilig widerrufen werden – nur um selbst die Verantwortung zu übernehmen. Häufig erleichtert eine bestehende Vollmacht den Übergang des Erbes und macht eine Erbengemeinschaft handlungsfähig. Nur wenn Sie befürchten, dass die Person gegen Ihre Interessen handelt, sollten Sie ihr die Vollmacht entziehen. Dazu sind Sie auch als Miterbe berechtigt – dann betrifft Ihr Widerruf allerdings nur Ihre eigenen Angelegenheiten bei der Erbschaft. Die übrigen Erben werden weiterhin von der bevollmächtigten Person vertreten.

Ihren Widerruf erklären Sie in einem Schreiben an die bevollmächtigte Person. Es empfiehlt sich, den Eingang des Schreibens als Einschreiben bestätigen zu lassen. Was sollte Ihr Widerruf enthalten?

- Als erstes sollten Sie darlegen, dass Sie Erbe sind. Ob testamentarisch bestimmt oder als Angehöriger durch die gesetzliche Erbfolge legitimiert (z. B. als Tochter).
- Nehmen Sie Bezug auf die Vollmacht. Zum Beispiel: »Die Verstorbene hat Ihnen eine Generalvollmacht über den Tod hinaus erteilt.«
- Erklären Sie, dass Sie die Vollmacht widerrufen. Ob als Alleinerbe, Miterbe oder im Namen der Erbengemeinschaft.
- Weisen Sie darauf hin, dass die bevollmächtigte Person ab sofort nicht mehr über den Nachlass verfügen und keine Erklärungen abgeben darf.
- Machen Sie deutlich, dass sich die bevollmächtigte Person schadenersatzpflichtig macht, wenn sie Ihren Widerruf ignoriert.
- Schließlich können Sie die bevollmächtigte Person auffordern, Ihnen die beglaubigte Vollmacht zuzusenden. Dies natürlich nur, wenn die Vollmacht gänzlich erloschen ist (und nicht etwa für Miterben weiterhin gelten könnte).

1.2 Brauchen Sie einen Erbschein?

Wenn Sie eine Immobilie erben, müssen Sie in aller Regel einen Erbschein beantragen. Dies tun Sie beim zuständigen Nachlassgericht (siehe Kapitel 1.1.2). Der Erbschein ist ein amtliches Zeugnis, mit dem Sie sich als Erbe legitimieren können. Erst wenn Sie einen Erbschein vorlegen, sind Sie berechtigt, frei über den Nachlass zu verfügen. Dann dürfen Sie von den Konten des Verstorbenen Geld abheben, Wertpapiere und Gegenstände aus dem Nachlass verkaufen oder versteigern lassen. Sie dürfen geschäftlich handeln.

Und Sie dürfen sich jetzt ins Grundbuch als Eigentümer eintragen lassen. Für diese Grundbuchänderung fallen keine Gebühren an, wenn Sie den Eintrag innerhalb von zwei Jahren nach dem Sterbedatum beim Grundbuchamt einreichen. Der Erbschein ist allerdings nicht kostenlos. Mit welchen Kosten Sie rechnen müssen, klären wir gleich.

Gibt es ein notariell beglaubigtes Testament oder einen Erbvertrag, ist die Vorlage eines Erbscheins nicht immer erforderlich (§ 35 Abs. 1 GBO). Allerdings muss sich aus diesen Dokumenten zweifelsfrei ergeben, wie die Erbfolge geregelt ist. Bestehen beim Grundbuchamt Zweifel daran, kann es verlangen, dass Sie zusätzlich noch den Erbschein vorlegen.

Mit einem privaten Testament, das ein Angehöriger beim Nachlassgericht einreicht, oder als gesetzlicher Erbe (wenn es kein Testament gibt), kommen Sie um den Erbschein nicht herum. Zumindest wenn es um Immobilienbesitz geht. Und auch die Banken verlangen in aller Regel einen Erbschein, ehe Sie über die Konten frei verfügen können. Aber das müssen Sie nicht hinnehmen.

BGH: Banken dürfen nicht pauschal einen Erbschein verlangen

Die Bank darf Ihnen nicht ohne weiteres die Verfügung über die Konten des Verstorbenen verwehren. Voraussetzung ist allerdings, dass Sie auf andere Weise nachweisen, dass Sie Erbe sind. Zum Beispiel durch ein notarielles Testament oder einen Erbvertrag. Auch ein handschriftliches Testament wird anerkannt, wenn es eindeutig formuliert ist. Als weitere Absicherung reichen Sie das Eröffnungsprotokoll des Nachlassgerichts ein. Das wird Ihnen zugeschickt, wenn das Nachlassgericht das Testament oder den Erbvertrag eröffnet. Erkennt die Bank Ihre Nachweise nicht an, verweisen Sie auf ein höchstrichterliches Urteil: Der BGH hat entscheiden, dass die Bank sich mit anderen Nachweisen zufriedengeben muss (Urteil vom 29.1.2019, Az. XI ZR 311/18).

Und natürlich: Um einen Erbschein müssen Sie sich nicht kümmern, wenn die Immobilie als »Vermächtnis« (siehe Kapitel 1.1.3) in Ihr Eigentum übergeht. Denn wie wir gesehen haben: Ein Vermächtnis macht Sie gerade nicht zum Erben. Es sind die Erben, die Ihnen das Vermächtnis übertragen müssen.

1.2.1 Was steht im Erbschein?

Ein Erbschein gibt darüber Auskunft, wer Erbe und wie hoch sein Anteil ist (§ 2353 BGB). Es gibt einen Erbschein für Alleinerben, einen für Miterben (den Teilerbschein) und einen gemeinschaftlichen Erbschein, in dem alle Mitglieder der Erbengemeinschaft genannt werden, mit Adresse und ihrem jeweiligen Anteil am Nachlass. Auch ist dem Erbschein zu entnehmen, ob die Erben in ihren Rechten beschränkt sind, zum Beispiel weil ein »Nacherbe« bestimmt wurde oder ein Testamentsvollstrecker sich um die Aufteilung des Nachlasses kümmern soll. Vermächtnisse oder Ansprüche auf den Pflichtteil werden nicht genannt.

Der Erbschein gilt gewissermaßen als Goldstandard und genießt auch deshalb so viel Vertrauen, weil man nicht selbst prüfen muss, wie schlüssig und wasserdicht das Testament ist oder der Erbvertrag. Vielmehr haben das die Fachleute bereits erledigt. Denn das Nachlassgericht darf einen Erbschein nur dann ausstellen, wenn es von der Richtigkeit der Angaben im Antrag überzeugt ist.

1.2.2 Wie Sie den Erbschein beantragen

Sie können den Antrag direkt beim zuständigen Nachlassgericht stellen. Den können Sie schriftlich einreichen. Bei vielen Nachlassgerichten können Sie aber auch einen Termin vereinbaren und den Antrag mündlich erklären, »zur Niederschrift«, was so viel bedeutet: Der Antrag wird zu Protokoll genommen (vgl. § 25 FamFG). Vergessen Sie Ihren Personalausweis nicht!

Außerdem müssen Sie eine eidesstattliche Versicherung abgeben, dass die Angaben in Ihrem Antrag der Wahrheit entsprechen. Daran sollten Sie denken, wenn Sie den Antrag schriftlich einreichen. Sie können die eidesstattliche Versicherung in Ihren Antrag mit aufnehmen (siehe im übernächsten Abschnitt). Sie können die eidesstattliche Versicherung aber auch gesondert abgeben. Nennen Sie Ort und Datum, beziehen Sie sich ausdrücklich auf Ihre Angaben im Antrag. Aber auch wenn Sie beim Nachlassgericht erscheinen, ist die eidesstattliche Versicherung nötig. Die können Sie allerdings auch zu Protokoll geben.

DIGITALE EXTRAS

Muster: Eidesstattliche Versicherung

Ich, [Vollständiger Name], geboren am [Geburtsdatum] in [Geburtsort], wohnhaft in [vollständige Adresse], versichere an Eides Statt durch meine Unterschrift, dass ich meine Angaben im Antrag für den Erbschein für [Name des Verstorbenen] nach bestem Wissen und Gewissen gemacht habe, dass die Angaben der Wahrheit entsprechen und ich nichts verschwiegen habe.

(Ort, Datum)

(Name und Unterschrift)

Darüber hinaus brauchen Sie eine Reihe von Urkunden, mit denen Sie belegen können, dass Sie – und gegebenenfalls Ihre Miterben – erbberechtigt sind. Dazu gehören:

- Die Sterbeurkunde der Person, die Sie beerben
- Geburts- und Abstammungsurkunden, mit denen Sie Ihre Verwandtschaft belegen können (die finden sich meist im »Familienbuch«).
- Ehepartner brauchen die Heiratsurkunde (Familienbuch)
- Sterbeurkunden von Angehörigen, die als Erbe in Betracht gekommen wären
- Scheidungsurkunden des Verstorbenen oder der Scheidungsantrag (falls vor dem Tod die Scheidung eingereicht wurde, die noch nicht rechtskräftig ist)
- Sie müssen alle Verwandtschaftsverhältnisse offenlegen, soweit sie für das Erbe von Bedeutung sind – und nach Möglichkeit durch Urkunden belegen können.
- Alle Verfügungen »von Todes wegen«, also Testamente und sonstige Dokumente, mit denen der Verstorbene seinen Nachlass regeln wollte. Sie müssen *alles* vorlegen, von dem Sie Kenntnis haben, dürfen also nicht auswählen oder nur das letzte Testament einreichen, wenn es mehrere gibt. Wenn dem Nachlassgericht das Testament bereits vorliegt, müssen Sie es selbstverständlich nicht noch einmal präsentieren.

Befinden sich diese Dokumente nicht in Ihrem Besitz, können zumindest die Geburts-, Heirats- und Sterbeurkunden beim zuständigen Standesamt beschafft werden. Ist das nicht möglich oder nur mit unverhältnismäßigem Aufwand, können andere Beweismittel eingereicht werden, die Ihr Verwandtschaftsverhältnis belegen. Sie können Personen benennen, die Ihre Angaben bezeugen und eine eidesstattliche Versicherung abgeben. Es ist dann Aufgabe des Gerichts, diese Beweismittel zu bewerten.

Sie können Ihren Antrag auch über einen Notar stellen. Das ist ein bisschen teurer. Die Gebühr bleibt gleich, aber Sie müssen für mögliche Auslagen aufkommen und 19 Prozent Mehrwertsteuer zahlen. Doch kann der Notar Sie beraten und sicherstellen, dass Sie nichts vergessen haben.

Alleinerbe, Miterbe oder Erbengemeinschaft?

Für den Erbschein kommt es auch darauf an, ob Sie ihn als Alleinerbe, Miterbe oder für eine Erbengemeinschaft stellen.

Am einfachsten ist es für den Alleinerben. Hier prüft das Nachlassgericht, ob es tatsächlich keine anderen Erbberechtigten gibt. Dabei sind Sie selbstverständlich auch Alleinerbe, wenn es noch jemanden gibt, der seinen Pflichtteil beansprucht. Diese Person muss von Ihnen zwar in Ihrem Antrag genannt und gegebenenfalls ausgezahlt werden. Doch wer seinen Pflichtteil einfordert, ist ja enterbt worden und gehört damit gerade nicht zu den Erben.

Als Miterbe einen Erbschein zu beantragen, ist nur in bestimmten Fällen sinnvoll, zum Beispiel wenn kein anderer Erbe den Antrag stellen will. Als Miterbe beantragen Sie einen »Teilerbschein«, bei dem sich die Gebühren (siehe Kapitel 1.2.3) nur nach Ihrem Anteil richten. Jedoch brauchen Sie, um in die Rechte und Pflichten einzutreten, die Zustimmung der anderen Miterben. Daher empfiehlt es sich eher, für die Erbengemeinschaft einen gemeinsamen Erbschein zu beantragen und die Kosten zu teilen. Dazu können Sie sich von allen anderen Miterben eine Vollmacht ausstellen lassen.

Muster: Vollmacht der Miterben

DIGITALE EXTRAS

An das Amtsgericht Musterstadt

Amtsgericht

12345 Musterstadt

In der Nachlasssache (Name des Verstorbenen)

Verstorben am (Datum)

Aktenzeichen/ Geschäftszeichen (sofern bekannt)

Hiermit bestätige ich, (Name, Geburtsdatum und Adresse), dass ich die Erbschaft angenommen habe. Mit der Erteilung eines Erbscheins nach gesetzlicher/testamentarischer (Unzutreffendes streichen) Erbfolge bin ich einverstanden.

Ich bevollmächtige (Name und Adresse des Antragstellers) den Antrag auf einen Erbschein zu stellen und verzichte auf Anhörung in diesem Verfahren.

(Ort, Datum, Unterschrift)

Wie Sie den Antrag formulieren

Sie können den Antrag auf den Erbschein wie erwähnt auch mündlich stellen. Dazu vereinbaren Sie einen Termin und bringen alle erforderlichen Unterlagen mit. Bei manchen Nachlassgerichten ist auch ein Vorgespräch möglich. Ob das bei Ihnen so ist, erfahren Sie, wenn Sie mit dem Nachlassgericht Kontakt aufnehmen.

Doch ist es ebenso möglich, den Antrag schriftlich aufzusetzen. Das bietet sich vor allem dann an, wenn Sie nicht an dem Ort wohnen, an dem sich das zuständige

Amtsgericht befindet. Oder wenn Sie es zeitlich nicht einrichten können, so einen Gesprächstermin wahrzunehmen.

Das folgende Beispiel ist nur zur Orientierung gedacht. Es gibt keine starre Form. Wichtig ist nur, dass Ihr Antrag inhaltlich alle Punkte enthält, die wir angesprochen haben. Vergessen Sie nicht, auf die erforderlichen Dokumente hinzuweisen, die Sie in der Anlage mitschicken.

DIGITALE EXTRAS

Muster: Antrag auf einen Erbschein

An das Amtsgericht Musterstadt

Amtsgericht

12345 Musterstadt

Antrag auf die Ausstellung eines Erbscheins

in der Nachlasssache (Name des Verstorbenen)

geboren am (Datum), verstorben am (Datum)

Geschäftszeichen (sofern bekannt)

Sehr geehrte Damen und Herren,

hiermit beantrage ich die Ausstellung eines (Alleinerbscheins / gemeinschaftlichen Erbscheins / Teilerbscheins). Am (Datum) ist mein (Mann), zuletzt wohnhaft in (Adresse), verstorben. Er war deutscher Staatsbürger. Wir lebten im Güterstand der (Zugewinngemeinschaft / Gütertrennung / Gütergemeinschaft). Die Sterbeurkunde füge ich als Anlage bei.

Ich bin im Testament vom (Datum) als (Alleinerbin / Miterbin) eingesetzt worden. Mein Erbanteil beträgt (z. B. 1/3). Das Testament wurde am Amtsgericht (Ort) am (Datum) eröffnet. Unter dem Aktenzeichen (Nummer).

(*Oder:*) Es existiert kein Testament und kein Erbvertrag. Daher tritt die gesetzliche Erbfolge ein.

Testamentarische/ gesetzliche Miterben sind:

1. (Name, Adresse, Erbanteil, z. B. 1/3)
2. (Name, Adresse, Erbanteil, z. B. 1/6)
3. (Name, Adresse, Erbanteil, z. B. 1/12)
4. (Name, Adresse, Erbanteil, z. B. 1/12)

Weitere Personen, die von der Erbschaft ausgeschlossen wurden oder die meinen Erbteil mindern, sind mir nicht bekannt.

Meines Wissens hat der Verstorbene keine weiteren letztwilligen Verfügungen hinterlassen.

Den Wert des Nachlasses schätze ich auf (Summe in Euro) an beweglichen Gütern. Hinzukommt eine Immobilie mit dem geschätzten Verkehrswert von (Summe in Euro). Das Nachlassverzeichnis füge ich als Anlage bei.

Ein Rechtsstreit über das Erbrecht oder den Nachlass ist meines Wissens nicht anhängig.

Ich versichere an Eides statt, dass ich meine Angaben nach bestem Wissen und Gewissen gemacht habe, dass sie der Wahrheit entsprechen und ich nichts verschwiegen habe.

Ich bitte um die Ausstellung des Erbscheins und von (Anzahl) beglaubigten Kopien.

(Ort, Datum, Unterschrift)

Wie finden Sie das zuständige Nachlassgericht?

Wir haben es bereits angesprochen: Zuständig ist das Nachlassgericht, das für den letzten Wohnsitz zuständig ist – und das kann eben auch der Ort sein, an dem sich das Pflegeheim befindet, in dem der oder die Verstorbene untergebracht war. Welches Gericht zuständig ist, das lässt sich sehr bequem durch Suchmasken im Internet herausfinden. Eine davon finden Sie hier: www.gerichtsverzeichnis.de. Geben Sie einfach die betreffende Postleitzahl an und suchen Sie nach dem zuständigen Amtsgericht. Dort gibt es eine Abteilung, die mit Nachlassangelegenheiten befasst ist, das Nachlassgericht.

1.2.3 Wie viel kostet ein Erbschein?

Die Kosten für den Erbschein richten sich nach dem Wert des Nachlasses. Je höher der bewertet wird, desto höher fällt die Gebühr aus. Dabei können Sie diese Gebühr in aller Regel gleich verdoppeln. Denn neben der Gebühr für den Erbschein fällt noch eine zweite für die Beurkundung der eidesstattlichen Versicherung an. Und die ist exakt genauso hoch wie die Gebühr für den Erbschein.

Wert des Nachlasses	Erbschein	Beurkundung der eidesstattlichen Versicherung	Gesamtkosten
10.000 Euro	75 Euro	75 Euro	150 Euro
25.000 Euro	115 Euro	115 Euro	230 Euro
50.000 Euro	165 Euro	165 Euro	330 Euro
100.000 Euro	273 Euro	273 Euro	546 Euro
200.000 Euro	435 Euro	435 Euro	870 Euro
500.000 Euro	935 Euro	935 Euro	1.870 Euro
750.000 Euro	1.335 Euro	1.335 Euro	2.670 Euro
1.000.000 Euro	1.735 Euro	1.735 Euro	3.470 Euro
1.500.000 Euro	2.535 Euro	2.535 Euro	5.070 Euro
2.000.000 Euro	3.335 Euro	3.335 Euro	7.670 Euro

Die Kosten des Erbscheins können Sie auch mithilfe von Erbschein-Rechnern ermitteln, die im Internet zu finden sind. Zum Beispiel hier: www.smart-rechner.de/erbschein.

1.2.4 Wie wird der Wert des Nachlasses ermittelt?

Der Nachlass muss nicht nur bewertet werden, um die Gebühren für den Erbschein zu berechnen. Auch die Höhe des Pflichtteils (Kapitel 1.1.4), die Aufteilung der Erbschaft und vor allem die Höhe der Erbschaftssteuer hängen davon ab, wie hoch der Nachlass bewertet wird. Dazu wird ein Nachlassverzeichnis erstellt.

Nachlassverzeichnis erstellen

In einem ersten Schritt werden die Vermögenswerte aufgelistet: Sämtliche Konten, Sparbücher, Wertpapierdepots, Beteiligungen, aber auch Wertgegenstände wie Schmuck, Antiquitäten, Kunstwerke, wertvolle Teppiche und Möbel, Fahrzeuge und Sammlerstücke. Und selbstverständlich gehört auch der Immobilienbesitz hierher, Häuser, Wohnungen und Grundbesitz. All diese Dinge müssen bewertet werden.

Bei den Bankkonten, Sparbüchern und Wertpapieren ist das relativ einfach. Sie geben die Kontostände und Kurswerte an, die zum Zeitpunkt des Erbfalls gegolten haben, also am Todestag.

Bei sehr vielen Vermögenswerten gibt es jedoch keinen Tageskurs, ja nicht einmal ein »Preisschild«, dem Sie entnehmen könnten, wie viel das Objekt wert ist, als Geldbetrag. Das wüssten Sie erst, wenn Sie das Objekt verkaufen würden. In diesen Fällen muss der Wert irgendwie festgesetzt werden. Entweder nehmen Sie eine plausible Schätzung vor. Oder Sie lassen ein Wertgutachten erstellen.

Das Wertgutachten müssen die Erben in Auftrag geben und auch bezahlen. Dabei kann, was die Kosten für das Wertgutachten angeht, eine erkleckliche Summe zusammenkommen – vor allem wenn gleich mehrere Gutachten in Auftrag gegeben werden müssen, für das Haus, den Familienschmuck, die Antiquitäten und die Bibliothek.

Dabei gibt es unterschiedliche Arten von Wertgutachten. In einigen Fällen wird ein Kurzgutachten genügen, das deutlich günstiger ist als ein Vollgutachten. Welches für Sie am sinnvollsten, wird uns gleich beschäftigen.

Wann brauchen Sie überhaupt ein Wertgutachten?

Als Alleinerbe brauchen Sie nur dann ein Wertgutachten, wenn das Nachlassgericht dies verlangt. Und das wird es tun, wenn sich der Wert der betreffenden Objekte sonst nur schwer bestimmen lässt (wie etwa bei wertvollem Schmuck oder bei Kunstsammlungen). Bei einer Erbengemeinschaft empfiehlt sich darüber hinaus ein Wertgutachten, um den Nachlass gerecht aufzuteilen.

Gibt es einen oder mehrere Pflichtteilsberechtigte, so können die nach § 2314 BGB ein »notarielles Nachlassverzeichnis« verlangen und haben einen »Wertermittlungsanspruch«. In diesem Fall werden Sie um ein oder mehrere Wertgutachten nicht herumkommen.

Verbindlichkeiten

Immerhin können Sie die Kosten für ein Gutachten zu den Schulden und Verbindlichkeiten hinzurechnen, die im Nachverzeichnis ebenfalls aufgelistet werden. Dazu gehören Darlehen, Kredite, Forderungen an den Verstorbenen, unbezahlte Rechnungen, alles, was mit einem Minuszeichen versehen ist. Und eben auch eine Reihe von Kosten, die durch den Erbfall entstehen. Dazu gehören die Beerdigungskosten, die Kosten für das Grab, den Grabstein und die Trauerfeier. Nicht dazu gehören jedoch die Kosten für die Grabpflege.

Wird ein Nachlassverwalter eingesetzt oder fallen Gerichtskosten an, können diese Kosten ebenfalls wertmindernd geltend gemacht werden. Nicht abzugsfähig sind hingegen die Kosten der Testamentseröffnung, die Kosten des Erbscheins, der Erbschaftssteuererklärung oder der Erbschaftssteuer.

Schenkungen

Als drittes Element führen Sie die Schenkungen auf, die der Verstorbene in den vergangenen zehn Jahren geleistet hat. Dabei wird der Wert der Schenkung vollständig berücksichtigt, wenn sie vor weniger als einem Jahr erfolgt ist. Für jedes Jahr werden 10 Prozent von diesem Wert abgezogen. Liegt die Schenkung also etwas länger als fünf Jahre zurück, werden nur noch 50 Prozent des Wertes angesetzt. Nach mehr als 10 Jahren ist die Schenkung nicht mehr zu berücksichtigen.

Beispiel: So berechnen Sie den Wert des Nachlasses

Als erstes führen Sie alle Vermögenswerte auf: Guthaben auf dem Girokonto, Sparkonten, Wertpapiere, der Wert von Schmuck, PKW, Haus und Mobiliar. Zusammen 800.000 Euro.

Dem stehen Verbindlichkeiten (Kredite, Grundschuld, unbezahlte Rechnungen, Begräbniskosten) in Höhe von 250.000 Euro gegenüber.

Daraus ergibt sich ein Vermögen von 550.000 Euro.

Vor etwas mehr als sechs Jahren hat der Verstorbene Ihnen eine Eigentumswohnung im Wert von 400.000 Euro geschenkt. Davon werden für diese Zeitspanne 40 Prozent angesetzt. Das sind 160.000 Euro.

Um diesen Betrag erhöht sich der Wert des Nachlasses. Er beträgt insgesamt 710.000 Euro.

Für den Erbschein und die eidesstattliche Versicherung wären zusammen 2.670 Euro zu bezahlen.

Kurz- oder Vollgutachten?

Wenn Sie für eine Immobilie ein Wertgutachten erstellen lassen (müssen), ist zu klären: Genügt ein Kurzgutachten? Oder sollte es besser ein Vollgutachten sein? Dürfen Sie einen freien Gutachter beauftragen? Oder muss es ein staatlich vereidigter Gutachter sein? Klären wir die Unterschiede:

Freie Gutachter erstellen **Kurzgutachten**. Dazu fragen sie bei Ihnen die wichtigsten Informationen ab und ermitteln so den Verkehrswert.

- *Vorteile*: Die Kosten sind sehr viel niedriger und Sie bekommen das Gutachten in sehr kurzer Zeit.
- *Nachteil*: So ein Gutachten ist nicht rechtssicher, wird also vor Gericht nicht anerkannt.

Staatlich geprüfte oder vereidigte Gutachter erstellen **Vollgutachten**. Dazu nehmen sie die Immobilie persönlich in Augenschein und dokumentieren ihren Befund durch Fotos, liefern Lage- und Baubeschreibungen.

- *Vorteile*: Es liefert sehr viel genauere und verlässlichere Informationen. Es wird vor Gericht und von Behörden anerkannt.
- *Nachteile*: Die Kosten sind wesentlich höher und es kann dauern, bis Sie das Gutachten bekommen.

Ihre Entscheidung, ob Sie ein Kurz- oder ein Vollgutachten erstellen lassen, sollten Sie davon abhängig machen, wie umstritten die Erbschaft ist. Sind Sie Alleinerbe und haben keinen enterbten Angehörigen im Nacken, der einen möglichst hohen Pflichtteil für sich herausholen möchte, so dürfte das Kurzgutachten eines freien Gutachters vollkommen ausreichend sein. Dabei sollten Sie wissen, dass die Berufsbezeichnung »Gutachter« nicht geschützt ist und sich im Prinzip jeder so nennen darf. Entsprechend wird ein solches Gutachten nicht ernstgenommen, wenn es zum Streit oder gar zu einer Gerichtsverhandlung kommt. Dann ist ein Kurzgutachten nichts wert. Es liefert nur einen Anhaltspunkt, eine mehr oder wenige kompetente Einschätzung von dritter Seite, die sich auf bloße Rahmendaten stützt.

Also, sinnvoll ist ein Kurzgutachten vor allem dann, wenn sich die Erben weitgehend einig sind. Oder es überhaupt nur einen Erben gibt. Das Nachlassgericht wird so ein Kurzgutachten nur dann beanstanden, wenn es offensichtlich mangelhaft ist. Für eine Erbengemeinschaft kann ein Kurzgutachten ein brauchbarer Ausgangspunkt für eine »Auseinandersetzung der Erbengemeinschaft« sein.

Doch wenn es in der Erbengemeinschaft Spannungen gibt oder ein Pflichtteil auszuzahlen ist, dann ist das Geld für ein rechtssicheres Vollgutachten meist gut angelegt. Denn ein solches Gutachten ist nicht nur »gerichtssicher«, es dürfte Miterben und enterbte Angehörige davon abhalten, überhaupt Klage zu erheben.

Wer muss das Nachlassverzeichnis erstellen? Variante 1: Die Erben

Es gibt zwei Varianten: In aller Regel sind es die Erben, die das Nachlassverzeichnis erstellen. Dabei haben Sie wie alle Miterben nach § 2027 BGB einen Auskunftsanspruch. Das heißt, wenn Ihre Schwester einzelne Gegenstände schon mal in Verwahrung genommen hat, muss sie Ihnen darüber Auskunft geben und auch mitteilen, wo diese Gegenstände verblieben sind.

Das Nachlassgericht prüft diese Aufstellung und nimmt gegebenenfalls Ergänzungen und Korrekturen vor. In vielen Fällen listen die Erben nur die Vermögensgegenstände auf, nehmen eine Schätzung vor und das Nachlassgericht prüft nach, wie plausibel die ist, korrigiert eventuell die Schätzung nach oben oder unten und entscheidet, ob womöglich noch ein Gutachten zu erstellen ist. Gesetzliche Vorgaben, wie das Nachlassverzeichnis auszusehen hat, gibt es nicht. Es muss nur verständlich, vollständig und korrekt sein. Und unterschreiben sollten Sie das Verzeichnis auch.

Nehmen Sie die Erstellung des Nachlassverzeichnisses ernst. Denken Sie daran, dass Sie eine eidesstattliche Versicherung abgegeben haben, dass Ihre Angaben wahrheitsgemäß und vollständig sind. Wenn Sie diese Aufstellung nicht leisten können oder wollen, denken Sie über Variante 2 nach: Das notarielle Nachlassverzeichnis. Dann vermeiden Sie jedes Haftungsrisiko.

Variante 2: Das notarielle Nachlassverzeichnis

Die kostspielige Variante: Ein Notar erstellt das Nachlassverzeichnis. Das kann nötig sein, wenn die Nachlassangelegenheiten sehr unübersichtlich und verwickelt sind und die Erben kein Haftungsrisiko eingehen möchten. Denn bei einem notariellen Nachlassverzeichnis haftet im Fall des Falles der Notar. Der erstellt das Verzeichnis zwar auf Grundlage der Informationen der Erben, doch muss er die selbst einholen und er ist gehalten, auch eigene Nachforschungen anzustellen.

Für die beträchtlichen Kosten sorgen gar nicht einmal die Notargebühren. Für das Erstellen des Nachlassverzeichnis fällt nach dem Gerichts- und Notarkostengesetz der doppelte Gebührensatz an. Bei einem Nachlasswert von 500.000 wären das 1.870 Euro, bei einer Million 3.470 Euro. Die Mehrwertsteuer von 19 Prozent käme noch hinzu. Was die Aufstellung stark verteuern kann: Der Notar ist gehalten, für die Wertermittlung einzelner Nachlassgegenstände einen Sachverständigen einzuschalten.

Wichtig zu wissen: Gibt es einen Pflichtteilsberechtigten, so kann der verlangen, dass ein notarielles Nachlassverzeichnis erstellt wird. Die Kosten dafür werden zwar vom Nachlass abgezogen, doch dürften die Erben die Hauptlast tragen. Ganz einfach, weil ihr Anteil am Nachlass höher ist.

Wie bestimmten Sie den Wert einer Immobilie?
Wenn Sie das Nachlassverzeichnis erstellen, müssen Sie auch den Immobilienbesitz bewerten. Die sicherste Methode ist das Vollgutachten eines staatlich geprüften oder vereidigten Gutachters, eines »Sachverständigen«. Doch dürfte in den meisten Fällen so ein Gutachten gar nicht nötig sein. Wir haben es erwähnt: Nur wenn die Erbengemeinschaft zerstritten ist und/oder ein Pflichtteil ausgezahlt werden muss, ist ein solches Gutachten sinnvoll.

Ansonsten kommt noch ein Kurzgutachten in Frage. Für das Nachlassverzeichnis dürfte das genügen.

Oder Sie lassen die Immobilie einfach kostenlos bewerten. Im Netz gibt es zahlreiche Anbieter, ob Baufinanzierer, Immobilienportale oder Maklerunternehmen, die eine solche kostenlose Bewertung ermöglichen. Abgefragt werden nur die Basisdaten. Und das Ergebnis wird Ihnen meist erst dann zugeschickt, wenn Sie Ihre Daten hinterlegt und/oder einen Beratungstermin vereinbart haben. Nun ist die Qualität dieser Bewertung nicht über jeden Zweifel erhaben. Sie bleibt an der Oberfläche. Und doch liefert diese Bewertung zumindest einen brauchbaren Anhaltspunkt, von dem Sie je nach Art und Ausstattung der Immobilie nach unten oder oben abweichen können. Ein plausibles Ergebnis erhalten Sie allemal. Und es ist ein Gebot der Fairness, mit offenen Karten zu spielen und nicht etwa ein Verkaufsinteresse vorzuspiegeln, wenn das gar nicht besteht. An das Ergebnis der Bewertung dürften Sie dennoch kommen, zumal bei diesen Bewertungsportalen mit keinem Wort davon die Rede ist, dass nur diejenigen davon Gebrauch können, die Ihre Immobilie verkaufen wollen.

Darüber hinaus können Sie auch eigene Marktstudien betreiben: Welche vergleichbaren Immobilien werden an diesem Ort, in dieser Region angeboten – und verkauft. Die Angebotspreise liegen oft ein wenig über dem realen »Marktwert«. Entscheidend ist, dass Sie am Ende zu einem plausiblen Ergebnis kommen, das den Erwartungen des Nachlassgerichts halbwegs entspricht.

Befindet sich ein unbebautes Grundstück im Nachlass, ermitteln Sie den Bodenrichtwert. Das ist der durchschnittliche Wert pro Quadratmeter unbebauter Grundstücksfläche in einer bestimmten Lage. Sie müssen also den Bodenrichtwert zugrunde legen, der für das betreffende Grundstück gilt. Den erfahren Sie bei der zuständigen Gemeinde, beim Kataster-, Bau- oder Vermessungsamt. Die Einsicht in die Bodenrichtwerttabelle ist kostenlos. Dabei sollten Sie die genaue Adresse, besser noch die Flurstückkennzeichnung angeben können. Wenn Sie sich den Besuch der Ämter sparen wollen: Häufig ist es möglich, den Bodenrichtwert auch online abzufragen. Das kostet zwar eine Kleinigkeit, dafür sparen Sie sich den Weg.

1.2.5 Wer einen Erbschein beantragt, nimmt das Erbe an

Es liegt nahe, den Antrag auf den Erbschein möglichst zügig einzureichen. Es gilt keine Zeit zu verlieren, zumal sich solche Verfahren manchmal in die Länge ziehen. Daher der Rat: Wenn im Grunde alles klar ist und Sie die Vermögensverhältnisse Ihres Erblassers überblicken, nehmen Sie die Dinge gleich in die Hand und beantragen Sie so schnell, wie es geht, den Erbschein. Auch müssen Sie gar nicht warten, bis die Mühlen der Nachlassgerichtsbarkeit Ihren Antrag ausgemahlen haben. Im Prinzip können Sie als Erbe sofort in die Rechte und Pflichten Ihres Erblassers eintreten. Sie müssen Ihren Status eben nur plausibel machen können – und stoßen gelegentlich auf Widerstand. Doch lohnt es sich, diese Auseinandersetzung zu führen. Denn ein Schwebezustand, bei dem nicht klar ist, wer welche Verantwortung übernimmt, ist nicht vorgesehen oder zumindest nicht gewünscht.

Allerdings gibt es eine entscheidende Einschränkung: Solange Sie sich noch im Unklaren darüber sind, ob Sie das Erbe überhaupt annehmen, sollten Sie Ihren Aktivismus zügeln und den Erbschein noch nicht beantragen. Denn wenn Sie einen Erbschein beantragen, bedeutet dies, dass Sie das Erbe annehmen.

Auf den ersten Blick mag das auch gar keine schlechte Wahl zu sein. Sie sichern damit Ihre Ansprüche und können unter Vorbehalt oft schon als Erbe und Rechtsnachfolger handeln. Doch solange Sie nicht wissen, was an Schulden und Verbindlichkeiten, an Vermächtnissen und Pflichtteilen auf Sie zukommt, ist die Annahme einer Erbschaft ein Risiko. Lassen Sie sich auch nicht vom äußeren Anschein blenden. Sie wären nicht der erste Erbe, der feststellt, dass hinter einer glänzenden Fassade ein Schuldenloch klafft.

Machen Sie sich daher erst einmal ein Bild über die Vermögensverhältnisse Ihres Erblassers. Als möglicher Erbe haben Sie das Recht, Einkünfte einzuholen, das Grundbuch einzusehen und die Verwandtschaft auf mögliche Ansprüche auf einen Pflichtteil zu überprüfen.

Vor allem aber lohnt es sich, das Testament daraufhin zu überprüfen, ob nicht zu viele Vermächtnisse die Erbsubstanz allzu sehr abschmelzen lassen. Es kommt zwar nicht oft vor, aber manchmal eben doch: Der Erblasser belohnt viele Mitmenschen mit Vermögenswerten als Vermächtnis – und für die Erben bleibt nichts mehr übrig. Ja, es ist sogar möglich, dass die Vermögenswerte als Vermächtnis unter diversen Vermächtnisnehmern verteilt werden und für Sie als Erbe nur die Schulden und Verbindlichkeiten übrigbleiben. Keine Frage: Eine solche Erbschaft sollten Sie ausschlagen!

Prüfen Sie also zügig nach, wie es um den Nachlass bestellt ist und wie stark sich Vermächtnisse und Pflichtteilansprüche auswirken können. Erst wenn das geklärt ist, stellen Sie den Antrag. Für die Erben von Immobilien gilt ohnehin der Rat: Bevor

Sie den Erbschein beantragen, sollten Sie in Erfahrung bringen, was im Grundbuch eingetragen ist.

1.3 Nehmen Sie Einblick ins Grundbuch

Damit Sie keine böse Überraschung erleben, sollten Sie sich frühzeitig mit dem Thema Grundbuch beschäftigen. Das Grundbuch ist ein Verzeichnis, in dem aufgeführt ist, wem ein bestimmtes Grundstück gehört, welche »Lasten und Beschränkungen«, bestehen und welche »Grundpfandrechte« jemand hat. Was das zu bedeuten hat, klären wir gleich.

Alle Immobilien sind in den Grundbüchern verzeichnet. Die sind nach Grundstücken geordnet. Dort ist nachzulesen, welche Gebäude sich auf diesen Grundstücken befinden. Und wer die Eigentümer sind. Im Prinzip ist es so: Wem das Grundstück gehört, dem gehören auch die Gebäude, die darauf stehen. Ausnahmen wie das Erbbaurecht werden ebenfalls im Grundbuch erfasst, ebenso wie die Regelungen für die Eigentumswohnungen. Jede Eigentumswohnung ist mit einem Anteil am zugehörigen Grundstück verbunden. Für jede Eigentumswohnung gibt es einen eigenen Grundbuchauszug. Und nur den dürfen Sie einsehen.

Sie dürfen also nicht einfach mal nachschauen, wie es sich mit den Nachbargrundstücken oder überhaupt mit irgendwelchen anderen Immobilien verhält. Sie müssen ein berechtigtes Interesse vorweisen können. Als möglicher Erbe oder Vermächtnisberechtigter haben Sie ein solches berechtigtes Interesse. Unabhängig davon, ob Sie das Erbe antreten oder das Vermächtnis beanspruchen. Der Grundbuchauszug dient Ihnen ja als Entscheidungshilfe.

1.3.1 Wie finden Sie das zuständige Grundbuchamt?

Wie schon das Nachlassgericht so ist auch das Grundbuchamt beim zuständigen Amtsgericht angesiedelt. Das heißt hier: Das Amtsgericht, in dessen Zuständigkeitsbereich die betreffende Immobilie fällt. Es muss also nicht zwingend dasselbe Amtsgericht sein, bei dem sich auch das Nachlassgericht (siehe Kapitel 1.2.2) befindet.

Sie können schriftlich, aber auch telefonisch mit dem Grundbuchamt Kontakt aufnehmen. Online gibt es mehrere Verzeichnisse. Die Adressen mit Telefonnummern finden Sie unter https:// grundbuchauszug-portal.de/grundbuchaemter. Das Portal wird nicht von einer Behörde betrieben, sondern ist ein privater Dienstleistungsservice. Gleichwohl können Sie hier gegen eine Gebühr (aktuell ab 24,90 Euro) den Grundbuchauszug online beantragen. Das Formular können Sie auch direkt aufrufen unter: https://grundbuch.zentraler-antragsservice.com/

1.3.2 Was steht im Grundbuchauszug?

Der Grundbuchauszug umfasst zwei Teile, an die sich drei »Abteilungen« anschließen, die wir gleich näher vorstellen. Der erste Teil ist eine Art Titelblatt, auf dem das Amtsgericht genannt wird, das dieses Grundbuch führt, außerdem der Bezirk, Bandnummer und Blattnummer.

Im zweiten Teil, dem »Bestandsverzeichnis«, finden Sie genauere Angabe über die Lage und die Größe des Grundstücks. Jedes Grundstück wird nach Gemarkung, Flur und Flurstück näher bezeichnet. Flur und Flurstück haben eine Nummer. Das Flurstück ist die kleinste Einheit. Nicht selten besteht ein Grundstück aus mehreren Flurstücken, man kann auch »Parzellen« sagen. Diese Parzellen müssen nicht miteinander zusammenhängen. So ist es durchaus möglich, dass sich auf einem Flurstück Haus und Garten befinden und auf einem anderen die Garage. Beide Flurstücke gehören zum selben Grundstück, auch wenn sie räumlich getrennt sind.

Außerdem sind in diesem zweiten Teil »grundstücksgleiche Rechte« genannt, wie das Wohnungseigentum (siehe Kapitel 1.3.3) oder ob es sich um ein »Erbbaugrundstück« handelt (siehe Kapitel 1.3.4). Auch Gemeinderechte (wie Weiderechte auf dem Grundstück) können hier eingetragen werden. Und sogenannte »Grunddienstbarkeiten« (nach § 1018 BGB). Darunter ist zu verstehen, dass dem Eigentümer dieses Grundstücks bestimmte Rechte eingeräumt werden, die andere Grundstücke betreffen. Zum Beispiel dürfen dort Wege genutzt werden. Oder auf den anderen, den »dienenden« Grundstücken darf eine bestimmte Bebauung nicht erfolgen. Oder es dürfen bestimmte Rechte nicht ausgeübt werden.

Was im Grundbuch steht, das gilt

Die Angaben im Grundbuch sind im Zweifel maßgeblich. Was hier steht, darauf soll man sich verlassen können. Darum der ganze Aufwand mit notarieller Beurkundung und Auflassungsvormerkung. Für Sie als Erben heißt das: Wenn Sie die Immobilie erben wollen, sollten Sie zügig einen »Berichtigungsantrag« stellen. Denn das Grundbuch ist nicht mehr korrekt, wenn der verstorbene Eigentümer noch eingetragen ist. Treten Sie die Erbschaft an und lassen die Eintragung nicht ändern, droht nach § 82 der GBO ein Zwangsgeld. Sie müssen jedoch nichts überstürzen. Zunächst einmal haben Sie eine Überlegungsfrist, ob Sie das Erbe überhaupt annehmen.

Und: Sie müssen keine Änderung im Grundbuch vornehmen lassen, wenn Sie die Immobilie ohnehin in Kürze verkaufen (§ 40 GBO, Urteil vom OLG Düsseldorf, Urteil vom 5.3.2021, Az. 3 Wx 192/20).

1.3.3 Die Eigentumswohnung im Grundbuch

Wir haben es eben angesprochen: Wohnungseigentum gilt als »grundstücksgleiches Recht«. Das heißt, eine Eigentumswohnung wird behandelt wie eine vollwertige Immobilie. Und so wird für jede Eigentumswohnung ein eigenes Grundbuchblatt angelegt. Hier wird aufgeführt, wie hoch der Miteigentumsanteil am Grundstück ist und damit an der Immobilie. Außerdem wird das »Sondereigentum« genau bezeichnet, also die Wohnung, um die es geht, möglicherweise mit weiteren Räumen, die dazugehören – wie ein Kellerabteil, ein Dachboden, eine Garage oder – seit neuestem – auch ein Stellplatz oder eine Terrasse. Weiterhin sind hier Sondernutzungsrechte genannt: Der Eigentümer darf einen bestimmten Stellplatz nutzen, Teile des Dachbodens oder des Gartens.

Im Alltag macht es keinen großen Unterschied, ob Sie einen bestimmten Raum oder eine bestimmte Fläche als Sondereigentum nutzen oder im Rahmen eines Sondernutzungsrechts. Nur sind Sie im einen Fall Eigentümer – mit allen Rechten und vor allem Pflichten, und im andern Fall dürfen Sie exklusiv nutzen. Weniger Kosten, aber auch weniger Entscheidungsbefugnis. Genaueres steht in der »Teilungserklärung« (siehe Kapitel 2.2.7).

1.3.4 Das Erbbaugrundstück im Grundbuch

Der zweite Fall des »grundstücksgleichen Rechts« betrifft das Erbbaurecht. Hier gehört das Grundstück jemand anderem. Es wird nur für eine bestimmte Zeit verpachtet. Man darf das Grundstück nutzen, ein Haus darauf bauen, einen Garten anlegen. Und dafür zahlt man einen bestimmten »Erbbauzins«, eine Art Miete für das Grundstück.

Das Erbbaurecht wird gleich in zwei Grundbüchern dokumentiert: Einmal im Grundbuch für den Grundeigentümer und dann für den Pächter im Erbaugrundbuch. Hier finden Sie die Regelungen im »Bestandsverzeichnis«, also im zweiten Teil, und in den drei Abteilungen, die sich anschließen.

Wichtig: Die Pacht ist zeitlich begrenzt, üblicherweise auf 50 oder 99 Jahre. Darüber hinaus ist geregelt, welche Rechte dem Grundstückseigentümer zustehen. Bei Aus- und Umbauten, Verkauf oder Änderungen im Grundbuch ist meist seine Zustimmung erforderlich. Im Erbfall jedoch nicht.

Die wichtigsten Regelungen sollten im Erbbaugrundbuch genannt sein. Allerdings enthält der Grundbuchauszug in der Regel nicht den vollständigen Text des Erbbauvertrags. Um den kompletten Vertragstext einzusehen, sollten Sie sich an das zuständige Grundbuchamt oder einen Notar wenden. Es empfiehlt sich, den Vertrag genauer unter die Lupe zu nehmen, womöglich auch mit anwaltlicher Hilfe. Denn es gibt Regelungen, die für den Erbbaurecht-Nehmer sehr nachteilig und schwer zu kalkulieren sind.

Vorsicht, Ankaufspflicht!

Im Erbbaurechtsvertrag kann eine sogenannte Ankaufspflicht festgelegt werden. Damit ist gemeint, dass Sie als Erbbaurecht-Nehmer das Grundstück kaufen müssen, wenn der Grundeigentümer es verkaufen will. Sind Sie nicht dazu in der Lage, könnten Sie das Haus verlieren, das sich auf dem Grundstück befindet. Zwar muss der Grundeigentümer Ihnen dann eine Entschädigung zahlen, doch ist eine solche Regelung nicht gerade attraktiv. Im Zweifel sollten Sie anwaltlichen Rat einholen bei jemandem, der sich mit dem Erbbaurecht auskennt.

Eine weitere Regelung, die Sie sich im Erbbauvertrag anschauen sollten, betrifft den »Heimfall«. Damit ist gemeint, dass unter bestimmten Umständen das Grundstück vor Ablauf der Vertragslaufzeit an den Grundeigentümer zurückfallen kann. Typische Fälle sind: Die Pacht wird länger als zwei Jahre nicht bezahlt. Das Gebäude wird nicht oder nicht ausreichend versichert. Das Gebäude wird »vertragswidrig« genutzt. Besonders problematisch: Der Grundeigentümer behält sich vor, »Eigenbedarf« anzumelden. In all diesen Fällen muss für das Gebäude zwar eine Entschädigung gezahlt werden, doch bedeuten solche Vertragsklauseln eine erhebliche Einschränkung und mindern auch den Wert der Immobilie bei Weiterverkauf.

1.3.5 Die drei Abteilungen eines Grundbuchs

Auf das Bestandsverzeichnis folgen die drei Abteilungen, die besondere Aufmerksamkeit verdienen. Hier finden sich die folgenden Angaben:

- In der *ersten Abteilung* werden die Eigentümer genannt. Gibt es mehrere Eigentümer, erfahren Sie auch, wer welchen Anteil hält. Im Erbbaugrundbuch (Kapitel 1.3.4) ist hier der Name des Erbbauberechtigten genannt, also desjenigen, der das Grundstück gepachtet hat.
- In der *zweiten Abteilung* geht es um die »Lasten und Beschränkungen«: Wegerechte, Wohnrechte, Nießbrauch, Vorkaufsrechte, Nutzungsrechte, die die Verfügung über den Immobilienbesitz stark einschränken können.
- Die *dritte Abteilung* nennt die »Grundpfandrechte«, das heißt, die finanziellen Belastungen, die Grundschulden und Hypotheken.

In der *ersten Abteilung* sollte der Name Ihres Erblassers vermerkt sein. Sonst wird das nichts mit der Erbschaft. Ist er Miteigentümer, erben Sie die Immobilie nur anteilig.

Die »Lasten und Beschränkungen« in der *zweiten Abteilung* betreffen beispielsweise das Wegerecht (jemand darf das Grundstück durchqueren), Fahrrechte (privat oder öffentlich: Darf der Nachbar mit seinem Auto über das Grundstück oder führt gar eine öffentliche Straße darüber?) Kanalleitungs- und Stromleitungsrechte (es dürfen Rohre oder Stromleitungen auf dem Grundstück verlegt werden oder sind bereits vorhanden).

Das Wohnrecht und der Nießbrauch sind an bestimmte Personen geknüpft. Sie können nicht an andere übertragen werden, nicht verschenkt, nicht verkauft und nicht vererbt. Diese Rechte erlöschen spätestens mit dem Tod der Person, können aber auch schon vorher enden, wenn das so vereinbart wurde.

Wichtig: Ist ein Wohnrecht festgeschrieben, sollten Sie sich zusätzlich den Wohnrechtsvertrag anschauen. Da sind die näheren Details geregelt, zum Beispiel, wer für die Nebenkosten aufkommt. Oder ob mit dem Wohnrecht auch bestimmte Pflichten einhergehen.

Nießbrauch bedeutet, dass die betreffende Person die Wohnung »nutzen« darf. Das bedeutet: Sie kann die Wohnung auch vermieten und die Miete behalten.

Das Vorkaufsrecht wird häufig missverstanden. Viele meinen, dass jemand, der das Vorkaufsrecht hat, als erster gefragt werden muss, wenn verkauft wird. Doch das ist gerade nicht der Fall. Vielmehr gibt das Vorkaufsrecht dem Begünstigten das Recht, in einen notariell beurkundeten Vertrag einzusteigen – und zwar zu den gleichen Konditionen. Auch wenn in der Praxis nur selten von diesem Recht Gebrauch gemacht wird, so ist der Schwebezustand, der durch das Vorkaufsrecht entsteht, für Käufer und Verkäufer gleichermaßen unangenehm. Daher kann sich ein Vorkaufsrecht stark wertmindernd auswirken oder gar einen Verkauf verhindern.

Die *dritte Abteilung* gibt Hinweise, wie stark die Immobilie beliehen und ob sie womöglich bereits überschuldet ist. Übersteigen die hier eingetragenen Grundschulden und Hypotheken den Verkehrswert, sollte bei Ihnen die Alarmsirene angehen. Es spricht sehr viel dafür, dass Sie hier einen Berg Schulden erben könnten.

Das *muss* allerdings nicht so sein. Denn entscheidend ist, wie viel von den hier eingetragenen Schulden bereits abgetragen sind. Und das erfahren Sie, wenn Sie die jeweiligen Kreditgeber kontaktieren. Es gibt durchaus den Fall, dass keine Zahlungsverpflichtung mehr besteht, aber die Eintragung noch vorhanden ist. Jedoch muss man sagen, dass Immobilienbesitzer im Allgemeinen bestrebt sind, Grundschulden und Hypotheken aus dem Grundbuch löschen zu lassen, sobald sie zurückgezahlt worden sind. Denn ein hoher Schuldenstand macht eine Immobilie nahezu unverkäuflich. Es kommt noch etwas hinzu: Grundschulden und Hypotheken werden ja ganz nach der jeweiligen Vereinbarung zurückgezahlt. Bleiben die Zahlungen aus, können die Schulden noch höher ausfallen, als die Grundschulden und Hypotheken verraten. Und die Gläubiger können die Zwangsversteigerung anordnen. Also, klären Sie den aktuellen Schuldenstand!

1.4 Das Baulastenverzeichnis

Ergänzend zum Grundbuch können Sie Einblick nehmen in das Baulastenverzeichnis. Dabei handelt es sich um eine amtliche Ergänzung zum Grundbuch. Hier werden alle »Baulasten« aufgelistet, das sind Verpflichtungen, die dem Grundstücksbesitzer gegenüber der Bauaufsichtsbehörde auferlegt worden sind – und die Sie als Erbe übernehmen müssen.

Diese Pflichten können den Abstand zum Nachbargrundstück betreffen. Bestimmte Flächen dürfen nicht bebaut oder nicht genutzt werden. Oder der Eigentümer des Grundstücks muss die Nutzung von Stellfläche einem Dritten gegenüber gewährleisten (Stellplatzbaulast). Oder ein Gebäude muss nach einer vorher festgelegten Nutzungsdauer »rückgebaut«, also abgerissen werden (Rückbauverpflichtung). Oder eine bestimmte Fläche auf dem Grundstück muss als Kinderspielplatz genutzt werden (Kinderspielflächen-Baulast).

Die Angaben im Baulastenverzeichnis sind grundsätzlich nicht im Grundbuch enthalten. Daher empfiehlt es sich, ergänzend auch hier Einblick zu nehmen. Wie beim Grundbuch ist das nicht jedem gestattet. Sie müssen ein berechtigtes Interesse geltend machen. Als möglicher Erbe haben Sie dieses berechtigte Interesse, denn Sie sollen im Erbfall die Baulasten ja übernehmen. Ihr Ansprechpartner ist die örtliche Bauaufsichtsbehörde.

In Bayern ist die Sache anders geregelt. Dort sind die Baulasten im Grundbuch als »Grunddienstbarkeiten« vermerkt. Sie finden sich also in der Abteilung II des Grundbuchauszugs. Brandenburg war ebenfalls einen eigenen Weg gegangen, hat das Baulastenverzeichnis jedoch 2016 wieder eingeführt.

1.4.1 So beantragen Sie Einsicht in das Baulastenverzeichnis

Ob überhaupt mit Baulasten zu rechnen ist, das hängt von der Art und der Größe des Grundstücks ab. Allerdings sollten Sie sichergehen und abfragen, ob für die betreffende Immobilie Baulasten bestehen. Das können Sie auch telefonisch tun. Bei der zuständigen Bauaufsichtsbehörde. Die Auskünfte werden dann aber nur mündlich erteilt. Brauchen Sie etwas Schriftliches (womöglich auch für die Miterben), müssen Sie Ihren Antrag schriftlich stellen. Das geht allerdings per Mail. Bei manchen Gemeinden ist die Antragstellung auch online möglich.

Sie müssen das Grundstück genau bezeichnen, mit Straße und Hausnummer. Noch besser: Wenn Sie zusätzlich die Angaben aus dem Grundbuch hinzufügen: Gemarkung, Flurnummer und Flurstücknummer.

Wie finden Sie die zuständige Bauaufsichtsbehörde? Sehr nützlich ist hier die Website des »Behördenfinder Deutschland«. Rufen Sie die Website www.behoerdenfinder.de auf, geben Sie in die Suchmaske als Suchbegriff »Bauaufsichtsbehörde« ein und den Ort, an dem sich das Grundstück befindet. Als Suchergebnis bekommen Sie alle Kontaktdaten der Bauaufsichtsbehörde, die für das Grundstück zuständig ist. Sie müssen also nicht den Ort angeben, an dem sich die Behörde befindet. In einigen Fällen werden Sie weitergeleitet und können Ihren Antrag gleich online stellen.

1.4.2 Was kostet es, das Baulastenverzeichnis einzusehen?

Für einen Auszug aus dem Baulastenverzeichnis fallen Gebühren an. Und die können unterschiedlich ausfallen – abhängig von der Gemeinde und der Anzahl sollten Sie mit einem Betrag zwischen 20 und 150 Euro rechnen. Wenn Sie persönlich in der Behörde Einsicht nehmen, können ebenfalls Kosten anfallen. Das ist abhängig von der Satzung der Gemeinde. Eine telefonische Auskunft ist hingegen in aller Regel kostenlos.

1.5 Die Bestandsaufnahme

Je nach Art der Immobilie gibt es noch weitere Dokumente, die Sie sich anschauen sollten, ehe Sie die Erbschaft annehmen oder ausschlagen. Die werden wir in späteren Kapiteln näher besprechen – beispielsweise die Mietverträge (Kapitel 6) oder alle Unterlagen, die eine Eigentumswohnung betreffen (Kapitel 7) wie Teilungserklärung, Gemeinschaftsordnung und Versammlungsprotokolle. Ebenso wichtig: Dass Sie die Immobilie, die Sie womöglich erben, in Augenschein nehmen (Kapitel 2), sich einen Eindruck von ihrem Zustand verschaffen und überprüfen, welche Instandhaltungs- oder Sanierungsarbeiten demnächst anstehen.

Alles in allem geht es um eine Bestandsaufnahme. Sie verschaffen sich einen Überblick über Ihr Erbe, um eine gute, informierte Entscheidung zu treffen und um vorbereitet zu sein auf das, was Sie erwartet. Dabei liegt es bei ganz bei Ihnen, welche Schlüsse Sie aus den Informationen ziehen, die Sie zusammentragen. So ist es durchaus möglich, das Erbe anzunehmen, auch wenn es sich rein finanziell nicht lohnt. Andere Motive spielen eben auch eine Rolle: Der Wunsch, das Familienheim zu übernehmen oder die Nachfolge des Verstorbenen anzutreten, dem Sie sich verpflichtet fühlen. Umgekehrt können Sie auch zu dem Schluss kommen, ein Erbe auszuschlagen, das Ihnen eine erkleckliche Summe Geld verschafft, aber Ihnen auch Verpflichtungen aufbürdet, die Sie nicht eingehen wollen. Oder es drohen Unannehmlichkeiten: Familienstreit, gerichtliche Auseinandersetzungen. Was jedoch entscheidend ist: Dass Sie wissen, worauf Sie sich einlassen.

1.5.1 Das Immobilienerbe einschätzen – mit Checkliste

Sie tragen die Dokumente zusammen, besichtigen die Immobilie und versuchen zu verstehen, was das alles bedeutet: Finanziell und auch als Aufwand, der auf Sie zukommt, wenn Sie das Erbe antreten. Sie sollten sich auch schon überlegen, was Sie mit der Immobilie vorhaben: Wollen Sie die selbst nutzen, vermieten oder veräußern? Diese Frage werden wir in Kapitel 3 angehen. Hier werden wir den Prozess und die einzelnen Stationen skizzieren, damit Sie die Angelegenheit planvoll angehen können.

Sie müssen also klären, was das Immobilienerbe für Sie bedeutet: finanziell, vom Aufwand her, persönlich und emotional. Vielleicht haben Sie eine besondere Beziehung zu dem Objekt. Vielleicht handelt es sich um das Elternhaus, an dem Sie besonders hängen. Oder es verbinden sich nicht so angenehme Erinnerungen damit. Es ist hilfreich, alle diese Aspekte auf den Tisch zu bringen.

Erstellen Sie für sich eine Liste und beantworten Sie die folgenden Fragen.

DIGITALE EXTRAS

Checkliste: Was bedeutet das Immobilienerbe für mich?		
Fragen		**Meine Antworten**
Finanziell	Was bedeutet das Immobilienerbe für mich finanziell?	
	Wie schätze ich den Wert der Immobilie ein?	
	Wie viel muss ich noch investieren für Modernisierung und Reparaturen?	
	Wenn Sie verkaufen möchten: Zu welchem Preis kann ich das Objekt realistischerweise veräußern?	
	Wie viel bleibt unter dem Strich für mich?	
	Welche Kosten kommen auf mich zu, um das Objekt wieder in Schuss zu bringen?	
Aufwand	Wie viel Aufwand muss ich treiben, um das Objekt zu übernehmen, zu vermieten oder zu veräußern?	
	Wie hoch ist der Sanierungsbedarf?	
	Will ich mir das alles zumuten?	

DIGITALE EXTRAS

Checkliste: Was bedeutet das Immobilienerbe für mich?		
Fragen		**Meine Antworten**
	Kann mir jemand diesen Aufwand abnehmen (z. B. Verkauf über Makler, Vermietung über eine Hausverwaltung, Sanierung aus einer Hand durch einen Dienstleister)?	
Persönliche Beziehung	Was bedeutet das Objekt für mich?	
	Möchte ich es übernehmen?	
	Möchte ich es wieder herrichten?	
	Ist das für mich eine sinnvolle Aufgabe?	
	Oder empfinde ich es als Belastung?	

Tragen Sie die Informationen zusammen. Häufig zeichnet sich schon ab, welche Entscheidung zu treffen ist: Natürlich nehmen Sie das Erbe an und leiten bestimmte Maßnahmen in die Wege. Natürlich schlagen Sie das Erbe aus, weil es sich nicht lohnt oder Sie sich den Belastungen, die das Erbe mit sich bringt, nicht aussetzen möchten. Manchmal müssen sich die Dinge auch erst einmal setzen.

Und es kann helfen, mit jemandem darüber zu sprechen, der vertrauenswürdig und selbst von der Sache nicht betroffen ist. Allerdings ist da noch ein weiterer Aspekt zu beachten: Wie sieht es mit dem übrigen Nachlass aus?

1.5.2 Das übrige Erbe einschätzen

Bei einer Erbschaft ist immer der gesamte Nachlass zu betrachten. Womöglich enthält der übrige Nachlass Vermögenswerte, die es Ihnen ermöglichen, die Immobilie zu modernisieren oder die Grundschuld abzulösen. Umgekehrt kann der übrige Nachlass die Aussicht, eine Immobilie zu erben, stark eintrüben, und zwar nicht nur, wenn Sie einen Berg Schulden erben, sondern auch, wenn Sie als Rechtsnachfolger Verantwortung übernehmen müssen. Beispielsweise für Verträge, die der Verstorbene abgeschlossen hat. Oder riskante Unternehmensbeteiligungen. Oder auch wenn jemand den Verstorbenen verklagt. Ein laufender Prozess wird dann erst einmal unterbrochen. Es sei denn, der Verstorbene hat sich anwaltlich vertreten lassen und der Anwalt stellt keinen Antrag auf Unterbrechung (was er nach § 246 ZPO könnte). Dann läuft der Prozess weiter. Ansonsten gilt: Der Prozess wird erst wieder aufgenommen, wenn Sie das Erbe angenommen haben.

Auf zwei Dinge sollten Sie jedoch besonders achten:

- Gibt es irgendwelche *Vermächtnisse* (siehe Kapitel 1.1.3)? Diese Vermögenswerte befinden sich zunächst noch in der Erbmasse, stehen aber einer anderen Person zu. Also müssen Sie diese Werte herausrechnen.
- Haben Angehörige Anspruch auf einen *Pflichtteil* (siehe Kapitel 1.1.4)? Vor allem Kinder aus früheren Beziehungen kommen hier in Frage. Überschlagen Sie deren Pflichtteil und denken Sie daran: Diesen Pflichtteil müssen Sie im Fall der Fälle *auszahlen*.

1.5.3 Die Erbengemeinschaft einschätzen

Auch darüber sollten Sie nachdenken, wenn Sie nicht Alleinerbe sind: Mit wem erben Sie eigentlich? Können Sie sich mit diesen Personen verständigen? Oder sind Sie zerstritten? Ist es in so einem Fall möglich, über einen Vermittler zu einer Einigung zu kommen? Oder drohen endlose Auseinandersetzungen? Gerade wenn es um die Erbschaft einer Immobilie geht, wollen sich manche nicht damit belasten. Allerdings will das gut überlegt sein. Es wäre in der Tat betrüblich, wenn Sie auf beträchtliche Vermögenswerte verzichten – weil Ihnen unangenehme Mitmenschen das Leben schwer machen. Oft gibt es auch Möglichkeiten, so eine Situation zu meistern und den Nachlass aufzuteilen. Mehr dazu in Kapitel 5.

Es gibt jedoch auch eine freundliche Variante: Sie treten von Ihrem Erbe zurück, weil Sie anderen etwas Gutes tun wollen. Sei es, dass Ihre Kinder an Ihrer Stelle erben (siehe Kapitel 1.1.1 und dort das Unterkapitel »Das Repräsentationsprinzip«) oder dass die anderen Erben einen höheren Anteil bekommen sollen.

1.6 Das Erbe annehmen oder ausschlagen?

Der »Erbfall« tritt bereits ein, wenn die Person stirbt. Der Nachlass ist also keineswegs herrenlos, auch wenn noch niemand das Erbe angenommen hat. In § 1922 Abs. 1 BGB heißt es: »Mit dem Tode einer Person (Erbfall) geht deren Vermögen (Erbschaft) auf eine oder mehrere andere Personen (Erben) über.« Das bedeutet: Auch wenn Sie erst Wochen oder Monate später als Erbe feststehen (oder ermittelt werden), so sind Sie rein rechtlich bereits seit dem Todestag Eigentümer Ihres Erbteils.

1.6.1 Drei Arten, das Erbe anzunehmen

Doch ab wann sind Sie überhaupt Erbe? Welche Möglichkeiten gibt es, die Erbschaft anzutreten oder das Erbe anzunehmen? Im Prinzip stehen Ihnen drei Wege offen:

Weg 1: Sie erklären, dass Sie die Erbschaft annehmen. Gegenüber dem Nachlassgericht, einem Miterben oder jemandem, der mit dem Verstorbenen geschäftlich zu tun hatte, einem Gläubiger oder Schuldner. Wie Sie dies tun, bleibt Ihnen überlassen. Auch eine mündliche Erklärung wäre gültig.

Weg 2: Sie zeigen durch »schlüssiges Verhalten«, dass Sie die Erbschaft annehmen. Zum Beispiel beantragen Sie einen Erbschein (Kapitel 1.2.5). Sie verkaufen oder verschenken Gegenstände aus dem Nachlass. Oder Sie stellen den Antrag, dass Sie als Eigentümer im Grundbuch eingetragen werden.

Weg 3: Sie erben »automatisch«. Sie müssen gar nichts unternehmen. Sie lassen die sechswöchige Frist (Kapitel 1.6.3) einfach verstreichen, die Ihnen gewährt wird, um das Erbe auszuschlagen.

Wann können Sie also über die Erbschaft verfügen? Im Prinzip sofort. Das Problem ist nur, dass Sie das gegenüber den Banken, den Geschäftspartnern, den Mietern und dem Grundbuchamt belegen müssen. Können Sie ein notarielles Testament oder einen Erbvertrag vorlegen, gelten Sie als Erbe. Liegt kein Testament vor oder nur ein handschriftliches ohne notarielle Beglaubigung, so müssen Sie einen Erbschein beantragen (Kapitel 1.2.2). Erst wenn der vorliegt, können Sie auf das Vermögen zugreifen und die Änderung im Grundbuch beantragen.

1.6.2 Die vorläufige Erbschaft

Aber womöglich wissen Sie noch gar nicht sicher, ob Sie das Erbe überhaupt antreten – da Sie den Nachlass noch gar nicht komplett überblicken. Das sollten Sie aber, bevor Sie in alle Rechte und Pflichten eintreten. Ihnen bleiben knapp sechs Wochen, sich ein umfassendes Bild zu machen.

Die Phase zwischen dem Tod des Erblassers und der Annahme der Erbschaft ist am Ende doch eine Art Schwebezustand. Es steht noch nicht fest, wer tatsächlich Erbe mit allen Rechten und Pflichten wird. In dieser Zeit sind Sie »vorläufiger Erbe«. Sie können durchaus einige Maßnahmen in die Wege leiten, Nachlassgegenstände verwahren, den wertlosen Hausrat entsorgen lassen, die Wohnung kündigen, Reparaturen in Auftrag geben, die dringend erforderlich sind, und Bestattungskosten vom Konto des Verstorbenen abbuchen lassen (wenn die Bank mitspielt).

Fürsorgemaßnahmen
Wichtig: All diese Tätigkeiten sollten im Rahmen dessen bleiben, was man als »Fürsorgemaßnahmen« bezeichnen kann. Es geht um Maßnahmen, die sinnvoll, ja, die

geboten sind, die sich nicht ohne weiteres aufschieben lassen und die den späteren, tatsächlichen Erben keinen Schaden zufügen.

Das ist aus zwei Gründen wichtig:
- Sie geraten nicht in Verdacht, das Erbe durch »schlüssiges Verhalten« bereits angenommen zu haben (siehe Kapitel 1.6.1).
- Sie vermeiden Ärger mit den späteren, tatsächlichen Erben, die mit Ihren Maßnahmen gar nicht einverstanden sind.

Gegenüber diesen endgültigen Erben sind Sie rechenschaftspflichtig. Sie sollten begründen können, warum Sie welche Maßnahme getroffen haben. Ist hingegen für die Erben ein Schaden entstanden, sind Sie womöglich schadenersatzpflichtig. Auf der anderen Seite können Sie sich aber auch von den Erben die Kosten erstatten lassen, die Ihnen durch die »Fürsorgemaßnahmen« entstanden sind. In § 1959 Abs. 1 BGB heißt es: »Besorgt der Erbe vor der Ausschlagung erbschaftliche Geschäfte, so ist er demjenigen gegenüber, welcher Erbe wird, wie ein Geschäftsführer ohne Auftrag berechtigt und verpflichtet.« Auf diese Regelung und § 683 BGB können Sie Ihren Anspruch auf eine Entschädigung gründen. Voraussetzung ist, dass Sie im Interesse und nach dem »mutmaßlichen Willen« der Erben handeln. So kann die Kündigung der Mietwohnung des Verstorbenen eine sinnvolle Maßnahme sein, weil sie hilft, Kosten zu sparen. Ganz anders sieht die Sache aus, wenn anzunehmen ist, dass die endgültigen Erben die Wohnung gerne selbst anmieten würden. Dann handeln Sie nicht nach deren »mutmaßlichem Willen«.

Und noch etwas: Gegenstände sollten Sie nur dann aus dem Nachlass »entnehmen«, wenn ein zwingender Grund vorliegt. Wie schon erwähnt kann es sinnvoll sein, die Wohnung entrümpeln und den wertlosen Hausrat entsorgen zu lassen. Was jedoch nicht geht: Gegenstände aus dem Nachlass schon mal weiterverschenken oder ohne zwingenden Grund verkaufen.

1.6.3 Wie Sie das Erbe ausschlagen (Sechs-Wochen- und Sechs-Monats-Frist)

Möchten Sie die Erbschaft nicht antreten, müssen Sie tätig werden: Sie erklären gegenüber dem zuständigen Nachlassgericht (siehe Kapitel 1.1.2), dass Sie das Erbe ausschlagen. Dies können Sie direkt beim Nachlassgericht »zur Niederschrift« beantragen. Oder Sie wenden sich an einen Notar und unterzeichnen eine Erklärung, die der Notar beglaubigt und an das Nachlassgericht weiterleitet. Es genügt nicht, einen Brief an das Gericht zu schicken.

Das Erbe auszuschlagen, ist eine Entscheidung von großer Tragweite. Und die muss entsprechend dokumentiert werden. Haben Sie die einmal getroffen, lässt sie sich nicht mehr rückgängig machen.

Anders sieht es aus, wenn Ihre Entscheidung auf falschen Informationen beruht oder Sie getäuscht worden sind. Dann können Sie Ihre Ausschlagung beim Nachlassgericht anfechten. Das ist auch möglich, falls Sie nachweisen können, dass Sie unter Druck gesetzt oder bedroht worden sind.

Wenn Sie ausschlagen, haben Sie nichts mehr mit der Erbschaft zu tun

Schlagen Sie die Erbschaft aus, sind Sie aus der Sache raus. Sie können keinen Pflichtteil einfordern. Gegenstände, die Sie dem Nachlass entnommen haben, müssen Sie zurückgeben.

Die sechswöchige Frist

Sie haben sechs Wochen Zeit, um zu erklären, dass Sie das Erbe ausschlagen. Dabei beginnt die Frist, wenn Sie von dem Todesfall erfahren und davon ausgehen können, dass Sie zu den Erben gehören. Zum Beispiel, wenn kein Testament vorliegt und Sie zum Kreis der gesetzlichen Erben gehören. Oder wenn es ein handschriftliches Testament gibt, das beim Nachlassgericht eingereicht wird, und Sie bereits wissen, dass Sie als Erbe vorgesehen sind.

Anders liegt der Fall, wenn ein notarielles Testament oder ein Erbvertrag vorliegt. Dann beginnt die Frist erst mit der Eröffnung des Testaments beim Nachlassgericht. Genauer: Ab dem Zeitpunkt, da Sie davon erfahren, dass Sie dort als Erbe genannt werden.

Sechs-Wochen-Frist gilt auch für Anfechtung!

Die sechswöchige Frist gilt auch, wenn Sie Ihre Entscheidung noch einmal anfechten wollen – weil Sie getäuscht worden sind oder neue Informationen auftauchen, die Sie vorher nicht in Erfahrung bringen konnten. Dann haben Sie sechs Wochen Zeit, beim Nachlassgericht die Sache anzufechten. Die Frist läuft, sobald Sie Kenntnis von der Täuschung oder den neuen Fakten bekommen.

Die Sechs-Monats-Frist

Achtung, die Frist verlängert sich auf sechs Monate, wenn der Verstorbene seinen letzten Wohnsitz nur im Ausland gehabt hat *oder* Sie selbst sich im Ausland aufgehalten haben, als die Frist zu laufen begann. So ist es in § 1944 Abs. 3 BGB festgelegt. Wie dauerhaft Ihr Aufenthalt im Ausland gewesen sein muss, das ist nicht näher ausgeführt. Aus dem Gesetzestext lässt sich jedoch schließen, dass es nicht erforderlich ist, dass Sie Ihren Wohnsitz dort gehabt haben. Auch eine mehr oder minder ausgedehnte Auslandsreise sollte in Frage kommen (vgl. BGH, Beschluss vom 19.01. 2019, Az. IV ZB 20/18). Doch sollten Sie für diese wichtige Frage anwaltlichen Rat einholen.

Wenn alle das Erbe ausschlagen
Wenn ein Erbe ausschlägt, fällt sein Anteil, dem »nächstberufenen Erben« zu. Das ist der Angehörige, der ihn in der gesetzlichen Erbfolge beerben würde. Schlagen nun nach und nach alle das Erbe aus, fällt der Nachlass an den Staat, genauer: das Bundesland, in dem sich der letzte Wohnsitz des Verstorbenen befunden hat (§ 1936 BGB). Schulden werden allerdings nur aus dem vorhandenen Nachlassvermögen gezahlt.

1.6.4 Das Erbe für die minderjährigen Kinder ausschlagen

Halten Sie die Erbschaft für problematisch, liegt es nahe, dass Sie für Ihre minderjährigen Kinder ebenfalls das Erbe ausschlagen. Das ist möglich – unter zwei Voraussetzungen.

Erstens sind in aller Regel beide Eltern gesetzliche Vertreter ihrer Kinder, also müssen auch beide die Erklärung abgeben und nicht nur Sie allein (§ 1629 Abs. 1 BGB).

Zweitens ist da noch die Sache mit dem Familiengericht. Eigentlich benötigen Sie die Genehmigung des Familiengerichts, wenn Sie für ein minderjähriges Kind eine Erbschaft ausschlagen. Diese Genehmigung müssen Sie dem Nachlassgericht vorlegen und als gesetzliche Vertreter für Ihr Kind die Erbschafft ausschlagen. Das heißt, Sie müssen tätig werden, die Genehmigung allein genügt nicht (OLG Frankfurt am Main, Urteil vom 14.4.2018, Az. 21 W 56/18).

Anders verhält es sich, wenn Ihr minderjähriges Kind *nur deshalb* Erbe wird, weil Sie vorher das Erbe ausgeschlagen haben. Dann brauchen Sie nach § 1643 Abs. 3 BGB die Genehmigung des Familiengerichts ausdrücklich nicht. Wenn Sie selbst das Erbe ausschlagen, können Sie gleich für Ihre minderjährigen Kinder, die sonst nachrücken würden, ebenfalls ausschlagen.

Aber denken Sie daran: *Beide* Eltern müssen als gesetzliche Vertreter diese Erklärung abgeben.

Und es gibt einen Sonderfall, bei dem Sie dann doch wieder die Genehmigung des Familiengerichts bräuchten: Wenn Sie nämlich für das eine Kind die Erbschaft ausschlagen und für das andere nicht (KG Berlin, Urteil vom 13.3.2012, Az. 1 W 747/11).

1.6.5 Wer bekommt Ihren Anteil?

Wenn Sie als Erbe ausscheiden, dann rücken bei »gesetzlicher Erbfolge« Ihre »Abkömmlinge« an Ihrer Stelle (siehe zur gesetzlichen Erbfolge Kapitel 1.1.1). Das sind als erstes Ihre Kinder. Sind die noch minderjährig, können Sie in ihrem Namen die Erbschaft gleich mitausschlagen – wenn Sie das wollen. Mehr dazu unter 1.6.4. Möglich ist auch, dass Sie beabsichtigen, dass Ihr Anteil gleich auf Ihre Kinder übergeht. Dann schlagen Sie das Erbe aus, damit sie direkt den Anteil bekommen.

Volljährige Kinder müssen ihre Entscheidung selbst treffen, ob sie das Erbe annehmen. Doch sollte es sich von selbst verstehen, dass Sie die nötigen Hinweise und Ratschläge geben, damit Ihre Kinder eine vernünftige Entscheidung treffen können und vor allem die sechswöchige Frist einhalten!

Übernimmt keiner Ihrer unmittelbaren »Abkömmlinge« Ihren Anteil, erhöht sich der Anteil der verbliebenen Erben entsprechend. Außerdem gibt es Erben, für die niemand nachrückt, wenn sie das Erbe ausschlagen: Der Ehepartner und Erben, die nicht zur Familie gehören, aber testamentarisch eingesetzt wurden – wie zum Beispiele Freunde des Verstorbenen. Auch in diesem Fall bekommt jeder, der das Erbe antritt, einen entsprechend höheren Anteil.

1.6.6 Lässt sich das Erbe später noch ausschlagen?

Haben Sie das Erbe angenommen oder auch nur die Frist zur Ausschlagung ungenutzt verstreichen lassen, sind Sie Erbe und treten die Rechtsnachfolge mit allen Rechten und Pflichten an. Sie müssen sogar mit Ihrem eigenen Vermögen haften, wenn die Forderungen und Verbindlichkeiten aus dem Erbe höher sind als das Vermögen aus dem Nachlass.

Können Sie da im Nachhinein noch etwas korrigieren? Das ist durchaus möglich, wenn Sie darlegen, dass Sie falsche oder irrführende Informationen bekommen haben. Sie konnten davon ausgehen, dass Sie ein gewisses Vermögen erben. Doch dann tauchen unvermutet horrende Forderungen auf. Oder ein vermeintlicher Vermögenswert stellt sich als wertlos heraus. Dabei stellt sich allerdings immer die kritische Frage: Hätten Sie das wissen können oder sogar wissen müssen? Ignoranz wird nicht belohnt. Doch wenn Sie darlegen können, dass Sie in die Irre geführt worden sind, dann können Sie das Erbe zwar nicht mehr »ausschlagen«, Sie können es aber anfechten. Und wenn Sie plausibel machen können, dass Sie ein Vermögen erwarten konnten, aber Schulden geerbt haben, dann sollte Ihre Anfechtung auch Erfolg haben. Aber natürlich brauchen Sie dazu anwaltliche Unterstützung.

1.6.7 Die Haftung beschränken: Das Nachlassinsolvenzverfahren

Eigentlich keine Frage: Ist der Nachlass mit hohen Schulden belastet, sollten Sie die Erbschaft ausschlagen. Denn als Erbe sind Sie Rechtsnachfolger und müssen für alle Verbindlichkeiten haften (§ 1967 BGB). Auch mit dem eigenen Vermögen. Manche Erben gehen die Sache ziemlich entspannt an und kümmern sich nicht ausreichend darum, die Verbindlichkeiten und Verpflichtungen (Vermächtnisse, Pflichtteile) zu klären und gegenzurechnen. Sie könnten sich durch eine Erbschaft finanziell ruinieren. Allerdings hat der Gesetzgeber eine Möglichkeit geschaffen, genau das zu verhindern: Das Nachlassinsolvenzverfahren.

Beim zuständigen Insolvenzgericht beantragen Sie, ein Nachlassinsolvenzverfahren zu eröffnen. Zuständig ist in aller Regel das Gericht, in dessen Bereich der Verstorbene seinen letzten Wohnsitz hatte. Hat er jedoch an einem anderen Ort einen Geschäftsbetrieb geführt, der nun insolvent geworden ist, ist es möglich, dass das dort zuständige Gericht in Frage kommt.

Antragsgründe sind drohende oder bereits eingetretene Zahlungsunfähigkeit und Überschuldung (§ 320 InsO), die den Nachlass betreffen.

Das Nachlassinsolvenzverfahren schützt die Erben davor, mit dem eigenen Vermögen zu haften. Der Nachlass wird vom eigenen Vermögen getrennt. Die Verbindlichkeiten werden ausschließlich aus der Erbmasse bedient. Wichtig: Maßgeblich ist der Nachlass zum Zeitpunkt der Eröffnung des Verfahrens, nicht zum Zeitpunkt des Erbfalls. Das heißt aber gerade nicht, dass die Erben bis dahin irgendwelche Vermögenswerte beiseiteschaffen oder verschenken dürften. Im Gegenteil, damit machten sie sich schadenersatzpflichtig.

1.6.8 Die vorläufige Haftungsbeschränkung

Hat der Verstorbene Schulden, können die Gläubiger darauf drängen, dass die beglichen werden. Zuständig dafür sind jetzt die Erben. Allerdings gilt eine »vorläufige Haftungsbeschränkung«, solange sie sich noch nicht entschieden haben, ob sie das Erbe ausschlagen. Nehmen sie die Erbschaft an, gibt es darüber hinaus eine sogenannte »Dreimonatseinrede« (§ 2014 BGB). Die Erben bekommen eine Schonfrist von drei Monaten eingeräumt, um anschließend die Schulden zu begleichen. Sie sollen ausreichend Zeit bekommen, Wertgegenstände aus dem Nachlass zu veräußern.

1.7 Die Grundbuchänderung

Wenn Sie das Erbe angenommen haben, müssen Sie nun veranlassen, dass Sie und Ihre Miterben als Eigentümer im Grundbuch eingetragen werden. Denn im Grundbuch ist ja noch der Verstorbene als Eigentümer verzeichnet. Das ist nicht zutreffend und sollte im Einklang mit § 894 BGB geändert werden.

Allerdings erfolgt diese Änderung nur auf Antrag (§ 13 Abs. 1 GBO). Das heißt, Sie müssen aktiv werden und einen »Berichtigungsantrag« beim zuständigen Grundbuchamt stellen. Wie Sie das finden, haben wir bereits in Kapitel 1.3.1 beschrieben. Für einen Berichtigungsantrag brauchen Sie also keine notarielle Beurkundung. Sie stellen den Antrag direkt beim Grundbuchamt. Die sonst üblichen Gebühren fallen nicht an, es sei denn, Sie lassen sich für Ihren Antrag sehr viel Zeit. Stellen Sie ihn erst zwei Jahre nach dem Tod des Erblassers oder noch später, werden die Gebühren fällig.

Gegenüber dem Grundbuchamt müssen Sie nachweisen, dass das Grundbuch »unrichtig« ist, weil da ja noch der Verstorbene als Eigentümer eingetragen ist. Sie müssen den Nachweis erbringen, dass Sie als Erbe Rechtsnachfolger und neuer Eigentümer sind. Dies geschieht in aller Regel durch Vorlage des Erbscheins (siehe Kapitel 1.2). Es ist aber auch möglich, durch ein notarielles Testament oder einen Erbvertrag zu belegen, dass Sie Erbe sind. Ein handschriftliches Testament vorzulegen, reicht nicht aus.

Erst wenn Sie als Eigentümer im Grundbuch eingetragen sind, können Sie frei über die Immobilie verfügen. Allerdings ist es möglich, diesen Schritt zu überspringen. Wenn Sie die Immobilie nämlich sofort veräußern. Dann wäre es unnötiger Aufwand, Sie als Eigentümer einzutragen und gleich wieder zu streichen, um den Käufer an Ihre Stelle zu setzen (OLG Düsseldorf, Urteil vom 5.3.2021, Az. 3 Wx 192/20). Auch wenn Sie schon so weit sind, Ihre Erbengemeinschaft »auseinanderzusetzen«, und sagen wir: Sie als Alleineigentümer eingetragen werden sollen, müssen nicht vorher auch die Miterben eingetragen werden. Allerdings sollten Sie wissen, dass es sich in diesen Fällen nicht um einen »Berichtigungsantrag« handelt, den Sie direkt beim Grundbuchamt stellen können, sondern um einen Kaufvertrag. Und der muss notariell beurkundet werden.

1.7.1 Für die Miterben den Antrag stellen

Sind Sie nicht Alleinerbe, ist es sinnvoll, sich mit den Miterben zusammenzutun, um sich als neue Eigentümer eintragen zu lassen. Allerdings ist das nicht zwingend erforderlich. Sie müssen also nicht auf Ihre Miterben warten oder deren Erlaubnis einholen, sondern können allein tätig werden.

Aus dem Erbschein oder dem notariellen Testament geht ja hervor, wer alles erbt und damit Eigentümer der Immobilie ist. Das heißt, alle Miterben werden als neue Eigentümer in der »ersten Abteilung« aufgeführt (Kapitel 1.3.2). Ihr jeweiliger Anteil, die »Erbquote«, bleibt unerwähnt. Es wird lediglich der Zusatz »in Erbengemeinschaft« eingetragen.

1.7.2 Grundschuld und Hypotheken löschen

In der »dritten Abteilung« des Grundbuchauszugs werden wie erwähnt die »Grundpfandrechte« aufgeführt. Manchmal sind diese Kredite längst zurückgezahlt. Oder es steht nur eine überschaubare Summe aus, die Sie ohne weiteres aus der Erbmasse entnehmen können. Dann stellt sich die Frage, ob Sie nicht eine Eintragung in dieser Abteilung löschen lassen möchten. Dadurch wird Ihre Immobilie attraktiver. Also, wenn Sie über einen Verkauf nachdenken, könnte so eine Löschung eine sinnvolle Maßnahme sein.

Aber in einer Erbengemeinschaft müssen Sie sich darüber einig sein. Und Sie sollten das große Ganze im Blick behalten: Eine Immobilie, für die viele Grundpfandreche eingetragen sind, schreckt potenzielle Käufer ab. Der Eindruck: Womöglich ist die Immobilie bereits überschuldet. Wenn es hingegen um eine eingetragene Grundschuld geht, die weit unter dem Verkehrswert der Immobilie liegt, so könnte es sinnvoll sein, die Grundschuld stehen zu lassen. Weil Sie oder die Käufer der Immobilie die Möglichkeit haben, die Immobilie weiter zu beleihen. Nähere Auskünfte erteilt Ihnen sicher gerne der Finanzberater Ihres Vertrauens.

Worauf wir aufmerksam machen wollen: Eine Erbschaft ist eine gute Gelegenheit, das Thema »Grundpfandrechte« glattzuziehen und alte Kredite abzulösen und zu löschen. Eine solche Löschung muss notariell beurkundet werden und kostet wieder eine unvermeidliche Kleinigkeit an Notargebühren.

Mit dem Grundbucheintrag sind Sie neuer (Mit-)Eigentümer der Immobilie. Nun können Sie über die Immobilie mehr oder minder frei verfügen. Allerdings stellen sich nun einige Fragen, die wir in den nächsten Kapiteln beantworten wollen.

1.8 Sonderfälle

Zum Abschluss des Kapitels möchten wir noch einen Blick auf vier Sonderfälle werfen, die für die meisten Erben keine Rolle spielen. Doch für diejenigen, die es betrifft, ist es wichtig, darüber Bescheid zu wissen.

1.8.1 Der Testamentsvollstrecker

Der Erblasser kann testamentarisch oder per Erbvertrag verfügen, dass ein Testamentsvollstrecker eingesetzt wird. Das ist nicht die Regel, aber bei einem umfangreichen, komplexen Nachlass, der auf mehrere Erben verteilt werden soll, kann das durchaus sinnvoll sein. Der Testamentsvollstrecker soll dafür sorgen, dass die Erbschaftsangelegenheit im Sinne des Erblassers in geordneten Bahnen verläuft und die Interessen des Verstorbenen gewahrt werden. Der Testamentsvollstrecker soll verhindern, dass es zu Streitigkeiten kommt. In manchen Fällen soll er die Erben auch entlasten. Oder aber er wird beauftragt, wenn einer der Haupterben minderjährig ist. Dann kann sich die Tätigkeit so lange erstrecken, bis der Erbe volljährig ist.

Für Sie als Erben sind die folgenden Punkte wichtig: Die Abwicklung der Erbangelegenheit läuft über den Testamentsvollstrecker. Er begleitet den gesamten Prozess bis zur Erbschaftssteuererklärung. So lange dürfen Sie über den Nachlass nicht oder nur sehr eingeschränkt verfügen. Sie dürfen keine Nachlassgegenstände veräußern. Weisungen dürfen Sie dem Testamentsvollstrecker nicht erteilen. Er darf nach eigenem Ermessen handeln und ist nur bei »schuldhafter Pflichtverletzung« haftbar zu machen.

Darüber hinaus enthält ein Testamentsvollstrecker eine Entschädigung für seine Tätigkeit. Die Höhe kann der Erblasser in seinem Testament oder im Erbvertrag festlegen. Von der »vergütungsfreien Testamentsvollstreckung« (nur der Aufwand wird erstattet), pauschaler oder aufwandsbezogener Vergütung bis zu einem »Erfolgshonorar« ist vieles möglich. Auch kann der Erblasser verfügen, dass der Testamentsvollstrecker seine Vergütung »nach billigem Ermessen« selbst festlegt. Oder sie wird vom Nachlassgereicht festgelegt. Üblicherweise erhält er dann eine Vergütung in Höhe von 5 Prozent des sogenannten »Bruttonachlasswerts«, das ist das Nachlassvermögen ohne Abzug der Verbindlichkeiten.

1.8.2 Vorerben und Nacherben

Die Verstorbene kann Sie in seinem Testament als Vorerben oder Nacherben bestimmt haben. Damit ist gemeint, dass eine Reihenfolge festlegt wird. Zunächst erbt der Vorerbe. Als Nacherbe kommen Sie erst ins Spiel, wenn der Vorerbe stirbt (§ 2100 BGB). Die Besonderheit: Als Nacherbin beerben Sie nicht etwa den Vorerben, sondern zunächst einmal geht es nur um die Erbschaft der zuvor Verstorbenen. Also um das, was der Vorerbe damals bekommen hat. Der übrige Nachlass bleibt davon erst einmal unberührt (wenn Sie dabei überhaupt berücksichtigt werden).

Anders gesagt: Wenn Sie selbst Vorerbin sind, können Sie über diesen Teil Ihres Vermögens testamentarisch nicht mehr frei verfügen. Er fällt dem Nacherben zu. Was Sie mit Ihrem übrigen Nachlass vorhaben, bleibt Ihnen überlassen.

Zwar wird Ihnen in § 2112 BGB zugestanden, über die »zur Erbschaft gehörenden Gegenstände« zu verfügen – allerdings mit erheblichen Einschränkungen, die in den nachfolgenden Paragraphen aufgeführt werden. Der Nacherbe soll den Nachlass möglichst ungeschmälert erhalten. Verfügungen über Grundstücke und Grundstücksrechte sind unwirksam, soweit sie den Interessen des Nacherbes zuwiderlaufen. Mit anderen Worten: Sie dürfen die Immobilie nur mit ausdrücklicher Zustimmung des Nacherben verkaufen. Im Grundbuch ist ein »Nacherbenvermerk« eingetragen, so dass ein Verkauf ohnehin nur mit Zustimmung des Nacherben möglich ist.

Und dann gibt es noch die Regelung, dass Sie als »befreiter Vorerbe« eingesetzt werden. Im Testament wird näher ausgeführt, in welcher Hinsicht Sie von den Verpflichtungen freigestellt werden. Häufig wird Ihnen die Verfügung über den Grundbesitz erlaubt. Dann steht es Ihnen frei, die Immobilie zu veräußern oder zu belasten. Allerdings müssen Sie dann den Erlös Ihrem Nacherben hinterlassen. Und verschenken dürfen Sie die Immobilie auch nicht. Denn das wäre ganz sicher nicht im Interesse des Nacherben. Solche Schenkungen sind nicht einmal dann möglich, wenn im Testament verfügt wurde, dass der Nacherbe nur das erhält, was von der Erbschaft noch übrig ist und der Vorerbe »frei« über den Nachlass verfügen kann. Allen anderen Beschränkungen ist der Vorerbe aber nicht unterworfen (§ 2137 BGB).

Entziehen der Vorerbschaft
In der Regel tritt die Nacherbfolge mit dem Tod des Vorerben ein (§ 2106 BGB). Doch kann der Erblasser auch einen früheren Zeitpunkt festlegen, zum Beispiel die Volljährigkeit der Nacherbin. Oder er kann das Nacherbe an bestimmte Bedingungen knüpfen – wie zum Beispiel eine erneute Eheschließung der Vorerbin. Das mag man für selbstbezogen oder antiquiert halten. Doch wenn dies der erklärte Wille des Erblassers ist, tritt genau das ein: Bei der Wiederheirat geht der Erbteil auf die Nacherben über.

1.8.3 Teilungsverbot und Teilungsanordnung

Durch ein **Teilungsverbot** kann der Erblasser untersagen, dass der Nachlass oder bestimmte Teile davon unter den Erben aufgeteilt werden (§ 2044 BGB). Das kann sich auf eine Immobilie beziehen, die dann im Eigentum der Erbengemeinschaft bleiben muss. Doch kann sich das Teilungsverbot auch auf den gesamten Nachlass beziehen. Mehr zur Erbengemeinschaft in Kapitel 5.

In einer **Teilungsanordnung** ist im Testament oder Erbvertrag festgelegt, wie der Nachlass unter den Erben aufzuteilen ist. Dabei bezieht sich die Anordnung auf bestimmte Nachlassgegenstände: Also, wer soll was bekommen? Die Erbquote wird dadurch nicht berührt. Bekommt beispielsweise eine Erbin mehr, als ihr nach der Quote zusteht, muss sie an die Miterben einen Ausgleich zahlen. Möchte der Erblasser das verhindern, kann er ihr bestimmte Vermögenswerte auch als »Vorausvermächtnis« vermachen. Die werden dann wie ein Vermächtnis (Kapitel 1.1.3) bei der Aufteilung der Erbschaft nicht berücksichtigt.

Sowohl ein Teilungsverbot als auch eine Teilungsanordnung können die Erben gemeinsam außer Kraft setzen. Sie müssen sich nur einig sein. Dann können sie sich über diese Bestimmungen hinwegsetzen.

1.8.4 Die Nachlasspflegschaft

Sind die Erben nicht bekannt oder kümmert sich ein »vorläufiger Erbe« (Kapitel 1.6.2) nicht um den Nachlass, hat das Nachlassgericht die Aufgabe, Maßnahmen zur Sicherung des Nachlasses zu ergreifen. Das wirksamste Mittel: Es ordnet eine »Nachlasspflegschaft« an. Dazu setzt es einen Nachlasspfleger ein, der sich um die Erbangelegenheiten kümmert und unbekannte Erben ermittelt. Der Nachlasspfleger vertritt deren Interessen. Er untersteht der Aufsicht des Nachlassgerichts. Die Nachlasspflegschaft endet, wenn die Erben ermittelt sind und jemand die Erbschaft angenommen hat.

Werden Sie von einem Nachlasspfleger angeschrieben, weil Sie als Erbe in Frage kommen, können Sie sich bei ihm informieren, was auf Sie zukommt, wenn Sie die Erbschaft annehmen. Ein Nachlasspfleger ist verpflichtet, ein schriftliches Nachlassverzeichnis anzufertigen. Das können Sie einsehen. Darüber hinaus wird Ihnen der Nachlasspfleger nähere Auskunft über die Erbschaft geben, so dass Sie eine gut informierte Entscheidung treffen können, ob Sie das Erbe annehmen.

1.9 Checkliste: So behalten Sie die Übersicht

Sehr viele Informationen bis hierhin, die Sie im Fall des Falles benötigen, um vernünftig zu entscheiden. Am Ende dieses Kapitels sollen Sie eine Checkliste an die Hand bekommen, die Ihnen helfen soll, den Überblick zu behalten. Sie können eintragen, ob Sie dafür zuständig sind und den Punkt abhaken, wenn er erledigt ist.

Checkliste: Erste Schritte	Wer?	erledigt
Erste Maßnahmen nach dem Todesfall: Totenschein, Sterbeurkunde beantragt		
Angehörige und Freunde benachrichtigen		
Zugang zur Wohnung des Verstorbenen gesichert		
Gibt es ein Testament? Nachforschen und beim Nachlassgericht abliefern		
Versicherungen verständigen		
Vollmachten widerrufen		
Dokumente sichten. Urkunden, Verträge. Was fehlt?		
Kontakt zu den Miterben aufnehmen: Regeln aufstellen, Zuständigkeiten festlegen		
Nachlass sichern: wertvolle Gegenstände verwahren, Konten sperren, Schlösser austauschen, um Unbefugte am Zutritt zur Wohnung zu hindern		
Nachlass dokumentieren: Liste erstellen, fotografieren, filmen		
Nachlassverzeichnis für Nachlassgericht erstellen		
Wertgutachten beauftragen		
Erbschein beantragen		
Einsicht ins Grundbuch nehmen		
Einsicht ins Baulastenverzeichnis nehmen		
Erbe annehmen/ausschlagen? Sechs Wochen-Frist beachten!		
Grundbuchänderung beantragen		
Kontakt zu Mietern aufnehmen		

DIGITALE EXTRAS

2 Die Immobilie besichtigen

Bevor Sie die Erbschaft einer Immobilie antreten, sollten Sie sich das Objekt näher ansehen und eine Bestandsaufnahme machen. Auch als »vorläufiger Erbe« haben Sie Anspruch darauf, die Immobilie zu besichtigen. Diesen Anspruch können Sie auch gegenüber anderen Erben durchsetzen. In manchen Fällen wird es sinnvoll sein, einen Sachverständigen hinzuzuziehen oder ihn gleich damit zu beauftragen, ein Wertgutachten zu erstellen. Sie sollten klären, in welchem Zustand das Objekt ist, ob es verborgene Bauschäden gibt und welche Investitionen auf Sie zukommen, um die Immobilie nutzen oder (weiter-)vermieten zu können. Auch spielt die Bewertung eine wichtige Rolle, wenn es darum geht, den Nachlass unter den Erben aufzuteilen.

2.1 Wie kommen Sie in die Wohnung hinein?

Auch wenn Sie das Erbe noch nicht angetreten haben, sondern erst einmal »vorläufiger Erbe« (Kapitel 1.6.2) sind: Mit dem Tod des Erblassers gehen seine Besitzrechte auf Sie (und mögliche weitere Erben) über. So legt es § 857 BGB fest. Das bedeutet: Sie dürfen in die Wohnung hinein, dort Unterlagen sichten und Nachlassgegenstände in Verwahrung nehmen. Dabei gibt es jedoch einiges zu beachten.

2.1.1 Selbstgenutzte Wohnung ohne Mitbewohner

Der einfachste Fall: Sie verfügen über einen Schlüssel. Und die Wohnung wurde von der Verstorbenen zuletzt allein bewohnt. Es gibt also keine Mitbewohner. Dann können Sie sich ohne Weiteres Zutritt verschaffen. Sie brauchen nicht die Erlaubnis Ihrer Miterben. Je nach Sachlage ist es allerdings häufig zu empfehlen, die Miterben zu informieren und gemeinsam die Wohnräume in Augenschein zu nehmen. Zumindest sollte aber noch eine weitere Person dabei sein, ein neutraler Zeuge oder ein Miterbe. So kommen Sie später nicht in Verdacht, aus dem Nachlass etwas beiseite geschafft zu haben. Alles, was Sie in Verwahrung nehmen, sollten Sie dokumentieren.

Aber auch wenn Sie keinen Schlüssel haben, dürfen Sie als Erbe in die Wohnung hinein. Ist Ihnen bekannt, wer den Schlüssel verwahrt, sollten Sie sich an diese Person wenden, damit sie Ihnen Zugang gewährt. Darauf haben Sie nach § 857 BGB einen Anspruch. Gehört die Person, die den Schlüssel verwahrt, nicht selbst zu den Erben, können Sie verlangen, dass die Schlüssel an Sie herausgegeben werden.

Kommen Sie hier nicht weiter oder wissen Sie nicht, wo die Schlüssel abgeblieben sind, können Sie einen Schlüsseldienst beauftragen, der Ihnen die Tür öffnet. Dabei müssen Sie belegen können, dass Sie als Erbe berechtigt sind, die Wohnung zu betreten. Dazu müssen Sie sich ausweisen und Ihre Personalien angeben.

Tipp: Schlösser austauschen lassen

Bei dieser Gelegenheit können Sie veranlassen, dass die Schlösser ausgetauscht werden. Mit dieser Maßnahme dürfen Sie natürlich nicht Miterben aussperren oder Personen, die ebenfalls ein Betretungsrecht haben. Vielmehr geht es darum, dass die Wohnung für all diejenigen zugänglich wird, die sie betreten dürfen. Und dass all diejenigen keinen Zutritt mehr haben, die dazu nicht berechtigt sind. Oder von denen Sie gar nicht wissen, dass die einen Schlüssel haben.

2.1.2 Selbstgenutzte Wohnung mit Mitbewohner

Gibt es Mitbewohner, so sind die verpflichtet, Ihnen Zutritt zu gewähren. Als Erbe treten Sie ja nach § 857 BGB in alle Rechte und Pflichten des Verstorbenen ein und haben daher auch das Betretungsrecht – wie zuvor der Verstorbene. Dabei empfiehlt es sich, höflich und nicht fordernd aufzutreten. Weisen Sie freundlich darauf hin, dass Sie Erbe sind und sich das Objekt anschauen möchten. Setzen Sie auf Verständigung, so öffnen sich Ihnen eher die Türen. Vereinbaren Sie einen Termin. Vielleicht können Ihnen die Mitbewohner auch wichtige Hinweise zu der Wohnung geben.

Allerdings sind nicht alle Mitbewohner kooperativ. Manche verweigern den Erben schlicht den Zutritt, andere halten die Erben hin oder lassen Termine einfach platzen. In solchen Fällen müssen Sie deutlich werden: Ihnen steht die Besichtigung zu. Wenn die Mitbewohner Ihnen dieses Recht verweigern, werden Sie es gerichtlich zwangsweise durchsetzen. Auf dem Wege einer »einstweiligen Verfügung«, mit der Sie sich kurzfristig Zugang verschaffen können. Mit sehr unangenehmen Konsequenzen für die Mitbewohner.

Hat auch dieser freundlich formulierte Hinweis keinen Erfolg, bleibt Ihnen keine Wahl: Sie stellen beim zuständigen Amtsgericht einen entsprechenden Antrag auf eine »einstweilige Verfügung«. In einem Eilverfahren wird über Ihren Antrag entschieden. Wird ihm stattgegeben, stellt der Gerichtsvollzieher den Entscheid dem störrischen Mitbewohner zu. Der muss sich direkt nach der Zustellung an den Entscheid halten. In dem Entscheid steht übrigens auch, wer die Kosten zu tragen hat. In der Regel dürfte das der Mitbewohner sein, der Sie am Betreten der Wohnung gehindert hat.

Schutz der Wohnung muss respektiert werden

Auch wenn Sie und Ihre Miterben bereits Eigentümer sind, so dürfen Sie sich jedoch nicht eigenmächtig Zutritt zu der Wohnung verschaffen. Der Schutz der Wohnung ist ein hohes Gut. Und wenn Sie gegen den Willen der Bewohner die Räumlichkeiten betreten, begehen Sie womöglich Hausfriedensbruch (§ 123 StGB). Sie sollten also unbedingt den Weg über die »einstweilige Verfügung« nehmen.

2.1.3 Einer der Erben bewohnt bereits die Wohnung

Das kommt häufig vor: Einer der Erben, zum Beispiel der Lebenspartner oder eines der Kinder, wohnt bereits in der Wohnung. Auch dann muss Ihnen als Miterbe der Zugang ermöglicht werden. Sie haben die gleichen Möglichkeiten, Ihre Rechte durchzusetzen, wie im vorherigen Kapitel 2.1.2 beschrieben. Das gilt auch für den Fall, dass die Erbin, die hier wohnt, zum Beispiel die Tochter, die Wohnung komplett übernehmen soll. Denn als Erbe haben Sie ja einen Anspruch darauf, sich ein genaues und vollständiges Bild vom Nachlass zu machen.

Und doch gibt es Miterben, die einem den Zugang verweigern mit dem Argument, man würde in ihre »Privatsphäre« eindringen und »herumschnüffeln«. Vor allem wenn es sich um den Lebenspartner oder die Lebenspartnerin des Verstorbenen handelt, die ohnehin den gesamten Hausrat erbt (nach § 1932 BGB und § 10 LPartG). Doch auch dann steht Ihnen das Betretungsrecht zu.

Die »Privatsphäre« müssen Sie nur insoweit achten, als Sie keinen Einblick in die Dinge nehmen dürfen, die nicht zum Nachlass gehören. Sie müssen es nicht hinnehmen, dass bestimmte Räume als »Privatsphäre« für Sie nicht zugänglich sind. Denn Sie müssen sich ein Bild vom Zustand der Immobilie machen können. Und dazu gehört es auch, sämtliche Räume zu besichtigen. Dass dabei auf die Person, die dort lebt, Rücksicht zu nehmen ist, versteht sich.

2.1.4 Die Wohnung ist vermietet

Wenn das Objekt vermietet ist, sind Sie ebenfalls berechtigt, es zu besichtigen. Die Mieter müssen Ihnen Zutritt gewähren. Allerdings greifen hier die Regelungen, wie sie für bestehende Mietverhältnisse gelten. Und das heißt: Auf die Bedürfnisse der Mieter muss in besonderer Weise Rücksicht genommen werden. Als Erbe übernehmen Sie ja die Stelle des Verstorbenen. In den bisher genannten Fällen hat er die Wohnung selbst bewohnt, was Ihnen weitreichende Ansprüche gibt. Nun treten Sie als Vermieter auf. Und da sind die Rechte etwas beschränkter.

So müssen Sie den Termin rechtzeitig vorher ankündigen. Dabei urteilen die Gerichte unterschiedlich (und auch vom konkreten Fall abhängig), was als »rechtzeitig« anerkannt wird. Die Spanne reicht von »mindestens 24 Stunden« vorher (AG Köln, Urteil vom 30.1.1986, Az. 208 C 790/85) bis zu zwei Wochen (AG Coesfeld, Urteil vom 15.10.2013, Az. 4 C 210/13). Was als angemessen gilt, hängt auch von den Lebensumständen der Mieter ab: Ist Ihre Mieterin berufstätig und tagsüber nicht zu Hause, gelten längere Fristen als zumutbar, als wenn sie im Homeoffice arbeitet. Doch bieten die genannten Fristen eine gewisse Orientierung.

Entscheidend dürfte jedoch etwas anderes sein. Nämlich was sich die Mieter erhoffen oder was sie befürchten. Stellen Sie sich vor als »Ihre neue Vermieterin, die Sie kennenlernen möchte, damit Sie sich auch in Zukunft in Ihrer Wohnung wohlfühlen«, dürfen Sie auf offene Ohren und Türen hoffen. Befürchten die Mieter hingegen, dass Sie Maß nehmen für eine Eigenbedarfskündigung, dürften Sie kaum auf Sympathie stoßen. Machen Sie sich klar, dass die Mieter befürchten, dass ihnen gekündigt wird oder die Miete drastisch steigt. Wenn Sie ihnen diese Ängste nehmen können: Tun Sie es! Und Sie werden alles erfahren, was Sie brauchen, um das Objekt richtig zu bewerten. Dabei gilt der Grundsatz: Langfristig ist das im Interesse aller Beteiligten. Denn natürlich ist es eine sehr nützliche Information, wenn Sie erfahren, dass die Wohnung schlecht isoliert ist, die Heizung nicht richtig funktioniert und auch die Stromleitungen erneuert werden müssen.

Gehen Sie möglichst aufgeschlossen in den Besichtigungstermin. Lassen Sie sich berichten, was alles im Argen liegt. Zeigen Sie sich interessiert und aufgeschlossen für die Hinweise und Wünsche der Mieter. Auf diese Weise werden Sie am meisten erfahren. Und Sie können am ehesten eine Entscheidung treffen, wie Sie mit der Immobilie weiter verfahren möchten.

Tipp: Gewinnen Sie das Vertrauen der Mieter

Gehen Sie auf die Mieter zu. Sammeln Sie Informationen und lassen Sie sich erzählen, womit sie zufrieden sind und wo sie sich mehr Unterstützung oder Erneuerung wünschen. Sie werden feststellen, dass Sie als Erbe auch bei einem belasteten Mietverhältnis einen Neustart hinbekommen, wenn Sie erst einmal nur zuhören – und sich ein Bild machen.

Doch ist es mit dem Zuhören allein nicht getan. Verschaffen Sie sich einen Überblick, in welchem Zustand die Wohnung oder das Haus tatsächlich ist. Langjährige Mieter sehen die Verhältnisse oftmals sogar noch zu positiv. Sie haben sich mit den Missständen abgefunden oder sich daran gewöhnt. Aber wenn Sie neue Mieter finden wollen, könnten die Ansprüche deutlich höher sein.

2.1.5 Die Wohnung steht leer

Was die Zugänglichkeit betrifft, ist es fast schon der Idealfall: Die Wohnung steht bereits leer. Ob Sie nun einen Schlüssel haben oder nicht, es sollte ohne große Schwierigkeiten möglich sein, dass Sie sich Zutritt verschaffen. Notfalls eben über einen Schlüsseldienst.

Leerstehende Wohnungen sind selten in einem guten Zustand. Insoweit empfiehlt es sich, dass Sie bei Ihrer Besichtigung Fachleute hinzuziehen, die beurteilen können, was Sie für die Instandsetzung und Sanierung der Wohnung aufwenden müssen.

2.2 Wie Sie sich auf den Besichtigungstermin vorbereiten

Aus Ihrem Besichtigungstermin werden Sie größeren Nutzen ziehen, wenn Sie sich ein wenig vorbereiten. Dabei kommt es ganz darauf an, was für ein Objekt Sie sich vornehmen, was Sie damit vorhaben und ob Sie die Räumlichkeiten bereits kennen oder sie zum ersten Mal betreten. In jedem Fall geht es aber darum, dass Sie sich anschauen, in welchem Zustand das Objekt ist, wie es genutzt werden kann und welche Renovierungs- und Modernisierungsarbeiten sinnvoll sind.

Vielleicht wissen Sie schon, wie Sie die Immobilie nutzen wollen. Ob sie vermietet, selbst genutzt oder verkauft werden soll (siehe Kapitel 3). Vielleicht wollen Sie aber auch genau das herausfinden: Kommt das Objekt für Sie selbst infrage oder wollen Sie es veräußern? Oder es steht die Frage im Raum, ob es sich überhaupt lohnt, das Objekt zu übernehmen. Vor allem im Zuge der neuen Anforderungen durch das Gebäudeenergiegesetz (GEG) sollten Sie klären, was da an Kosten auf Sie zukommt, welche Möglichkeiten es gibt, sich finanziell zu entlasten und ab welcher Belastungsgrenze Sie das Erbe ausschlagen würden. Dabei gibt es keine Patentlösungen, sondern nur mehr oder weniger brauchbare Hinweise. Die Entscheidung müssen Sie dann selbst treffen – gestützt auf zuverlässige und relevante Informationen.

2.2.1 Sinn und Zweck der Besichtigung klären

Bevor Sie die Immobilie besichtigen, sollten Sie Ihre Ziele klären. Was möchten Sie in Erfahrung bringen? Das ist gewiss abhängig von dem Objekt, dann aber auch davon, was Sie damit vorhaben: Wollen Sie selbst dort einziehen? Oder als Zweitwohnsitz nutzen? Möchten Sie es verkaufen, weiterhin vermieten oder neu vermieten? Oder geht es darum, sich überhaupt erst einmal einen Eindruck zu verschaffen, um dann darüber nachzudenken, was mit der Immobilie geschehen soll? All das sind legitime Fragen. Wenn Sie sich darüber klarwerden, welche Frage Sie leitet, können Sie sich gezielt vorbereiten.

Wenn Sie die Immobilie selbst nutzen möchten, sollten Sie vorher überlegen, welche Anforderungen das Objekt erfüllen muss: Größe, Zuschnitt, Anzahl der Räume, Lage, technische Ausstattung. Manchmal lautet die Frage auch: Was kann ich daraus machen? Und wie groß ist der Aufwand?

Wenn Sie vermieten: Wie attraktiv ist das Objekt für Mieter? Spricht es viele Interessenten an? Wie viel Miete lässt sich erlösen? Wer sind die aktuellen Mieter? Gehen sie gut mit dem Objekt um? Wie sieht der bestehende Mietvertrag aus?

Wenn Sie verkaufen wollen: Die Wünsche der Käufer sind etwas anders als die der Mieter. Wie marktgängig ist die Immobilie? Attraktives Einfamilienhaus, das sich gut modernisieren lässt? Oder ist sie ein schwer vermittelbares »Liebhaberobjekt«?

Was in allen Fällen eine Rolle spielt: Der allgemeine Zustand der Immobilie, also gibt es Mängel, technische Probleme oder gar Bauschäden? Außerdem entscheidend ist die Lage. Alles andere können Sie verändern, die Lage nicht. Dabei meint die Lage nicht bloß, in welchem mehr oder weniger begehrten Stadtviertel oder in welcher Randsiedlung sich das Objekt befindet. Nicht weniger wichtig ist das Umfeld: Wer wohnt dort? Wie sind die Einkaufsmöglichkeiten? Sind Arztpraxen, Schulen, Kindergärten und Kultureinrichtungen erreichbar? Und ganz kleinteilig: Wer sind die Nachbarn? Das lässt sich zwar nicht immer leicht in Erfahrung bringen, doch lohnt es sich, diesen Aspekt im Hinterkopf zu behalten und sich vorzunehmen, bei der Besichtigung auch darauf zu achten: Wie ist das unmittelbare Umfeld? Vielleicht bringt ein Gespräch mit den Nachbarn interessante Informationen. Das können ja durchaus auch positive Eindrücke sein.

2.2.2 Wer soll Sie begleiten?

Bei Ihrer Besichtigung dürfen Sie jemanden mitnehmen, der fachlich kompetent ist und Sie berät.

Sachverständiger, Handwerker, Architektin oder Energieexpertin
Überlegen Sie im Vorfeld, wer Sie begleiten soll. Dabei ist es zu empfehlen, nur eine Person mitzunehmen. Weil Sie sonst nämlich Gefahr laufen, sich zu verzetteln. Und wenn Sie im Anschluss an Ihre Besichtigung mit einem Sachverständigen feststellen, dass Sie sich die energetische Versorgung noch einmal genauer anschauen wollen: Selbstverständlich können Sie einen zweiten Termin vereinbaren.

Tipp: Sachverständiger braucht für Gutachten eigenen Termin

Falls Sie ein Wertgutachten anfertigen lassen möchten, wird sich das kaum bei Ihrem Besichtigungstermin nebenbei bewerkstelligen lassen. Ein Sachverständiger braucht ausreichend Zeit, sich ein umfassendes Bild vom Objekt zu machen. Daher sollte für ein Gutachten ein eigener Termin vereinbart werden, bei dem Sie nicht unbedingt dabei sein müssen. Und ja, als Erbe haben Sie Anspruch darauf, dass dem Gutachter Zutritt gewährt wird.

Miterben als Begleitung
Als Begleitung kommen auch Miterben in Frage. Wobei es treffender heißen müsste: dass sie sich gemeinsam die Immobilie anschauen. Das kann eine sinnvolle Entscheidung sein. Vor allem wenn das Objekt bewohnt ist, ob von Mitbewohnern oder Mietern. Für die ist es entlastend, wenn sie nicht mehrmals die Räume zeigen müssen.

Außerdem kann es auch für die Erben vertrauensbildend sein, wenn sie gemeinsam die Immobilie in Augenschein nehmen und sich anschließend darüber austauschen. Doch besteht dazu keine Verpflichtung. Wenn Sie sich mit Ihren Miterben zerstritten haben, ist es sicher keine gute Idee, gemeinsam mit ihnen die Besichtigung durchzuführen. Davon abgesehen darf jeder Erbe unabhängig von den anderen den Nachlass prüfen. Und dazu gehört auch die Immobilie.

Eine vertrauensbildende Variante, wenn Sie stellvertretend für die anderen besichtigen: Sie sprechen vorher gemeinsam ab, was Sie bei der Besichtigung in Erfahrung bringen und dokumentieren sollen. In diesem Fall ist es auch empfehlenswert, Fotos zu machen oder vielleicht sogar ein Video (siehe auch Kapitel 2.3 zum Thema »Ablauf der Besichtigung«). Wenn dann noch Fragen offen sind, können die Miterben ihrerseits einen Termin vereinbaren. Mit dem haben Sie dann aber nichts zu tun.

2.2.3 Welche Unterlagen sollten Sie vorher sichten?

Es kann für Ihre Besichtigung nützlich sein, wenn Sie sich vorher das eine oder andere Dokument ansehen. Dann werden Sie bereits auf Besonderheiten und mögliche Schwachpunkte aufmerksam, die Sie beim Termin genauer unter die Lupe nehmen können. Zu diesen Unterlagen gehören der Grundriss mit Datenblatt, der Bebauungsplan, der Energieausweis und wenn es sich um eine Eigentumswohnung handelt, ist die Teilungserklärung von besonderem Interesse. Den Grundbuchauszug (Kapitel 1.3) und das Baulastenverzeichnis (Kapitel 1.4) haben wir bereits erwähnt. Die sind wichtig, um zu beurteilen, was da an Verpflichtungen auf Sie zukommt und ob es sich überhaupt lohnt, die Erbschaft anzunehmen. Für den Besichtigungstermin sind die nicht so entscheidend.

2.2.4 Grundriss und Datenblatt

Können Sie vorher den Grundriss einsehen, erkennen Sie die Raumaufteilung, den Zuschnitt und die Raumgröße. Auch die Lichtverhältnisse lassen sich anhand der Position von Fenstern und Türen in etwa einschätzen. Vor allem wenn Sie die Immobilie selbst nutzen wollen, sind das wichtige Informationen. Sie können überlegen, wie Sie die Räume aufteilen (wo soll das Wohnzimmer sein, das Schlafzimmer, Arbeitszimmer, Gästezimmer?). Und wo sich Änderungsbedarf abzeichnet (Treppe oder Tür versetzen, Küche oder Badezimmer verlegen? Wanddurchbruch? Zwischenwand einziehen?). Sie gehen dann vor Ort mit einem ganz anderen Blick an die Sache heran.

Oftmals wird der Grundriss von einem Datenblatt ergänzt, auf dem das Baujahr und weitere Basisdaten genannt sind. Hier finden Sie womöglich auch Angaben zur

Heizung, zur Haustechnik und zu Sanierungen von Dach, Fenstern oder Außenfassade. Nicht immer ist so ein Datenblatt vorhanden und nicht immer ist es aktuell.

2.2.5 Der Bebauungsplan

Im Bebauungsplan ist festgelegt, wie ein bestimmtes Grundstück genutzt, das heißt im Wesentlichen: wie es bebaut werden darf. Mit welcher Art von Gebäude, wie groß es sein darf, wie das Dach auszusehen hat und wie viele Stockwerke zulässig sind. Auch die Art der Nutzung, die Farbgebung oder die Bepflanzung kann festgelegt sein. Folglich sollten Sie den Bebauungsplan vor allem dann einsehen, wenn Sie am Gebäude Veränderungen vornehmen wollen oder zumindest klären möchten, was für Umbauten möglich wären.

Bebauungspläne sind öffentlich zugänglich. Um Einsicht zu nehmen, brauchen Sie keine Genehmigung und müssen auch nicht (wie beim Grundbuch) ein berechtigtes Interesse nachweisen. Einsehen können sie die Pläne beim Bauordnungsamt, bei der Gemeindeverwaltung oder dem Stadtplanungsamt. Mehr und mehr Städte und Gemeinden geben auch die Möglichkeit, die Pläne online einzusehen.

2.2.6 Der Energieausweis

Der Energieausweis ist ein Dokument, das ein Gebäude energetisch bewertet. Sobald neu vermietet, energetisch saniert oder verkauft wird, muss der Energieausweis vorgelegt werden. Das ist seit 2014 Pflicht. Es ist daher gar nicht ausgeschlossen, dass die Immobilie, die Sie erben, noch über keinen Energieausweis verfügt. Wurde sie vor 2014 gekauft, nicht energetisch saniert und selbst genutzt, bestand ja kein unmittelbarer Anlass, sich so einen Ausweis zu verschaffen.

Falls Sie eine Wohnung erben, sollten Sie wissen: Der Ausweis bezieht sich nur auf das Gebäude und nicht auf die einzelne Wohnung. Deren Energiebilanz kann je nach Lage und Zustand erheblich davon abweichen. Und die ist letztlich entscheidend. Daher ist der Energieausweis in solchen Fällen eher eine Art Anhaltspunkt als eine aussagekräftige Bewertung. Doch da das Thema Energie eine immer größere Rolle spielt, ist es sinnvoll, sich den Energieausweis einmal anzuschauen.

Jedes Gebäude wird einer bestimmten Klasse zugeordnet: Von A plus (beste Bilanz) über die Buchstaben des Alphabets bis zur H-Klasse als schlechtestem Wert. Eine Farbskala von sattem Grün über Gelb bis Dunkelrot unterstreicht die Bewertung. Dieses Ampelsystem ähnelt dem für den Energieverbrauch von Elektrogeräten. Und die

Botschaft ist dieselbe: Grün steht für einen niedrigen Verbrauch, Umweltfreundlichkeit und den neuesten Stand der Technik. Rot signalisiert eine schlechte Energiebilanz.

Der Ausweis gibt aber nicht nur Auskunft über den Zustand der Immobilie. Es finden sich dort auch Hinweise, wie die Energiebilanz des Gebäudes zu vertretbaren Kosten verbessert werden könnte. Diese Hinweise sind nur Empfehlungen und haben keinerlei verpflichtenden Charakter. Bei der Beurteilung dieser Empfehlungen spielt es auch eine Rolle, wann der Ausweis erstellt wurde. Und von wem. Nicht wenige Ausweise werden über das Internet verkauft, ohne dass der Energieberater, der den Ausweis ausgestellt hat, das Gebäude angeschaut hat.

Es gibt zwei Arten von Energieausweis, die auf verschiedene Art zustande kommen:

- Der **Bedarfsausweis** gibt Auskunft über die Energieeffizienz des Gebäudes – unabhängig davon, wie viel die Bewohner tatsächlich heizen.
- Der **Verbrauchsausweis** nimmt hingegen Bezug auf die Verbrauchswerte in einem Zeitraum von drei Jahren.

Beim Bedarfsausweis spielen die Eigenschaften des Gebäudes die entscheidende Rolle. Er gilt als die anspruchsvollere und aussagekräftigere Variante – und kostet auch etwas mehr. Für Neubauten und Gebäude mit mehr als vier Wohneinheiten (nach 1977 fertiggestellt) ist der Bedarfsausweis Pflicht. Für alle anderen Gebäude besteht Wahlfreiheit. Denkmalgeschützte Gebäude, Wochenend- und Ferienhäuser brauchen keinen Energieausweis.

Beim Verbrauchsausweis wird hingegen der tatsächliche Energieverbrauch zugrunde gelegt. Dabei werden längere Leerstände ebenso berücksichtigt wie witterungsbedingte Einflüsse. Es soll weder das Haus begünstigt werden, dessen Daten in einem sehr milden Winter erhoben wurden. Und auch der Ort wird berücksichtigt, damit das Haus in einer milderen Zone nicht besser abschneidet, als wenn es in einer Region mit strengem Frost steht.

Wollen Sie die Immobilie vermieten (Kapitel 3.2) oder verkaufen (Kapitel 3.3), brauchen Sie einen Energieausweis. Der ist 10 Jahre lang gültig, wenn nicht saniert oder umgebaut wird und sich die Werte ändern. Denken Sie rechtzeitig daran, sich einen Ausweis ausstellen zu lassen. Ausstellen dürfen ihn Energieberater und qualifizierte Fachleute. Im Internet gibt es entsprechende Suchmasken. Zum Beispiel: https://www.energie-effizienz-experten.de/ oder bei der Deutschen Energie-Agentur dena: https://effizienzhaus.zukunft-haus.info/aussteller/suche-experten/

2.2.7 Die Teilungserklärung

Das Thema Eigentumswohnung wird uns im siebten Kapitel noch beschäftigen. Dann werden wir uns auch näher mit dem wichtigsten Dokument auseinandersetzen, der Teilungserklärung. Sie ist das Grunddokument für jede Eigentumswohnung. Sie gibt Auskunft darüber, was alles zu der Wohnung gehört und was Gemeinschaftseigentum ist, welche Rechte und Pflichten die Eigentümer haben und wie sich die Eigentümergemeinschaft organisiert. Es empfiehlt sich, vor der Besichtigung die Teilungserklärung durchzugehen. Worauf Sie dabei achten sollten, erfahren Sie im siebten Kapitel.

2.3 Der Ablauf der Besichtigung

Die Besichtigung beginnt bereits, bevor Sie das Grundstück betreten. Schon auf dem Weg dorthin können Sie die ersten Informationen sammeln: Wie gut erreichbar ist das Objekt? Wie attraktiv ist die Umgebung? Welchen Eindruck haben Sie von der Nachbarschaft? Gibt es Störfaktoren wie Lärm, Dreck und Luftverschmutzung? Welchen Eindruck haben Sie, wenn Sie sich dem Objekt nähern? Wie wirken die Außenanlagen auf Sie? Und die Fassade? Fallen Ihnen da schon Schäden auf?

2.3.1 Außenanlage, Fassade, Dach – mit Checkliste

Bei Mehrfamilienhäusern schauen Sie auf das Klingelbrett. Welchen Eindruck macht das auf Sie? Gibt es Gewerbe im Haus, Arztpraxen, Büros, Agenturen oder dubiose Dienstleister? Sind manche Klingeln ohne Schilder, ohne Namen? Dann stehen die Wohnungen vermutlich leer. Sind mehrere Klingelschilder überklebt? Das deutet auf einen regen Mieterwechsel hin. Solche Details sind vor allem dann von Bedeutung, wenn Sie entscheiden müssen, ob Sie selbst dort einziehen wollen. Aber auch für die Beurteilung, wie attraktiv das Haus oder die Wohnung für Mieter ist, lohnt es sich, genauer hinzuschauen.

DIGITALE EXTRAS

Checkliste: Außenanlage, Fassade, Dach	
	Meine Notizen
Zugangsweg	
Zaun	
Hof/Garten	
Außenmauern, Fassade	
Haustür	

DIGITALE EXTRAS

Checkliste: Außenanlage, Fassade, Dach	
	Meine Notizen
Außenbeleuchtung	
Klingel, Gegensprechanlage	
Mülltonnen, Container	
Dachrinnen/Fallrohre	
Dach/Dachziegel	
Dachfenster	
Schornstein	
Garage, Carport, Stellplatz	
Nachbarschaft, Umgebung	
Außenlärm	
Luftqualität, Geruch	
besondere Auffälligkeiten	

Tipp: Kamera und Notizblock mitnehmen

Damit Ihre Beobachtungen nicht in Vergessenheit geraten, sollten Sie notieren, was Ihnen auffällt. Zusätzlich sollten Sie die wichtigsten Details mit einer Kamera festhalten. Dabei sollte die Kamera Ihres Smartphones völlig ausreichen. Aber Achtung: Wenn jemand das Objekt bewohnt, dürfen Sie nicht einfach dessen Wohnräume ablichten. Sie brauchen seine Erlaubnis. Gegen seinen Willen dürfen Sie nicht fotografieren und nicht filmen. Ausnahme: Es geht darum, einen Schäden zu dokumentieren, um ihn zu beheben. Aber auch dann dürfen Sie nicht heimlich Bilder machen, sondern sollten den Mieter darüber informieren.

2.3.2 Von außen nach innen – mit Checkliste

Nach den Außenanlagen sind die Innenräume an der Reihe. Handelt es sich um ein Mehrfamilienhaus, befinden Sie sich noch nicht im Wohnbereich. Doch auch hier sollten Sie aufmerksam sein, denn der Zustand des Treppenhauses, der Fahrstühle, der Abstellräume und -flächen hat Einfluss auf den Wert der Immobilie – auch wenn es sich dabei um eine Eigentumswohnung handelt. Denn diese Räume gehören zum Gemeinschaftseigentum. Sind sie in einem schlechten Zustand, mindert das den Wert.

DIGITALE EXTRAS

Checkliste: Mehrfamilienhaus, innen	
	Meine Notizen
Treppenhaus (Zustand, Material, Größe, Helligkeit, Geruch, Zugluft, Pflanzen)	
Treppenbeleuchtung	
Briefkästen (Zustand, Größe, Schloss)	
Fahrstuhl (Größe, Alter, Türen)	
Abstellplatz für Kinderwagen	
Fahrradkeller	
Nebenräume	

2.3.3 Der Keller – mit Checkliste

Kellerräume verdienen besondere Aufmerksamkeit – auch und gerade in einem Mehrfamilienhaus. Gibt es neben dem eigentlichen Keller mit den Abteilen weitere Kellerräume, zum Beispiel einen Fahrrad- oder einen Waschkeller, sollten Sie sich die ebenfalls ansehen. Am Zustand des Kellers lässt sich ablesen, wie es um die Bausubstanz bestellt ist, genauer: ob es Probleme mit Feuchtigkeit und Schimmel gibt. Riecht es hier muffig, ist das kein gutes Zeichen. Sind die Kellerwände feucht, entdecken Sie Schimmelflecken? Außerdem sollten Sie den Keller besichtigen, weil sich hier alle möglichen Elektro- und Installationseinrichtungen befinden: Strom-, Gas- und Wasserleitungen, die Zentralheizung, diverse Zähler und Sicherungskästen.

Auch beim Einfamilienhaus ist der Blick in den Keller unverzichtbar – aus denselben Gründen. Darüber hinaus lassen sich die Kellerräume womöglich ausbauen, umfunktionieren und vielfältig nutzen: als Abstellkammer, Hobbywerkstatt oder Gästezimmer.

Das Souterrain sollten Sie auch dann prüfen, wenn es sich bloß um einen »Kriechkeller« handelt. Ja, gerade dann. Im Kriechkeller befinden sich wichtige Rohre und Leitungen. Deren Zustand sollten Sie sich ansehen und auch, wie zugänglich sie sind. Stellen Sie sich vor, es gibt einen Rohrschaden und man kommt nicht an die Leitung heran. Oder Sie bemerken es erst, wenn der Kriechkeller unter Wasser steht und das Haus unterspült ist. Ein Kriechkeller ist ganz sicher keine optimale Lösung. Doch wenn er gut nach unten abgedämmt ist, mag er akzeptabel sein.

Checkliste: Der Keller	
	Meine Notizen
Zugang/Türen (Schloss, Zustand)	
Größe (gesamt, eigenes Abteil)	
Höhe	
Elektroanlage/Sicherungskasten	
Zentralheizung (Alter, Wartung, Einstellung)	
Fallrohre (Wasserhähne)	
Temperatur/Feuchtigkeit	
Beleuchtung	
Boden (Material, Belag, Zustand)	
Wände und Decke (Material, Schimmel, Risse)	
Kellerfenster (Fenstergitter, Einbruchsicherheit)	
eigenes Abteil (abschließbar, ausreichend Stauraum, Beleuchtung, Stromanschluss)	
Kellerräume ausbaubar?	
Kriechkeller (Zustand, Leitungen zugänglich, Feuchtigkeit)	

DIGITALE EXTRAS

2.3.4 Das Dachgeschoss – mit Checkliste

Das Dach ist besonders stark Wind und Wetter ausgesetzt. Außerdem hat das Dach erheblichen Einfluss auf die Energiebilanz des Gebäudes. Ist es ausreichend gedämmt? Ist es undicht? Geht von dem Dach womöglich eine Gefahr aus, weil Ziegel herabstürzen können oder ein Schneeschutz fehlt?

Ein weiteres wichtiges Thema: Asbest. Asbest gilt als gesundheitsgefährdend. Bis zu seinem Verbot in Deutschland 1993 war es ein geschätzter Baustoff, denn es war feuerfest und hitzebeständig. Entsprechend oft wurde Asbest verbaut – und zwar vor allem im Bereich des Dachs. Asbest findet sich in Dachpfannen, Dämmungen, Außenwandverkleidungen und Kunstschieferplatten. Und es wurde bereits ab 1900 eingesetzt. Ist das Dach nach 1993 umfassend saniert worden, müssen Sie sich keine Sorgen machen. Doch sogar wenn Asbest verbaut wurde, heißt das noch nicht, dass davon heute eine Gefahr ausgeht. Das kann jedoch nur ein unabhängiger Experte beurteilen.

Eine weitere interessante Frage zum Dach ist: Gibt es auch hier Ausbaumöglichkeiten? Besondere Aufmerksamkeit verdienen auch die Dachfenster oder Dachluken. In welchem Zustand sind sie? Müssen sie womöglich erneuert werden? Zuletzt noch einmal der Hinweis, dass Sie sich auch als Erbe einer Eigentumswohnung im Erdgeschoss das Dach ansehen sollten. Denn als Gemeinschaftseigentum gehört es zu Ihrer Wohnung dazu, was vor allem heißt: Steht eine Dachsanierung an, müssen Sie sich wie alle anderen Eigentümer an den Kosten beteiligen.

DIGITALE EXTRAS

Checkliste: Das Dachgeschoss	
	Meine Notizen
Dachform (Satteldach, Flachdach, Pultdach)	
Dach (Zustand)	
Dachboden (ausgebaut, Trockenboden, ausbaubar)	
Dämmung	
Dachfenster, Luken	
Asbest	
Schneeschutz	
Solaranlage	

2.3.5 Die Wohn- und Schlafräume – mit Checkliste

Es ist manchmal gar nicht so einfach, die Wohn- und Schlafräume zu beurteilen. Womöglich ist die Wohnung noch vollgestellt mit alten, abgenutzten Möbeln der Verstorbenen. Oder es sind die Mieter, die die Räume auf ihre Art umgestaltet haben. Sie brauchen also eine Art Röntgenblick für das Wesentliche, die Substanz, das Gerüst, das Sie da bekommen. Dazu gehört der Grundriss: Durchgangszimmer sind fast immer ungünstig (und mindern der Wert der Immobilie). Denken Sie daran: Die tragenden Wände lassen sich nicht verschieben, die anderen allerdings schon. Da können Sie mit einem Durchbruch Räume zusammenführen, ebenso können Sie Wände einziehen oder versetzen lassen – die Sache kostet halt nur Zeit und Geld.

Schauen Sie sich die Wände an. Gibt es Dellen? Oder Risse? Sind einzelne Stellen verspachtelt? Hinter Raufasertapeten verstecken sich manchmal hässliche Flecken, Risse und feuchte Stellen. Das lässt sich nicht immer überprüfen, wenn schwere Möbel vor den Wänden stehen. Womöglich stehen sie ja genau dort, um diesen Mangel zu verdecken. Schwierig auch, das Mobiliar zu verrücken, wenn jemand die Räume aktuell bewohnt, ob als Mieter oder Mitbewohner. Da können Sie kaum erwarten, dass Sie mal eben die Schrankwand abbauen dürfen, um auf Verdacht den Zustand der Wände zu überprüfen.

Tipp: Geräumte Wohnung besichtigen

Es ist oft kein angenehmer Anblick. Aber wenn Sie es einrichten können, sollten Sie den Besichtigungstermin so wählen, dass die Wohnung des Verstorbenen weitgehend geräumt ist. Das mag zwar unwohnlich wirken und kann einen traurig stimmen, doch lässt sich der Zustand der Räume viel besser beurteilen. Wenn Sie sich von der Wohnung verabschieden wollen, in der Ihre Verstorbene gewohnt hat, sollten Sie sich vorher dafür Zeit nehmen und einen eigenen Termin wählen, der nur diesem Thema gewidmet ist. Mehr dazu in Kapitel 8.4.

Eigenes Thema: Die Lage der Schlafräume. Ist es dort ruhig? Das heißt in vielen Fällen: Liegen sie nach hinten raus und nicht zur vielbefahrenen Straße? Oder lassen sich die Schlafräume dorthin verlegen? Auch ein Schallschutzfenster, das den Lärm abdämmt, ist nicht optimal, wenn der Verkehr draußen vorbeidonnert und man kaum das Fenster öffnen kann.

Daran schließt sich die nächste Frage an: Wie gut lassen sich die Räume lüften? Lassen sich die Fenster weit öffnen? Ist ein »Stoßlüften« möglich, bei dem die Luft gut zirkulieren kann?

Das Thema Lärm betrifft aber nicht nur die Geräusche von draußen. Wie hellhörig sind die Räume? Können Sie jedes Hüsteln und jedes Telefongespräch aus der Nachbarwohnung mithören? Aber auch innerhalb der Wohnung: Wenn jemand in Zimmerlautstärke Musik hört, müssen dann alle mithören? Und schließlich das wichtige Thema Trittschall: Wie gut ist die Trittschalldämmung? Klirren die Gläser im Schrank, wenn oben jemand durch die Wohnung geht?

Überhaupt der Fußboden: Wie sieht der aus? Haben Sie es mit dem Estrich zu tun, also gewissermaßen mit dem puren Fußboden? Oder gibt es einen Bodenbelag: Teppichboden, PVC-Belag, Kork, Linoleum, Laminat oder Parkett? Mängel am Fußboden sind in den meisten Fällen schlecht ausgeführte Estricharbeiten. Insoweit ist es beruhigender, wenn Sie den Estrich zu sehen bekommen. Ansonsten achten Sie auf die Fugen und die Ränder, wenn sie freiliegen. Zeigen sich hier Risse, deutet das auf tieferliegende Probleme hin, nämlich im Estrich. Falls Teppichboden verlegt ist: Womöglich können Sie an den Rändern oder an der Türschwelle die Teppichschiene abschrauben und einen Blick darunter werfen. Dann wissen Sie, in welchem Zustand der Unterboden ist.

Weitere Mängel sind abschüssige oder unebene Böden, manche haben regelrechte Dellen. Sind solche Unebenheiten nicht mit bloßem Auge festzustellen, kommen Sie ihnen mit einer Wasserwaage auf die Spur. Dabei sollten Sie sich klarmachen: In Altbauten ist damit eher zu rechnen. Und die Liebhaber dieser Objekte müssen das nicht unbedingt als Mangel empfinden.

DIGITALE EXTRAS

Checkliste: Wohn- und Schlafräume	
	Meine Notizen
Zustand der Räume	
Grundriss, Schnitt	
Helligkeit der Räume	
Wände (Zustand, tapeziert)	
Schlafraum ruhig	
Hellhörigkeit	
Trittschalldämmung	
Fußboden (Beläge)	
Fußboden (Qualität)	

2.3.6 Fenster und Türen – mit Checkliste

Überprüfen Sie die Fenster. Wie fest sitzen sie im Mauerwerk? Sind sie mit Putz oder Silikon abgedichtet? Klopfen Sie an den Fensterrahmen. Klingt das etwas hohl, ist das kein gutes Zeichen. Treten Sie direkt ans Fenster. Können Sie einen Luftzug spüren? Dann schließt das Fenster nicht richtig. Öffnen und schließen Sie das Fenster. Ist das bequem möglich? Sind die Gummidichtungen in Ordnung? Oder zeigen sich schon erste Risse? Sitzen die Scheiben fest im Fensterkitt? Welche Qualität hat das Fensterglas? Moderne Wärmeschutzverglasungen senken den Wärmeverlust um bis zu 80 Prozent. Es gibt Sicherheitsglas und Schallschutzglas. Womöglich müssen Sie die Fenster erneuern lassen.

Die Innentüren prägen das Erscheinungsbild der Wohnung. Schöne Türen werten die Wohnung auf. Lassen sich die Türen gut schließen? Oder zieht es durch sie hindurch? Sind sie breit genug, dass sperrige Möbel hindurchpassen? Lassen sie sich abschließen? Glastüren machen die Räume hell, aber eben auch einsehbar. Werfen Sie auch einen Blick auf die Türrahmen.

Die wichtigste Tür ist die Außentür. Sie sollte schwer und massiv sein. Gerade bei Wohnungen kommt es darauf an, dass sie gut gesichert ist, sich nicht aufbrechen lässt, möglichst über einen oder mehrere Zusatzriegel verfügt. Denn fast alle Wohnungseinbrüche erfolgen durch diese Tür. Anders ist das nur bei Erdgeschosswohnungen oder Wohnungen, deren Balkon von außen zugänglich ist oder der sich erklettern lässt. Auch darauf sollten Sie ein Auge haben – und wie gut im Fall des Falles Fenster und Balkontüren gesichert sind. Womöglich müssen Sie da nachrüsten.

DIGITALE EXTRAS

Checkliste: Fenster und Türen	
	Meine Notizen
Art der Fenster (Sprossen, Oberlicht)	
Fenstergröße	
Sitz im Mauerwerk	
Isolierung	
Fensterglas (Qualität)	
Rollläden, Fensterläden	
Zimmertüren (Erscheinungsbild)	
Zimmertüren (Wie gut schließen sie? Sind sie breit genug?)	
Außentür (Haus- oder Wohnungstür)	
Balkon-, Terrassentür (Einbruchsicherheit)	

2.3.7 Wasserrohre, Toilette und Badezimmer – mit Checkliste

Schauen Sie sich an, wo die Wasserleitungen verlaufen – vor allem die Hauptleitung, die Fallrohre und die Anschlüsse (für Waschbecken, Toilette, Waschmaschine). Wasserleitungen brauchen Sie für Küche, Bad und Toilette – es ist wichtig zu wissen, wo sie liegen, falls Sie Räume verlegen oder ein zusätzliches Gäste-WC einrichten möchten.

Ungünstig sind ansteigende Abflussrohre, was manchmal in älteren Gebäuden vorkommt. Auch wenn sie nur leicht ansteigen, können Sie damit rechnen, dass sie immer mal wieder verstopfen. Getrenntes Badezimmer und WC sind wünschenswert. Befinden sich Bad und WC in einem Raum, ist Ihnen das vielleicht herzlich egal, doch mindert es den Wert der Immobilie. Ein Gäste-WC, womöglich noch ein Gästebad erhöht hingegen den Wert.

Wichtige Frage beim Badezimmer: Wo zieht der ganze Wasserdampf hin? Gibt es ein Fenster? In welchem Zustand ist das? Oder befindet sich das Bad im Wohnungsinneren und verfügt über eine Entlüftungsklappe? Die Frage der Entlüftung stellt sich natürlich auch beim WC.

DIGITALE EXTRAS

Checkliste: Wasserrohre, WC, Bad	
	Meine Notizen
Wasserrohre (Verlauf)	
Wasserrohre (Alter, Bleirohre?)	
Bad und WC getrennt?	
Gäste-WC	
Badezimmer (Ausstattung)	
Anschluss Waschmaschine	

2.3.8 Stromleitungen – mit Checkliste

Der Strom kommt aus der Steckdose. Doch entscheidend ist, was dahinter passiert. Wie belastbar sind die Stromleitungen? Sind die etwas in die Jahre gekommen, genügen sie womöglich nicht mehr Ihren Anforderungen. Dann kann es geschehen, dass die Sicherung herausspringt, sobald mehrere Haushaltsgeräte gleichzeitig betrieben werden. Und einen Starkstromherd können Sie womöglich gar nicht anschließen.

Überprüfen Sie daher das Alter der Leitungen und die Anzahl der Sicherungen. Nach Möglichkeit sollte jeder Raum einzeln abgesichert sein, das Bad jedoch auf jeden Fall. Für die Küche sollten zwei bis drei Sicherungen vorhanden sein, auch damit Sie einen E-Herd anschließen können.

Wie verlaufen die Leitungen? Idealerweise unter Putz. Wo befinden sich die Steckdosen? Sind sie in ausreichender Zahl vorhanden? Wenn nicht: Befindet sich schon eine Steckdose dort, ist es kein großer Aufwand, eine zweite oder dritte zu ergänzen – auch nicht durch die Wand. Anders sieht es aus, wenn noch Leitungen verlegt werden müssen. Gibt es genügend Anschlüsse für die Lampen? Wie sehen die Lichtschalter aus?

Im Zeichen der »Wärmewende« und dem Ausbau der E-Mobilität stellt sich das Thema mit besonderer Dringlichkeit. Es ist zu prüfen, ob die Elektrotechnik den höheren Anforderungen genügt. Womöglich müssen Sie die gesamte Energieversorgung umstellen auf erneuerbare Energien (mit Wärmepumpe und Photovoltaik-Anlage auf dem Dach). Was uns zum nächsten Punkt führt, zur Heizung.

Checkliste: Elektrotechnik	
	Meine Notizen
Stromleitungen (Alter)	
Stromzähler, Sicherungskasten	
Stromleitungen (Verlauf, unter Putz?)	
Steckdosen (Anzahl und Position)	
Anschlüsse für Lampen	
Lichtschalter	

DIGITALE EXTRAS

2.3.9 Heizung – mit Checkliste

Für die Bewertung einer geerbten Immobilie ist das Thema Heizung von besonderer Bedeutung. Allerdings dürfte es sich in den meisten Fällen kaum im Rahmen einer Besichtigung klären lassen. Nach aktuellem Stand der Gesetzgebung wird die überwältigende Mehrheit der bestehenden Heizungen in den kommenden Jahren erneuert werden müssen. Denn drei von vier Heizungen werden mit »fossilen Brennstoffen« betrieben, also mit Öl oder Gas. Auch wenn es etliche Übergangsregeln und Ausnahmen gibt: Als Erbe kommen Sie nicht darum herum, sich eingehend mit dem Heizungsthema auseinanderzusetzen. Dies aus drei Gründen:

- Unter den vererbten Immobilien sind besonders viele, deren Heizsysteme veraltet sind und erneuert werden müssen.
- Ältere Eigentümer können von den gesetzlichen Auflagen noch verschont bleiben (»Unzumutbarkeitsklausel«). Nach einem Eigentümerwechsel greifen die neuen Bestimmungen, auch für Erben.
- Der Bedarf an Heizungen, die mit erneuerbarer Energie betrieben werden, dürfte in den kommenden Jahren stark steigen. Um diesen Bedarf zu decken, werden zahlreiche neue Lösungen entwickelt.

Wie sich der dritte Punkt auswirken wird, bleibt abzuwarten. Manche erwarten einen Innovationsschub mit vielen neuen Produkten und fallenden Preisen, weil in hoher Stückzahl gefertigt und installiert werden muss. Andere sind da deutlich skeptischer und rechnen eher mit viel Ramsch, weil in hoher Stückzahl gefertigt und installiert werden muss. Gewiss scheint nur eines: Sie müssen sich informieren und vermutlich auch beraten lassen, um zu einer guten Lösung zu kommen. Nach einer Erbschaft ist häufig eine gute Gelegenheit, die Heizung zu erneuern. Bei der Besichtigung erfassen Sie zunächst einmal den Ist-Zustand .

Schauen Sie sich die Heizanlage an, die Therme oder den Brennkessel. Auch am äußeren Zustand können Sie ablesen, ob hier akuter Erneuerungsbedarf besteht. Darüber hinaus schauen Sie sich die Heizungsrohre an. Wie verlaufen sie? Und sind sie gut isoliert? Wo befinden sich die Heizkörper? Sind sie ausreichend groß? Gibt es Verkleidungen? Gibt es Räume, die nicht beheizbar sind?

DIGITALE EXTRAS

Checkliste: Heizung	
	Meine Notizen
Art der Heizung (Öl, Gas, Strom, Fernwärme, Wärmepumpe)	
Alter der Heizung	
Zustand, zuletzt gewartet	
Heizrohre (Verlauf, Isolierung)	
Heizkörper (Zustand, Größe)	
Räume ohne Heizung	
Energieausweis (Bewertung)	
Heizkostenabrechnung (Höhe)	

2.4 Die Ergebnisse der Besichtigung auswerten

Nach der Besichtigung tragen Sie die Ergebnisse zusammen und überlegen, welche Schlussfolgerungen Sie daraus ziehen.

2.4.1 Abgleich zwischen Erwartung und Realität

Sie haben die Besichtigung ja mit einer bestimmten Fragestellung und einer bestimmten Erwartung angetreten (siehe Kapitel 2.2.1). Nun sollten Sie in der Lage sein, diese Fragen für sich zu beantworten:

- Haben sich meine Erwartungen erfüllt? Wo nicht?
- Möchte ich die Immobilie selbst nutzen, vermieten oder veräußern? Oder bin ich mir nach wie vor im Unklaren?
- Soll ein Miterbe die Immobilie übernehmen? Soll die Immobilie gemeinsam verwaltet oder aufgeteilt werden?
- Welche Maßnahmen, Renovierungs- und Sanierungsarbeiten sind nötig? (Reparaturen, Umbau, Entrümpelung, Instandsetzung)
- Wie hoch veranschlage ich die Kosten für diese Arbeiten?
- Wo besteht noch Klärungsbedarf (z. B. Schadstoffuntersuchung, feuchte Wände, baurechtliche Fragen, Wertgutachten)?

Vielleicht sind Sie nach der Besichtigung auch besorgt. Sie sehen jede Menge Kosten und Verpflichtungen auf sich zukommen, mit denen Sie nicht gerechnet hatten. Sie wissen nicht recht, was jetzt zu tun ist und zweifeln, ob Sie die Erbschaft überhaupt hätten annehmen sollen. Können Sie jetzt noch zurücktreten? Auch wenn die sechswöchige Frist verstrichen ist, Sie einen Erbschein beantragt und vielleicht sogar schon erhalten haben oder Sie im Grundbuch als Eigentümerin verzeichnet sind?

2.4.2 Die Bilanz ist negativ: Das Erbe anfechten

Tatsächlich können Sie eine bereits angenommene Erbschaft wieder rückgängig machen (siehe Kapitel 1.6.4). Allerdings müssen Sie dazu darlegen, dass Sie die Erbschaft »irrtümlich« angenommen haben. Weil Sie nämlich davon ausgehen konnten, dass Sie Vermögen geerbt haben – und keine Bauruine. Befindet sich die ererbte Immobilie in einem katastrophalen Zustand, können Sie also noch einen Rückzieher machen.

Doch brauchen Sie dafür anwaltliche Unterstützung. Und Ihre Chancen stehen auch nicht gut, wenn Sie es eigentlich hätten besser wissen müssen. Wenn Sie sich sehr viel Zeit gelassen haben, um den Zustand der Immobilie zu inspizieren. Und wenn Sie erst einmal als Eigentümerin im Grundbuch vermerkt sind, ist die Schwelle noch einmal um einiges höher, die Erbschaft anzufechten. Um Ihre Chancen auszuloten, lassen Sie sich von einem Anwalt beraten, der auf Erbrecht spezialisiert ist.

2.4.3 Die Bilanz ist positiv: Die nötigen Maßnahmen veranlassen

Es ist zu hoffen, dass Ihre Bilanz unterm Strich positiv ausfällt. Dann geht es darum, die nächsten Schritte einzuleiten: Müssen Sie Handwerker beauftragen, sich mit Ihren Miterben absprechen, Gutachter oder Energieberater konsultieren? Es ist gut, wenn Sie keine Zeit verlieren, sondern die erforderlichen Maßnahmen zügig einleiten. Solange Sie einer Erbengemeinschaft angehören, müssen alle Arbeiten, die über die »ordnungsgemäße Verwaltung« hinausgehen, einvernehmlich in die Wege geleitet werden. Wenn auch nur einer nicht einverstanden ist, sind Ihnen die Hände gebunden.

Doch können Sie die Dinge vorantreiben, den Kontakt zu Ihren Miterben suchen und das, was nötig ist, veranlassen. Erbengemeinschaften sind ein ganz eigenes Thema (Kapitel 5). Aber wenn Sie die Initiative ergreifen und überzeugende Argumente haben, sollten Sie die anderen mitziehen können. Einen Versuch ist es allemal wert. Und wenn es sich um Maßnahmen handelt, die nötig sind, um Schaden am Gebäude abzuwenden, brauchen Sie keine Einstimmigkeit. In Ausnahmefällen dürfen Sie sogar alleine die Arbeiten veranlassen (mehr dazu unter 5.2.4).

3 Selbst nutzen? Vermieten? Veräußern?

Was fangen Sie mit Ihrer geerbten Immobilie an? Das hängt einerseits vom Objekt ab, aber ebenso von Ihren eigenen Interessen und Wünschen. Sie können es selbst beziehen, können es an andere (weiterhin) vermieten oder es veräußern. Sie können es auch einer Miterbin überlassen, an die Sie entweder vermieten können – oder aber im Rahmen der »Auseinandersetzung der Erbengemeinschaft« den Wert verrechnen, was man als eine Art von Verkauf betrachten kann. Mehr dazu in Kapitel 5. Jede dieser Varianten hat ihre Vorzüge und ihre Risiken. Von beiden soll in diesem Kapitel die Rede sein, damit Sie eine gute, eine informierte Entscheidung treffen.

3.1 Sie ziehen selbst ein

Ist die Immobilie geeignet, dass Sie selbst dort einziehen? Das ist nicht nur aus steuerlichen Gründen vorteilhaft (siehe Kapitel 9.1.3 »Familienheim steuerfrei erben«). Es erlaubt Ihnen, das Haus oder die Wohnung nach Ihren eigenen Vorstellungen einzurichten und umzugestalten. Vor allem wenn Sie noch kein Wohneigentum besitzen, ist das attraktiv. Sie müssen keine Miete mehr bezahlen. Und Sie verfügen über nicht unerhebliche Sachwerte – auch wenn Immobilien in jüngster Zeit je nach Lage an Wert verloren haben. Das sogenannte »Betongold«, wie man Immobilien auch nennt, gilt als Schutz gegen Inflation. Außerdem können Sie Ihre Immobilie beleihen und sich auf diese Weise einen halbwegs zinsgünstigen Kredit verschaffen, wenn Sie ihn später einmal brauchen.

Auf der anderen Seite sind Sie weniger flexibel. Sie können sich Ihr Eigenheim nicht aus einem Angebot von Objekten auswählen, sondern müssen das nehmen, das Sie erben. Es muss passen. Und genau das sollte für Sie auch die Leitfrage sein, ehe Sie hier zugreifen: Passt die Immobilie zu meinen Bedürfnissen und zu meinen Lebensumständen? Ziehen Sie in eine neue Umgebung, aufs Land, von einer quirligen Großstadt in eine verschlafene Kleinstadt? Oder andersherum? Verlängert sich Ihr Weg zur Arbeit ganz erheblich? Befürchten Sie, Ihre Freunde und Bekannten aus den Augen zu verlieren, weil Sie in Zukunft so weit entfernt wohnen? Oder gewinnen Sie an Lebensqualität, weil Sie mehr Platz haben und mehr Ruhe?

3.1.1 Ins eigene Elternhaus ziehen

Zum eigenen Elternhaus haben wir eine ganz besondere Beziehung. Wenn wir selbst dort einziehen, kann das beglückend sein. Vielleicht setzen wir eine Familientradition fort, kehren zurück an unsere Wurzeln oder wagen einen kraftvollen Neuanfang. Oder aber diese Familientradition belastet uns, schränkt uns ein, legt uns Verpflichtungen auf, die uns einengen und daran hindern, das Leben zu führen, das wir führen möchten. Mit anderen Worten: In das eigene Elternhaus zurückzukehren, es als das neue eigene Zuhause zu beziehen, ist eine sehr emotionale Angelegenheit. Und es ist ratsam, dass Sie sich vorher mit diesen Emotionen auseinandersetzen.

Sie sollten sich möglichst nicht einem äußeren Druck fügen und auch nicht einer Verpflichtung folgen, wenn das für Sie nicht passt. Sie müssen Ihren verstorbenen Eltern nichts beweisen. Auch wenn Sie dort einziehen, können Sie die Immobilie so umgestalten, wie Sie das wollen. Traditionen zählen nur, wenn Sie die fortsetzen möchten.

Manchmal braucht es auch ein bisschen Zeit, um sich klarzuwerden, was man möchte. Beide Seiten haben ja ihre Berechtigung: Wenn Sie ganz nüchtern überlegen, ob das Objekt zu Ihnen passt. Und wenn Sie sich dem Haus oder der Wohnung besonders verbunden fühlen und es für Sie eine unangenehme Vorstellung ist, Ihr Elternhaus zu verkaufen. Sie sollten die Gründe, die dafür- und dagegensprechen, sorgsam abwägen. Dabei kann es helfen, wenn Sie die jeweiligen Argumente notieren und auf sich wirken lassen. Dabei ist nicht entscheidend, wie viele Argumente Sie dafür oder dagegen sammeln. Ein einziges Argument kann letztlich den Ausschlag geben. Es kommt darauf an, dass Sie die Gründe dafür und dagegen vor Augen haben und sich darauf gestützt Ihr Urteil bilden.

Vorteile, wenn ich in mein Elternhaus ziehe. Argumente, die dafür sprechen	**Nachteile, wenn ich in mein Elternhaus ziehe. Argumente, die dagegen sprechen**

3.1.2 Zweitwohnsitz oder Ferienhaus

Vielleicht kommt die Immobilie ja auch als Zweitwohnsitz oder Ferienhaus in Frage. In diesem Fall ist sie steuerlich nicht begünstigt, weder bei der Erbschaftssteuer (Kapitel 9.1) noch bei der Einkommensteuer (Kapitel 9.3), doch das sollte gewiss nicht den Ausschlag geben. Allerdings sollten Sie gründlich durchrechnen, was es Sie kostet, so einen Zweitwohnsitz zu unterhalten. Meist werden die Kosten stark unterschätzt. Vor allem sollten Sie auch berücksichtigen, was Sie bekommen, wenn Sie die Immobilie veräußern. Und fragen Sie sich ehrlich, wie oft Sie sich wohl in Ihrem Zweitwohnsitz aufhalten werden. Zehn oder elf Monate Leerstand sind doch recht kostspielig.

Ähnliche Überlegungen sollten Sie anstellen, wenn Sie die Immobilie als Ferienhaus nutzen wollen. Oder vielleicht handelt es sich auch um »das Ferienhaus« der Familie, das Sie übernehmen. Werden Sie und Ihre Angehörigen es tatsächlich ausreichend nutzen? Werden Sie es als Belastung empfinden? Als Verpflichtung, dort Ihre Ferien zu verbringen, obwohl Sie lieber mal woanders hinreisen würden? Das sind Fragen, die Sie sich stellen sollten. Dabei sind Sie völlig frei, auch eine vermeintlich »unvernünftige« Entscheidung zu treffen. Sie möchten sich die Möglichkeit offenhalten, in diesem Haus immer wieder einkehren zu können. Sie wissen noch nicht, wie oft Sie diese Gelegenheit nutzen werden. Aber Sie sind entschlossen, das auszuprobieren. Oder Sie wollen sich diesen Luxus einfach erlauben. Verkaufen können Sie ja immer noch... Die Entscheidung liegt bei Ihnen. Doch sollten Sie darüber nachdenken, worauf Sie sich einlassen und was es bedeutet, wenn die Immobilie viele Wochen und Monate leer steht. Vielleicht müssen Sie jemanden dafür bezahlen, dass er gelegentlich nach dem Rechten schaut.

Familienangehörige und Freunde als Feriengäste

Es ist eine verlockende Aussicht: Familienangehörige und Freunde können das Ferienhaus ebenfalls nutzen oder Sie besuchen kommen. Doch sollten Sie überlegen, wie realistisch solche Pläne und Absichtserklärungen sind. Wie viele werden die Immobilie wirklich nutzen? Und müssen Sie ein Ferienhaus, das ein wenig in die Jahre gekommen ist, nicht erst einmal auf den aktuellen Standard bringen?

3.1.3 Wann ist das Objekt bezugsfertig?

Eine entscheidende Frage betrifft den Zeitpunkt, zu dem Sie einziehen könnten. Gibt es keine Mieter oder Mitbewohner, muss die Wohnung geräumt, renoviert und modernisiert werden. Vielleicht möchten Sie auch einige Umbauarbeiten vornehmen lassen und vor allem die Heizung (siehe Kapitel 2.3.8) den künftigen Erfordernissen anpassen. Diese Zeit müssen Sie einkalkulieren.

Komplizierter liegt der Fall, wenn in dem Objekt noch Mitbewohner leben. Handelt es sich um Mieter, Untermieter oder um Personen, die der Verstorbene bei sich aufgenommen hat? Auch die werden Sie womöglich so schnell nicht los. Als Erbe treten Sie ja in alle Rechte und Pflichten des Verstorbenen ein. Bei Mietern und Untermietern müssen Sie klären: Gibt es einen Mietvertrag? Dort finden sich in aller Regel Vereinbarungen über die Kündigungsfristen. Die dürfen nicht gegen das Mietrecht verstoßen. Sonst sind sie unwirksam. Die gesetzliche Kündigungsfrist beträgt drei Monate, wobei die Kündigung spätestens am dritten Werktag des ersten Monats beim Mieter eingegangen sein muss. Besteht das Mietverhältnis schon länger als fünf bzw. acht Jahre, verlängert sich die Kündigungsfrist auf sechs bzw. neun Monate. Werden ein oder mehrere Zimmer möbliert untervermietet, beträgt die Kündigungsfrist 14 Tage vor Monatsende. Sollen die Zimmer zum 31. März gekündigt werden, muss die Kündigung spätestens am 17. März eingehen.

Existiert kein schriftlicher Mietvertrag, kann dennoch ein Mietverhältnis bestehen. Es reicht aus, wenn sich die betreffende Person so verhält, also Miete zahlt und über einen Wohnungs- oder Haustürschlüssel verfügt. In diesem Fall gelten die gesetzlichen Bestimmungen, die den Mietern weitreichende Rechte geben. Was Sie tun können: Wegen Eigenbedarf (Kapitel 3.1.4) kündigen oder einen Mietaufhebungsvertrag (Kapitel 3.1.5) schließen.

Zahlen die Personen keine Miete, so kommt es darauf an, ob sie berechtigterweise dort wohnen, zum Beispiel weil sie die Verstorbene bei sich aufgenommen hat. Ist das nicht der Fall, sollten Sie eine Frist setzen und die Betreffenden auffordern, die Schlüssel herauszugeben und die Wohnung zu räumen (natürlich nur, was ihre eigenen Besitztümer betrifft). Halten sich die Personen berechtigterweise in der Wohnung auf, können Sie ihnen kündigen (Kapitel 3.1.4) – ganz ähnlich wie bei einem Mietvertrag. Sie könnten aber auch Miete verlangen. Vorher sollten Sie einen Mietvertrag aufsetzen, um die Bedingungen festzulegen (Näheres zu Mietern, siehe Kapitel 6).

Es empfiehlt sich, erst einmal die Verständigung mit den Bewohnern der Immobilie zu suchen. Sind sie bereit auszuziehen? Und wann? Sind ihre Bedingungen nicht akzeptabel oder weigern sie sich sogar, brauchen Sie anwaltliche Hilfe. Wie Sie weiter vorgehen, das hängt stark vom konkreten Einzelfall ab.

3.1.4 Hat eine Eigenbedarfskündigung Aussicht auf Erfolg?

Ist das Mietverhältnis nicht von vornherein befristet, müssen Sie es kündigen. Und das können Sie nach § 573 BGB nur aus einem »berechtigten Grund« tun. Einer dieser berechtigten Gründe ist der Eigenbedarf: Sie brauchen die Wohnung für sich selbst, für einen Familienangehörigen oder einen Angehörigen Ihres Haushalts (§ 573 Abs. 2 BGB). Entscheidend ist, dass Sie für diese Person eine »sittliche Verantwortung für ihren Wohnbedarf« tragen (LG Münster, 22. November 1990, Az. 8 S 334/90). Dann ist von der Haushaltshilfe bis zur Schwiegermutter, den Stiefkindern und der Cousine vieles möglich. Für den Schwager, die Schwägerin oder den geschiedenen Ehepartner kann hingegen kein Eigenbedarf geltend gemacht werden.

Zweite Voraussetzung: Die Räume werden weiterhin für Wohnzwecke genutzt. Wollen Sie die Räume gewerblich nutzen, rechtfertigt das keine Eigenbedarfskündigung. Dann können Sie zwar womöglich ebenfalls kündigen, aber nicht wegen Eigenbedarf, sondern wegen eines andersgelagerten »berechtigten Interesses« (§ 573 Abs. 1 BGB).

Drittens müssen Sie schriftlich kündigen und in Ihrem Kündigungsschreiben klar und nachvollziehbar darlegen, warum der Eigenbedarf entstanden ist. In diesem Fall: Weil Sie geerbt haben und das Objekt für sich (oder eben eine andere Person) brauchen. Diese Person müssen Sie benennen, damit die Mieter erkennen können, ob Ihr Eigenbedarf berechtigt ist. Das Thema Eigenbedarfskündigung werden wir in Kapitel 6.5 noch vertiefen. Dort finden Sie auch ein Musterschreiben.

3.1.5 Ist ein Mietaufhebungsvertrag die bessere Alternative?

Zeichnet sich ab, dass eine Eigenbedarfskündigung nicht glatt durchgeht, kommt ein Mietaufhebungsvertrag in Betracht. Dabei verständigen Sie sich mit dem Mieter darauf, wie Sie das Mietverhältnis beenden. Und wann. An Kündigungsfristen müssen Sie sich nicht halten. Entscheidend ist, was Sie einvernehmlich vereinbaren.

Welche Regelungen Sie treffen, das hängt ganz von Ihren Interessen und Ihrem Verhandlungsgeschick ab – und von denen des Mieters. Üblicherweise sichert der Mieter einen bestimmten Auszugstermin zu. Dafür kommen Sie ihm in einem anderen Punkt entgegen. Sie zahlen ihm eine Entschädigung oder eine »Umzugspauschale« (nach Möglichkeit erst, wenn der Umzug bereits vollzogen ist), Sie verzichten darauf, dass er die Wohnung renoviert übergibt (wenn er dazu nach dem Mietvertrag verpflichtet ist). Sie übernehmen Teile des Mobiliars. Oder Sie erlassen ihm einen Teil der Miete.

Drei Punkte sollten Sie außerdem beachten:

- Beide Vertragsparteien verzichten auf ihr Widerspruchsrecht und erklären, dass mit Erfüllung des Vertrags alle gegenseitigen Ansprüche abgegolten sind.
- Sie erklären, dass auf die Anwendung von § 545 BGB ausdrücklich verzichtet wird. Dabei geht es um die »stillschweigende Verlängerung des Mietverhältnisses« auf unbestimmte Zeit – wenn der Mieter wohnen bleibt und Sie nicht fristgerecht Räumungsklage erheben.
- Treffen Sie irgendwelche Zahlungsvereinbarungen, halten Sie fest, wofür die Zahlung geleistet wird, wann und wie gezahlt werden muss. Es empfiehlt sich auch, die Bankverbindung des Zahlungsempfängers festzuhalten.

Auf das Widerspruchsrecht sollten beide Seiten verzichten, weil sonst der Vertrag zwei Wochen lang in der Schwebe bleibt. So lange haben nämlich beide Seiten Zeit, ohne Angabe von Gründen vom Vertrag zurückzutreten. Diese Phase der Ungewissheit ist für beide Seiten nicht angenehm. Überstürzen müssen Sie den Vertragsabschluss keineswegs. Wenn eine Seite über die Vereinbarungen noch einmal nachdenken möchte, sollte sie das tun und sich mit der Unterzeichnung ein, zwei Tage Zeit lassen.

3.2 Sie vermieten

Wenn Sie die Immobilie nicht selbst nutzen, aber als Eigentum behalten möchten, liegt es nahe, sie zu vermieten. Ist sie bereits vermietet, treten Sie automatisch in den bestehenden Mietvertrag ein und werden zum Vermieter. Zwar haben Sie die Möglichkeit, wegen Eigenbedarf zu kündigen (siehe Kapitel 3.1.4), doch zunächst einmal sind Sie Vermieter und müssen sich mit den rechtlichen Rahmenbedingungen auseinandersetzen. Möglichkeit Nummer drei: Sie (und eventuelle Miterben) vermieten an einen Familienangehörigen. Der kann durchaus selbst Teil der Erbengemeinschaft sein. Doch ist er nicht Alleineigentümer, sondern erst einmal Mieter. Auch diese Konstruktion werden wir uns in diesem Abschnitt näher ansehen.

Erbengemeinschaft: Miterben müssen Vertrag abschließen

Ein Mietvertrag wird nicht von »der Erbengemeinschaft« abgeschlossen, sondern von allen Erben, die zu der Erbengemeinschaft gehören. Nach einem Urteil des BGH ist eine Erbengemeinschaft keine eigene »Rechtspersönlichkeit« und kann deshalb auch keinen Mietvertrag abschließen (Urteil vom 11.9.2002, Az. XII ZR 187/00). Stattdessen müssen alle Miterben als Vermieter genannt werden und sollten den Vertrag auch unterzeichnen. Es ist jedoch auch möglich, dass ein Erbe »in Vertretung« der anderen unterschreibt – wenn er über die entsprechenden Vollmachten verfügt. Bei der Unterzeichnung muss er das Vertretungsverhältnis deutlich machen. In aller Regel geschieht dies durch das Kürzel »i. V.« (= in Vertretung) vor der Unterschrift. Werden diese Formalitäten nicht eingehalten, gefährdet dies den Vertrag, zumindest aber die »Schriftform«. Das heißt: Alle Vereinbarungen, die Sie hier getroffen haben, könnten unwirksam werden und durch die gesetzlichen Bestimmungen ersetzt werden, die für die Vermieterseite eher nachteilig sind.

3.2.1 Eine leerstehende Immobilie vermieten

Steht die Immobilie leer, zum Beispiel weil die Verstorbene das Objekt vorher selbst bewohnt hat? Dann könnte es interessant sein, die Immobilie neu zu vermieten. Sie können das Objekt aufwerten, technisch auf den neuesten Stand bringen und den Mietvertrag nach Ihren Vorstellungen gestalten. Ob Sie das machen, liegt ganz bei Ihnen.

Der große Vorteil bei einer Vermietung: Das Objekt bleibt Ihr Eigentum. Sie verfügen über einen womöglich nicht unerheblichen Sachwert. Das ist vor allem dann ein Vorteil, wenn Sie das Geld nicht unmittelbar benötigen und die Aussichten für die Vermietung ganz passabel sind. Auf der anderen Seite sollten Sie bedenken: Sie werden wenig Freude an dem Objekt haben, wenn Sie keine Mieter finden oder die Mietrendite niedrig ist. Tatsächlich sollten Sie prüfen, ob es nicht lohnender ist, das Objekt zu veräußern und den Erlös anders anzulegen. Bei einem Verkauf werden Sie für eine leerstehende, bezugsfertige Immobilie in der Regel deutlich mehr verlangen können, als wenn sie bereits vermietet ist.

3.2.2 Sanierungsbedarf abschätzen

Bevor Sie den Entschluss fassen zu vermieten, sollten Sie klären, wie hoch voraussichtlich Ihre Kosten sind, um die Immobilie wieder in Schuss zu bringen. Vor allem was die Heizung und die Dämmung angeht, so müssen die sehr oft erneuert werden. Nicht zuletzt infolge des neuen Gebäudeenergiegesetzes, das vorschreibt, dass neu eingebaute Heizungen mit mindestens 65 Prozent erneuerbaren Energien betrieben müssen. Zwar müssen Sie eine funktionstüchtige Heizung nicht ausbauen, doch ist der Zeitpunkt, die Heizung zu erneuern, gewiss nicht schlecht gewählt, wenn das Objekt noch nicht wieder bewohnt ist. Außerdem werden Maßnahmen zur energetischen Sanierung vielfach gefördert. Es lässt sich absehen, dass diese Förderprogramme irgendwann auslaufen.

Schließlich sollten Sie auch nicht vergessen, dass Sie Ihre Aufwendungen steuerlich abschreiben können, einschließlich möglicher Darlehenszinsen. Es handelt sich um eine Investition. Und wenn Sie das Objekt anschließend gut vermieten, sollte sich die Sache finanziell lohnen.

3.2.3 Auf Mietersuche gehen

Bei der Vermietung gilt der Grundsatz: Auf den Mieter kommt es an. Geht diese Person pfleglich mit Ihrem Wohneigentum um, informiert Sie, falls es Probleme gibt oder Schäden auftreten, überweist zuverlässig ihre Miete und bleibt ein paar Jahre bei Ihnen wohnen, so dürfen Sie sich glücklich schätzen. Ein gutes Verhältnis zu Ihrem Mieter dürfte Ihnen unter dem Strich einen größeren Vorteil bringen als eine möglichst hohe Miete.

Die Sache ist nur, dass Sie die wahren Qualitäten Ihrer Mieter erst kennenlernen, wenn sie bereits bei Ihnen wohnen. Sie gehen also immer ein gewisses Risiko ein, das Sie nicht dadurch minimieren, dass Sie mögliche Kandidaten einem entwürdigenden Auswahlprozess unterziehen. Vielmehr geht es darum, die drei wichtigsten Risiken zu minimieren:

- Der Mieter kann die Miete nicht mehr aufbringen. Im schlimmsten Fall wird er zahlungsunfähig.
- Der Mieter geht mit dem Objekt nicht gut um. Er beschädigt es oder lässt es verwahrlosen.
- Der Mieter verhält sich gegenüber anderen Mitbewohnern rücksichtslos und stört den Hausfrieden.

Ausschließen können Sie die Risiken zwar nicht, Sie können jedoch auf Anzeichen achten und versuchen, sich ein Bild von Ihren künftigen Mietern zu machen. Lernen

Sie möglichst alle Personen kennen, die bei Ihnen einziehen sollen. Auch eine Mieterselbstauskunft kann helfen.

3.2.4 Der unverzichtbare Energieausweis

Egal, ob Sie ein Haus oder eine Wohnung neu vermieten, ohne Energieausweis (siehe 2.2.6) geht es nicht. Sie brauchen ihn gleich dreimal: Wenn Sie eine Anzeige schalten, ob in gedruckter Form oder online im Internet, müssen die wichtigsten Informationen aus dem Ausweis genannt werden. Es sind nicht weniger als fünf Angaben Pflicht:

- Die Art des Ausweises (Bedarfs- oder Verbrauchsausweis)
- Der Endenergiebedarf oder –verbrauch des Gebäudes
- Der wesentliche Energieträger für die Heizung (z. B. Öl, Gas, Fernwärme)
- Das Baujahr des Gebäudes
- Die Energieeffizienzklasse (A plus bis H)

Die zweite Gelegenheit, für die Sie den Ausweis benötigen: Bei der Besichtigung muss der Ausweis vorgelegt werden oder zumindest ausliegen. Dabei müssen Sie nicht jedem, der unverbindlich Interesse bekundet, den Ausweis zeigen. Aber jedem Interessenten, der ernsthaft in Frage kommt. Und schließlich sind Sie gehalten, nach Abschluss des Mietvertrags eine Kopie vom Ausweis dem Mieter auszuhändigen. Das heißt, Sie können die Kopie schon bei der Unterzeichnung des Vertrags überreichen, spätestens aber zwei Wochen später. Kommen Sie diesen Verpflichtungen nicht nach, riskieren Sie ein empfindliches Bußgeld.

Bei geerbten Immobilien ist es keine Seltenheit, dass die noch keinen Energieausweis haben. Denn wer das Haus selbst bewohnt hat, war nicht verpflichtet, einen solchen Ausweis zu erwerben. Und auch wenn das Objekt durch eine Erbschaft an einen neuen Eigentümer übergeht, geschieht dies, ohne dass ein Energieausweis erstellt werden muss. Doch wenn Sie vermieten oder verkaufen, brauchen Sie ihn. Kümmern Sie sich rechtzeitig vor der Mietersuche darum.

3.2.5 Den Mietvertrag vorbereiten

Der Mietvertrag ist das wichtigste Dokument für Mieter und Vermieter. Hier treffen Sie alle wesentlichen Vereinbarungen, über Ihre Rechte und Pflichten, über die Höhe der Miete, die Nebenkosten, Kündigung, Kaution, Tierhaltung, Mieterhöhung, Renovierungspflicht und vieles mehr. Die wichtigsten Punkte werden wir uns im 6. Kapitel anschauen. An dieser Stelle nur zwei Hinweise:

- Achten Sie genau auf Ihre Formulierung und treffen Sie nur Vereinbarungen, die zulässig sind. Überzogene Anforderungen an die Mieter werden von den Gerichten nicht anerkannt. Die Folge: Die Vertragsklausel ist unwirksam. Das geht in der Regel zu Ihren Lasten.
- Sie sollten den Mietvertrag schon vorbereiten, bevor Sie auf Mietersuche gehen. Dann können Sie die Interessenten auf Besonderheiten hinweisen. Und Sie geraten nicht unter Zeitdruck. Es kann sehr nachteilig sein, wenn Sie eine ernsthafte Interessentin haben und erst noch »irgendein« Mietvertragsformular beschaffen müssen.

Wenn Sie den Vertrag vorbereiten, dann sind Sie gezwungen, sich mit den wichtigsten Themen zu beschäftigen. Das mag zunächst etwas mühsam erscheinen, doch es schafft Klarheit und macht Sie sicherer. Mehr dazu in Kapitel 6.

3.3 Eine vermietete Immobilie übernehmen

Ist das Objekt bereits vermietet? Dann treten Sie (und eventuell Ihre Miterben) in die Rechte und Pflichten ein, die durch den bestehenden Mietvertrag vorgegeben werden. Dieser Thematik ist ein eigenes Kapitel gewidmet, das mehrfach erwähnte Kapitel 6. Was für Sie als Erbe vordringlich ist: Dass Sie sich mit den Mietern möglichst rasch in Verbindung setzen. Auch wenn Sie das Erbe noch gar nicht »angetreten« haben. Mieter, deren Vermieter verstorben ist, sind zutiefst verunsichert. Sie müssen wissen, wohin sie ihre Miete überweisen sollen und wer ihr Ansprechpartner ist. Solange Sie das Erbe noch nicht angenommen haben, ist die Zurückhaltung verständlich, die Miete auf Ihr Konto zu überweisen. Doch da Sie und Ihre möglichen Miterben ohnehin Zugriff auf die Konten des Verstorbenen erlangen werden, können Sie in den meisten Fällen die Überweisung auf ein Konto des Verstorbenen weiterlaufen lassen. Solange Sie unschlüssig sind, ob Sie das Erbe annehmen sollen, empfiehlt es sich ohnehin, die Zahlungen auf das bestehende Vermieterkonto vornehmen zu lassen.

Und da wir das Thema »Energieausweis« (Kapitel 2.2.6) schon öfters angesprochen haben: Bestandsmieter haben *keinen* Anspruch darauf, dass Sie ihnen einen Energieausweis vorlegen. Das gilt auch, wenn Sie als neuer Vermieter auf den Plan treten. Denn durch die Erbschaft wird kein neues Mietverhältnis begründet, sondern das bestehende fortgesetzt.

3.3.1 An einen Angehörigen vermieten – mit Checkliste

Die dritte Variante: Sie vermieten an einen Angehörigen, womöglich einen Miterben, der dann eine Doppelrolle übernimmt: Als Mieter und Vermieter zugleich. Das ist durchaus möglich. Damit auch das Finanzamt mitspielt, kommt es darauf an, dieses besondere Mietverhältnis so weit wie möglich an ein normales Mietverhältnis anzunähern. Es muss sich um eine eigenständige, in sich abgeschlossene Wohnung handeln, mit eigener Wohnungstür. Und Ihre Haushalte müssen getrennt sein (BFH, Urteil vom 16.1.2003, Az. IX B 172/02). Sie haben einen schriftlichen Mietvertrag, der im Wesentlichen den üblichen Mietverträgen entspricht. Es gibt monatliche Mietzahlungen (als Überweisung auf das Konto der Erbengemeinschaft) und eine jährliche Abrechnung über die Nebenkosten. Auch die Höhe der Miete ist entscheidend. Wenn Sie an Ihre Angehörigen zu günstig vermieten, kann Ihnen das Finanzamt Ihre »Werbungskosten« empfindlich zusammenkürzen (siehe Kapitel 9.3.2). Oder im extremen Fall bestreiten, dass hier überhaupt ein echtes Mietverhältnis vorliegt, weil die »Einkunftserzielungsabsicht« fehlt.

Die Untergrenze zur »Billigvermietung« liegt bei 66 Prozent der »ortsüblichen Vergleichsmiete« (siehe Kapitel 6.6.1). Diese Grenze ist 2021 auf 50 Prozent abgesenkt worden – allerdings mit dem Vorbehalt, dass Sie auf Anforderung gegenüber dem Finanzamt eine »Totalüberschussprognose« abgeben. Das heißt: Sie müssen darlegen, dass die Vermietung langfristig einen »Überschuss« erreichen wird, also die Einnahmen die Ausgaben übersteigen.

Das Finanzamt schaut bei der Vermietung an Angehörige häufig genauer hin. Also sollten Sie hier sorgfältig vorgehen und nicht versuchen zu tricksen. So ist es keine gute Idee, eine »Scheinmiete« zu kassieren, die aus Ihrer eigenen Tasche stammt. Auch Rückzahlungen an Ihren Angehörigen gefährden die Anerkennung als echtes Mietverhältnis. Ihre Chancen stehen ebenfalls nicht gut, wenn offensichtlich ist, dass Ihr Angehörige sich die Miete finanziell gar nicht leisten kann.

DIGITALE EXTRAS

Checkliste: Vermieten an Angehörige	
Getrennter Haushalt	
Eigenständige Wohnung mit abschließbarer Wohnungstür	
Schriftlicher Mietvertrag	
Jährliche Abrechnung über die Nebenkosten	
Monatliche Mietzahlungen (Zahlungseingang nachweisbar)	
Angehöriger ist wirtschaftlich in der Lage, die Miete zu zahlen	
Höhe der Miete ausreichend: Mindestens 50 Prozent der ortsüblichen Vergleichsmiete	

3.3.2 Nutzungsentschädigung statt Miete

Eine Alternative zur Vermietung: Der Miterbe, der die Wohnung nutzt, zahlt an die anderen einen finanziellen Ausgleich, eine sogenannte »Nutzungsentschädigung« und trägt im Übrigen alle Kosten, die mit der Nutzung der Immobilie verbunden sind. Dabei kommt kein Mietverhältnis zustande. Wie diese Nutzungsentschädigung aussieht, ob jährlich ein fester Betrag zu zahlen ist, ob die Entschädigung mit anderen Teilen des Erbes verrechnet werden und natürlich wie hoch die Entschädigung ist, all das können die Mitglieder der Erbengemeinschaft selbst festlegen. Werden sie sich nicht einig, empfiehlt es sich, eine neutrale Instanz heranzuziehen, zum Beispiel eine Fachanwältin für Erbrecht oder einen Experten für Immobilien.

Der Vorteil der Nutzungsentschädigung gegenüber der Vermietung: Sie ist flexibler. Sie sind frei zu vereinbaren, was Ihnen als Ausgleich angemessen erscheint. An mietrechtliche Vorgaben sind Sie nicht gebunden. Allerdings liegt darin auch eine gewisse Gefahr. Denn womöglich lassen Sie sich bei der Vereinbarung übervorteilen und verzichten auf berechtigte Ansprüche. Daher sollten Sie sich beraten lassen, ehe Sie sich auf so eine Regelung einlassen. Mehr dazu im Kapitel über die Erbengemeinschaft, dem fünften Kapitel.

Noch eines: Es ist gar nicht selten, dass der Miterbe, der die Wohnung nutzt, sie als Alleineigentümer übernehmen möchte. Nun kann so eine »Erbauseinandersetzung« eine Weile dauern. Für die Dauer, da der Betreffende noch nicht alleiniger Eigentümer ist, können die Miterben eine Nutzungsentschädigung verlangen.

Achtung: Nutzungsentschädigung gilt nicht rückwirkend!

Eine Nutzungsentschädigung kann nicht rückwirkend geltend gemacht werden. Solange die Erbengemeinschaft es duldet, dass ein Miterbe die Immobilie unentgeltlich nutzt, steht ihr keine Nutzungsentschädigung zu. Erst wenn sie die einfordert, kann sie ab diesem Zeitpunkt ihre Ansprüche geltend machen.

Wie hoch sollte die Nutzungspauschale sein?

Ob eine Nutzungspauschale angemessen ist, hängt von vielen Faktoren ab. Ein brauchbarer Ausgangswert ist die Kaltmiete (die Nebenkosten muss der Betreffende ohnehin selbst tragen, sie fallen aber nicht unter die Nutzungspauschale). Was da üblich ist, erfahren Sie aus dem örtlichen Mietspiegel. Von diesem Wert können Sie mehr oder weniger stark nach oben oder nach unten abweichen, je nachdem, wie sich der Fall darstellt.

In der Regel liegt die Nutzungspauschale unter der Kaltmiete. Der Miterbe soll belohnt werden, dass er die Immobilie übernimmt, die auf diese Weise »in der Familie bleibt«. Auch muss sich die Erbengemeinschaft nicht um Mietersuche und Vermietung kümmern. Das Objekt steht nicht leer. Häufig hat sich der Miterbe auch besonders um die Immobilie gekümmert, sie hergerichtet oder modernisiert. Und schließlich ist bei der Berechnung der Nutzungspauschale noch zu berücksichtigen, dass der Anteil des Miterben herausgerechnet werden muss. Die Miete würde er auf das Konto der Erbengemeinschaft überweisen. Die Nutzungspauschale geht an die anderen Miterben.

3.3.3 Wenn ein Angehöriger mietfrei das Objekt bewohnt

Auch das kommt vor: Sie erben eine Immobilie, die Sie vermieten möchten. Doch sie wird bereits von einem Angehörigen bewohnt, der nur eine geringe oder gar keine Miete zahlt. Was ist da zu tun? Als Erbe und neuer Eigentümer dürfen Sie eine angemessene, »ortsübliche« Miete (siehe Kapitel 6.6.1) verlangen. Auch wenn der Bewohner selbst Mitglied der Erbengemeinschaft ist (siehe Kapitel 5.2.4), kann er sich nicht völlig querstellen und jede Mietzahlung verweigern.

Denn die Vermietung gehört zur »ordnungsgemäßen Verwaltung des Erbes«, was so viel heißt wie: Ein einfacher Mehrheitsbeschluss der Erbengemeinschaft reicht aus, um die Miete auf ein angemessenes Niveau anzuheben (siehe Kapitel 5.2.4). Weigert sich Ihr Miterbe zu zahlen, ist sogar die Kündigung möglich.

3.4 Sie verkaufen

Die dritte Möglichkeit: Sie veräußern die Immobilie. Das bietet sich an, wenn Sie zu mehreren erben oder das Geld gebraucht wird, um die Verbindlichkeiten auszugleichen, die Ansprüche aus den Vermächtnissen zu erfüllen oder die Erbschaftssteuer zu begleichen. Weitere Gründe, die für einen Verkauf sprechen: Das Objekt steht leer (und erzielt deshalb einen höheren Preis), es befindet sich in einer anderen Stadt (und lässt sich deshalb nur mit hohem Aufwand verwalten), Sie haben keine emotionale Beziehung zu dem Objekt und können sich daher leicht davon trennen.

Geht es hingegen um das eigene Elternhaus, fällt vielen der Verkauf schwer. Denn sie möchten es nicht »aufgeben«. Die Vorstellung empfinden sie als belastend, dass ihr altes Zuhause anderen gehören soll und sie es nun »verlieren« sollen. Solche Gefühle sollte man nicht einfach wegwischen. Aber es stellt sich schon die Frage, welche Schlussfolgerungen Sie daraus ziehen sollen. Das Haus halten – auch wenn Sie (oder Ihre Miterben) sich nicht darum kümmern können? Das Haus ließe sich kaum in einem guten Zustand erhalten. Und das wäre gewiss schmerzlicher, als sich von ihm zu trennen.

3.4.1 Gründe abwägen

Es ist sinnvoll, die Argumente, die für oder gegen einen Verkauf sprechen, gegeneinander abzuwägen. Das ist eine sehr persönliche Sache, für die Sie sich ausreichend Zeit nehmen sollten. Erben Sie zu mehreren, müssen Sie sich darüber hinaus noch abstimmen: ob verkauft wird, zu welchem Preis das Objekt angeboten wird, ob ein Makler den Verkauf übernehmen soll und manches mehr. Manchmal braucht der Abstimmungsprozess seine Zeit, manchmal braucht er auch einen Vermittler, doch an den grundsätzlichen Fragen ändert das wenig. Sie sollten die folgenden Punkte klären:

- Erben Sie zu mehreren und haben ganz unterschiedliche Vorstellungen, die sich nicht verbinden lassen? Dann ist ein Verkauf vielleicht die Lösung, die am wenigsten Schaden anrichtet. Denn jeder erhält seinen Geldbetrag, über den er frei verfügen kann. Wenn Sie nicht verkaufen, sind Sie blockiert. Keiner bekommt irgendetwas. Die Immobilie verliert an Wert.
- Was sind die Alternativen? Wollen Sie die Immobilie wirklich übernehmen und dort einziehen? Wollen Sie die Immobilie wirklich vermieten? Oder ist einer Ihrer Miterben dafür geeignet? Lautet Ihre Antwort in allen drei Fällen »nein«, spricht sehr viel für einen Verkauf.
- Verkaufen um jeden Preis ist auch keine gute Option. Überlegen Sie: Wie viel müssten Sie bei einem Verkauf erlösen, damit Sie zufrieden sind? Wann würden Sie das Objekt noch halten oder auch vermieten? Kommt Ihr knauseriger Miterbe, der für das Objekt nur wenig zahlen will, vielleicht doch noch zum Zug?
- Immobilienbesitz gilt als Schutz gegen Inflation und stabiler Sachwert. Doch trifft das in Ihrem Fall überhaupt zu? Müssen Sie nicht Investitionen tätigen (vor allem in Richtung Heizung und Energie), die Ihre Mittel und Möglichkeiten übersteigen?

Wenn Sie die Immobilie verkaufen, fließen Ihnen liquide Mittel zu, die sonst gebunden wären. Die können Sie ganz nach Ihren Wünschen einsetzen – vielleicht auch eine andere Immobilie erwerben, die Ihren eigenen Vorstellungen und Wünschen eher entspricht. Auf der anderen Seite können Sie entspannt sein und abwarten, wenn Sie nicht darauf angewiesen sind, dass Ihnen in nächster Zeit Geld zufließt. Zwar geht es auch dann darum zu beurteilen, ob sich eine günstige Gelegenheit ergibt, die Immobilie zu veräußern oder ob es sinnvoller ist, noch abzuwarten. Doch das Privileg besteht gerade darin: Dass Sie abwarten können, wie sich die Preise entwickeln und ob es aussichtsreich ist, mit dem Verkauf noch zu warten. Haben Sie dieses finanzielle Polster nicht, könnten Sie gezwungen sein zu verkaufen.

3.4.2 Die Immobilie bewerten

Bevor Sie verkaufen, sollten Sie wissen, wie viel Ihre Immobilie wert ist. Was könnte dafür besser geeignet sein als ein Wertgutachten (siehe Kapitel 1.2.4)? Tatsächlich müssen Sie ein Wertgutachten erstellen, wenn ein Pflichtteilberechtigter das verlangt. Sinnvoll ist es außerdem, wenn ein Miterbe die Immobilie als Alleineigentümer übernehmen möchte. Dann soll das Objekt ja nicht anderen zum Kauf angeboten werden, und Sie müssen einen möglichst »objektiven« Preis festlegen.

Wollen Sie die Immobilie jedoch frei veräußern, ist ein Wertgutachten überflüssig, ja es ist nicht einmal sinnvoll. Denn es kostet eine Kleinigkeit. Außerdem kann es eine Weile dauern, bis es der Gutachter erstellt hat. Und schließlich brauchen Sie gar keinen penibel berechneten »Wert«, der im Zweifel gerichtsfest ist, sondern einen »Marktpreis«, zum dem Sie das Objekt anbieten können.

Einen solchen Marktpreis erfahren Sie eher von einem qualifizierten Makler, den Sie mit dem Verkauf der Immobilie beauftragen (siehe Kapitel 3.6). Oder aber Sie nehmen den Verkauf selbst in die Hand und schauen sich an, welche vergleichbaren Objekte in Ihrer Region zu welchem Preis angeboten werden. Gehören Sie einer Erbengemeinschaft an, sollten Sie sich eng mit Ihren Miterben abstimmen. Sonst sind Streitigkeiten vorprogrammiert, weil jemand der Ansicht ist, dass Sie das Objekt zu billig (= es wird sofort verkauft) oder zu teuer (= niemand zeigt Interesse) anbieten. Auch sollten Sie den Aufwand nicht unterschätzen, der mit dem Verkauf einer Immobilie verbunden ist.

3.5 Verkauf in Eigenregie

Das stärkste Argument, die Immobilie ohne Makler, in Eigenregie zu verkaufen: Sie sparen sich die Maklergebühr. Und Ihr Käufer spart sie sich auch. Das ist schnell mal eine fünfstellige Summe. Um diesen Betrag könnten Sie Ihr Objekt teurer anbieten. Wenn wir unterstellen, dass der Käufer ein bestimmtes Limit einplant, das er nicht überschreiten wird. Und dieses Limit möchten Sie möglichst ausschöpfen. Was der Käufer nicht an den Makler zahlen muss, das könnte doch auf Ihrem Konto landen. So die Theorie. In der Praxis sieht es dann doch häufig anders aus.

Viele unterschätzen den Aufwand, der mit dem Verkauf einer Immobilie verbunden ist. Gar nicht zu reden von der emotionalen Belastung, der Unsicherheit und dem Stress, den so ein Verkauf mit sich bringen kann. Vor allem wenn Sie einen persönlichen Bezug zu dem Objekt haben. Das muss gar nicht das oft erwähnte Elternhaus sein, es kann einem auch nahegehen, die Wohnung der Tante zu verkaufen. Es kommen jedoch noch viele andere Dinge hinzu, die einem routinierten Makler leicht von der Hand gehen, mit denen sich Erben jedoch manchmal schwertun. Und doch kommt es ganz auf Ihren besonderen Fall an. Es kann durchaus gelingen, die geerbte Immobilie »von privat« erfolgreich zu verkaufen. Vor allem wenn Sie planmäßig vorgehen und ein gewisses Maß an verkäuferischem Geschick mitbringen.

3.5.1 Exposé erstellen und Anzeigen schalten

Ein Makler erstellt für das Objekt ein Exposé, das ist eine Art Verkaufsprospekt, in dem die wichtigsten Angaben zusammengefasst sind, in dem sich ansprechende und aussagekräftige Fotos finden, nach Möglichkeit der Grundriss oder ein Lageplan. Welcher Aufwand getrieben wird, das ist abhängig von der Art und der Größe des Objekts. Doch sind ansprechende Fotos auch bei kleinen Apartments nicht von Nachteil. Dabei sollte mindestens eine Ansicht der Innenräume dabei sein. Und nach Möglichkeit eine von außen.

Wenn Sie nicht selbst der begabteste Fotograf sind, so kennen Sie vielleicht jemanden, der Sie da unterstützen kann. Gute Bilder lohnen sich, auch aussagekräftige Details wie eine schöne Tür oder eine moderne Küche. Sie sorgen zumindest für eine höhere Nachfrage. Erweist sich das Objekt jedoch in der Realität als weit weniger ansprechend, dürften Sie nur schwer einen Käufer finden.

Immobilienanzeigen werden heute in der Regel online geschaltet, auf Portalen wie Immobilienscout24, Immonet, Immowelt. Dann gibt es noch weitere wie www.ohne-makler.net und www.null-provision.de, die Immobilien vorbehalten sind, die provisionsfrei verkauft werden. Da Sie genau das anbieten, kann es sich lohnen, Ihre Anzeige auch hier zu platzieren. Denn Interessenten, die hier nachschauen, suchen gezielt nach solchen Objekten.

Eine gute Ergänzung können auch kurze Videos sein, die Sie mit Ihrem Smartphone erstellen können. Eine Minibesichtigung, die einen Eindruck von den räumlichen Verhältnissen geben und Lust machen soll, sich das Ganze im Original anzuschauen. Und natürlich gehören auch die Angaben aus dem Energieausweis (siehe 2.2.6) sowohl ins Exposé wie auch in die Anzeige.

3.5.2 Besichtigung organisieren

Wer eine Immobilie kauft, will sie in aller Regel in Augenschein nehmen, manchmal auch mehrmals. Manche Interessenten kommen mit Begleitpersonen, vermeintliche oder tatsächliche Fachleute, die kritische Fragen stellen und die notorischen Schwachstellen genauer unter die Lupe nehmen sollen. Davon sollten Sie sich nicht in Verlegenheit bringen lassen. Worauf es ankommt: Dass Sie die wichtigsten Fragen beantworten und über die kritischen Punkte Auskunft geben können. Das betrifft Besonderheiten der Immobilie, aber auch die Energiebilanz, Feuchtigkeit im Keller, die Dämmung, die Elektroinstallationen und die Heizung. Können Sie eine Frage nicht beantworten, bleiben Sie gelassen und kündigen Sie an, die Antwort umgehend nachzuliefern.

Ihnen sollte klar sein: Manche versuchen den Preis zu drücken, indem sie die Mängel und Unzulänglichkeiten herausstellen. Auch wenn die eigentlichen Preisverhandlungen noch bevorstehen, bleibt so eine taktische Stimmungstrübung oft nicht ohne Wirkung. Sie können dem aber entgegenwirken, indem Sie von vornherein durchblicken lassen, dass noch andere Interessenten im Spiel sind. Besser noch: Legen Sie die Besichtigungstermine so, dass Sie mindestens zwei Interessenten aufeinander folgen lassen. Dabei sollten Sie so einrichten, dass die nachfolgenden Interessenten zumindest ein bisschen warten müssen. Ungünstig ist es hingegen, wenn Sie mehreren Interessenten gleichzeitig das Objekt zeigen. Und nur für den Fall, dass Sie es schon vergessen haben: Den Energieausweis müssen Sie bei der Besichtigung auslegen.

3.5.3 Verkaufsverhandlungen

Sie glauben, Sie haben bereits einen Käufer gefunden. Doch der entscheidende Part kommt erst noch: Sie müssen Verkaufsverhandlungen führen. In erster Linie geht es dabei um den Preis, aber nicht nur. Verhandlungsexperten verwenden gern den Ausdruck »den Kuchen größer machen, was so viel heißt wie: Sie beziehen weitere Dinge mit ein, um Ihrem Verhandlungspartner entgegenzukommen oder um ihm etwas abzufordern, was nicht direkt mit Geld zu tun hat. So könnten Sie ihm beim Preis entgegenkommen, wenn er die Entrümpelung der Immobilie übernimmt. Oder umgekehrt: Sie erklären sich bereit, dem Käufer bestimmte Einrichtungsgegenstände zu überlassen.

Es empfiehlt sich, dass Sie sich sorgfältig auf die Verhandlungen vorbereiten. So sollten Sie vorher festlegen, was Ihr »Zielpreis« ist und wo Ihre »Schmerzgrenze« liegt, die Sie nicht unterschreiten. Dabei hängt sehr viel von dem Objekt ab und wie begehrt es ist. Sind zwei oder mehr ernsthafte Interessenten im Spiel, werden Sie womöglich gar keine Preisverhandlungen führen müssen. Sondern womöglich Nachforderungen stellen können. Auch darauf sollten Sie vorbereitet sein. Solche Nachforderungen sollten moderat sein, sie müssen gut begründet werden und auf soliden Füßen stehen. Sonst stehen Sie womöglich am Ende mit leeren Händen da.

Verkaufsverhandlungen haben sehr viel mit Psychologie und Erfahrung zu tun. Dabei fahren Sie am besten, wenn Sie sich an den Grundsatz halten: Keine Tricks. Eine Immobilienkauf ist immer eine Vertrauenssache. Und Ihre Vertrauenswürdigkeit sollten Sie niemals aufs Spiel setzen. Das gilt auch für den eben erwähnten Fall, dass Sie eine Nachforderung stellen möchten, weil Ihr Objekt so begehrt ist. Gerade dann sollten Sie es offen aussprechen: Es gibt drei Interessenten, die das Objekt kaufen möchten. Unter denen müssen Sie eine Entscheidung treffen. Womöglich müssen Sie gar nicht nachfragen, ob noch »Spielraum nach oben« besteht, sondern Ihre Kandidaten erhöhen von sich aus Ihr Gebot. Allerdings können Sie so ein Manöver nicht allzu oft wiederholen, um nicht zu sagen: Wenn nicht gerade ein Überbietungswettkampf einsetzt, sollten Sie es bei der einen Runde bewenden lassen.

Verhandlungsvorteil für die Erbengemeinschaft

Das große Handicap der Erbengemeinschaft: Alle Entscheidungen müssen einstimmig fallen. Das kann sich lähmend auswirken. Doch bei Verkaufsverhandlungen kann das auch ein Vorteil sein. Denn jedes Entgegenkommen müssen Sie erst noch mit Ihren Miterben abstimmen. Genau das verhindert aber, dass Sie sich in Grund und Boden verhandeln lassen und Zugeständnisse machen, die Sie später bereuen. Als Mitglied einer Erbengemeinschaft können Sie immer darauf hinweisen, dass ein Miterbe sich querstellt. Das stärkt häufig Ihre Verhandlungsposition.

Zur Vorbereitung gehört auch, dass Sie Ihre Schmerzgrenze im Voraus festlegen und sich daran halten. Zunächst einmal. Denn natürlich ist es denkbar, dass Sie den Preis Ihrer Immobilie zu hoch angesetzt haben und auch Ihre Schmerzgrenze jenseits dessen liegt, was jemand dafür bezahlt. So etwas wird einem erst im Nachhinein bewusst, wenn die Verhandlung bereits gelaufen ist und man sich umhört.

Für diesen Fall könnten Sie sich zumindest ein Hintertürchen offenhalten. Das heißt: Keine Zugeständnisse unterhalb Ihrer Schmerzgrenze. Aber Sie beenden die Preisverhandlung, indem Sie ein »letztes Gebot« abfragen. Sie weisen darauf hin, dass dies weniger ist, als Sie sich vorgestellt haben. Doch können Sie sich etwas Bedenkzeit erbitten. Vielleicht möchten Sie auch noch mal mit jemandem darüber sprechen. In ein, zwei Tagen geben Sie Bescheid. Mit etwas Abstand werden Sie das »letzte Gebot« besser beurteilen können.

Es geht darum, dem psychologischen Druck zu widerstehen, eine Einigung um jeden Preis herbeizuführen. Das gilt im Übrigen auch, wenn Ihr Gegenüber ganz am Schluss der Verhandlung noch ein, zwei Forderungen nachschiebt. Ein alter Verhandlungstrick, auf den Sie nicht reinfallen sollten. Weisen Sie die Forderungen zurück. Oder stellen Sie Ihrerseits Gegenforderungen.

3.5.4 Der Notartermin

Ein Immobilienverkauf muss notariell beurkundet werden. Häufig ist es der Käufer, der den Notar aussucht. Denn im Allgemeinen übernimmt er auch die Kosten für den Notar. Allerdings gibt es hierüber keine Vorgaben. Und es ist sicher ein Vorteil, wenn Sie bei Bedarf ebenfalls einen Notar vorschlagen können. Bevor Sie den Notartermin vereinbaren, sollten alle Punkte geklärt sein. Es wäre befremdlich, beim Notar über offene Fragen zu verhandeln. Was eher schon mal vorkommt: Dass eine Seite noch Korrekturen verlangt. Gänzlich verhindern lässt sich das nicht, aber die Wahrscheinlichkeit können Sie senken, wenn Sie alles besprochen haben und der Vertragsentwurf beiden Parteien vorher zugegangen ist – was auch üblich ist. Wer Änderungswünsche hat, sollte sie umgehend mitteilen. Wenn die Gegenseite einverstanden ist, wird der Vertrag entsprechend korrigiert.

Fast immer ist der Notartermin eine reine Formsache. Und doch sollten Sie wissen: Solange der Kaufvertrag beim Notar nicht beurkundet wurde, kann das ganze Geschäft noch scheitern. Es kommt zwar äußerst selten vor, aber hin und wieder versucht eine Seite das für sich auszunutzen und stellt Nachforderungen. Werden die nicht erfüllt, droht der Vertrag zu platzen. Auf solche Eventualitäten sollten Sie vorbereitet sein. Der Notar muss dann bezahlt werden, in der Regel von der Partei, die ihn beauftragt hat.

Ausweis nicht vergessen!

Damit der Vertrag zustande kommt, müssen Sie sich gegenüber dem Notar ausweisen. Hat eine Partei den Ausweis vergessen, kann der Vertrag nicht beurkundet werden. Der Termin muss noch einmal angesetzt werden. Denken Sie also an den Ausweis und erinnern Sie auch den Käufer an seine Ausweispflicht.

3.5.5 Checkliste: Was muss der Notar wissen?

DIGITALE EXTRAS

Checkliste: Was muss der Notar wissen?	Käufer	Notar
Kaufpreis		
Genaue Bezeichnung des Objekts: Art der Immobilie, Anschrift, Stockwerk, Wohnungsnummer, Angaben zum Grundstück: Gemarkung, Flur, Flurstück		
Angaben zu den Vertragsparteien: Name, Anschrift, Geburtsdatum und Familienstand		
Art der Zahlung: z. B. Teilbeträge an Kreditgeber, Überweisung auf Notaranderkonto		
Angaben zu den Konten, über die die Zahlung abgewickelt werden soll: IBAN und BIC		
Zahlungstermin: In der Regel wird die Zahlung fällig, sobald die Auflassungsvormerkung im Grundbuch vorliegt		
Grundbuchauszug und Teilungserklärung (bei Wohneigentum)		
Angaben zur Hausverwaltung und Höhe des Wohngelds (bei Wohneigentum)		
Grundschuld: Will der Käufer eine Grundschuld eintragen lassen?		

DIGITALE EXTRAS

Checkliste: Was muss der Notar wissen?	Käufer	Notar
Haftung: Bei Gebrauchtimmobilien ist es üblich, die Haftung auszuschließen.		
Bezugstermin: Soll ein bestimmter Bezugstermin verbindlich festgeschrieben werden? Ansonsten darf der Käufer erst nach Zahlung des Kaufpreises über das Objekt verfügen		
Mögliche Vertragsstrafen: Werden bestimmte Zusagen nicht eingehalten (z. B. Bezugstermin), können Strafzahlungen vereinbart werden		
Vollstreckungsunterwerfung: Damit sichern Sie sich das Recht, direkt auf das Vermögen des Käufers zuzugreifen, wenn er nicht zahlt		

Ein Wort noch zur Vollstreckungsunterwerfung: Die muss im Kaufvertrag individuell vereinbart werden. Doch ist diese Klausel weithin üblich. Damit sichern Sie sich dagegen ab, dass der Käufer den Kaufpreis schuldig bleibt – und womöglich schon in dem Objekt wohnt, weil Sie einen früheren Bezugstermin zugesichert haben. Sind noch Dinge unklar, fragen Sie beim Notar nach, nach Möglichkeit vor dem Notartermin.

Wann wird der Kaufpreis fällig?

Zu den vielen Unwägbarkeiten beim Verkauf einer Immobilie gehört auch die Frage, wann das Geld auf Ihrem Konto eingehen muss. Dies ist abhängig von der Geschwindigkeit oder vielmehr der notorischen Überlastung der Verwaltung. Erst wenn die sogenannte »Auflassungsvormerkung« für das Grundbuch vorliegt, eine vorläufige Eintragung im Grundbuch, wird der Kaufpreis fällig. Sobald der Käufer gezahlt hat, melden Sie das dem Notar. Dann erst wird der Käufer als neuer Eigentümer im Grundbuch eingetragen. Das ist jedoch eine Formalität. Über das Objekt kann er bereits vorher verfügen – nämlich nach Zahlung des Kaufpreises. Dann sind auch alle Schlüssel auszuhändigen.

3.6 Verkauf über einen Makler

Wir haben es angedeutet: Gerade bei geerbten Immobilien ist der Verkauf über einen Makler eine Möglichkeit, die Sie zumindest in Betracht ziehen sollten. Auch wenn wir diesen Abschnitt mit einem großen »Aber« versehen müssen. Denn Immobilienmakler ist keine geschützte Berufsbezeichnung. Es darf sich jeder so nennen, dem es gelingt, ein entsprechendes Schild vor seiner Bürotür festzuschrauben. Daher gibt es einige Anbieter, deren Qualifikation nicht über jeden Zweifel erhaben ist und die den Ruf der Branche etwas ramponiert haben.

Für Sie heißt das: Seien Sie wählerisch, achten Sie auf Qualität, Referenzen und Bewertungen. Es gibt Makler, die über viele Jahre im Markt tätig und erfolgreich sind – vermutlich keine schlechte Wahl. Doch achten Sie darauf, ob Ihre Immobilie überhaupt zum Makler passt. Vermittelt der nämlich vor allem exklusive Objekte, ist Ihre Drei-Zimmer-Wohnung aus den 1960er-Jahren bei einem bodenständigeren Vertreter der Zunft womöglich besser aufgehoben. Außerdem sollten Sie im Blick behalten: Es gibt auch junge, engagierte Maklerinnen und Makler, die mit großem Einsatz für Sie tätig werden. Ganz einfach, weil sie den Ruf erst noch erwerben müssen, den ein etabliertes Unternehmen über Jahre und Jahrzehnte aufgebaut hat.

Was außerdem gegen einen Makler spricht: Die Maklerprovision. Zwar ist sie »frei verhandelbar«, als Orientierungsmarke können 7 Prozent des Kaufpreises gelten. Dabei wird die Provision zwischen Käufer und Verkäufer meist zur Hälfte geteilt, sodass bei 7 Prozent jeder 3,5 Prozent übernehmen muss. Diese Regelung gilt nun auch für die Bundesländer Berlin, Brandenburg, Bremen, Hamburg und Hessen, in denen früher die Käufer die Provision komplett übernehmen mussten. Doch seit dem 23. Dezember 2020 ist das Gesetz über die »Verteilung der Maklerkosten bei der Vermittlung von Kaufverträgen über Wohnungen und Einfamilienhäuser« in Kraft (zu finden in §§ 656a bis 656d BGB). Dort ist auch festgelegt, dass ein Maklervertrag schriftlich geschlossen werden muss. Die berüchtigten »Handschlagvereinbarungen« oder mündlich geschlossenen Verträge sind nun nicht mehr möglich. Seriös waren sie ohnehin nie.

Erkundigen Sie sich gleich zu Anfang nach der Höhe der Provision. Und wie sie aufgeteilt werden soll. Denn natürlich spielt auch die Provision eine Rolle, die der Käufer zahlt. Die darf im Übrigen nach dem erwähnten Gesetz nicht höher sein als die Provision, die Sie als Verkäufer aufbringen. Über die Höhe können Sie verhandeln. Bei einem sehr attraktiven und hochpreisigen Objekt sollten Sie den Satz reduzieren können. Der gilt dann aber auch für den Käufer. Fällig wird die Provision in der Regel zwei Wochen nach Unterzeichnung des Kaufvertrags. Doch auch da fragen Sie zur Sicherheit noch einmal nach, wenn Sie mit dem Makler in Kontakt treten.

Wie hoch ist die Maklerprovision?			
Kaufpreis	3 Prozent Provision	3,5 Prozent Provision	7 Prozent Provision
150.000 EUR	4.500 EUR	5.250 EUR	10.500 EUR
200.000 EUR	6.000 EUR	7.000 EUR	14.000 EUR
350.000 EUR	10.500 EUR	12.250 EUR	24.500 EUR
500.000 EUR	15.000 EUR	17.500 EUR	35.000 EUR
750.000 EUR	22.500 EUR	26.250 EUR	52.500 EUR
1.000.000 EUR	30.000 EUR	35.000 EUR	70.000 EUR

Noch eine Anmerkung zur Provision: Das Gesetz gilt für den Verkauf von Eigentumswohnungen und Einfamilienhäusern. Bei Baugrundstücken, Mehrfamilienhäusern und Gebäuden mit gemischter Nutzung kann davon abgewichen werden. Fragen Sie den Makler, welche Konditionen gelten.

3.6.1 Ein kompetenter Makler schont Ihre Nerven

Wer eine Immobilie geerbt hat, sieht sich oft gar nicht in der Lage, das Objekt in Eigenregie zu verkaufen. Nicht nur weil man emotional verstrickt ist, sondern auch weil schlicht das Fachwissen fehlt, über das Objekt, aber auch über den Verkaufsprozess. Viele kommen schnell an ihre Grenzen, wenn kritische Nachfragen kommen oder das Haus, dem man sich so verbunden fühlt, runtergemacht wird.

Hier kann ein Makler stark entlasten. Nicht nur weil er Ihnen den Papierkram abnimmt, Anzeigen schaltet und den gesamten Verkaufsprozess organisiert. Ein Makler schont vor allem Ihre Nerven. Er sorgt dafür, dass Sie keine bösen Überraschungen erleben, Interessenten kompetent betreut werden und Sie für Ihre Immobilie einen marktgerechten Preis erhalten. Den zu bestimmen, ist bei weitem nicht so einfach, wie sich das viele vorstellen. Sie meinen: Immobilien sind gefragt. Aber was heißt das genau für mein Objekt? Wie bewerte ich seine Ausstattung, die Lage, den Schnitt der Räume? Wie wirkt sich das auf den Preis aus, wenn die Fenster undicht sind oder der Keller feucht? Wie soll das jemand beurteilen, der noch nie eine Wohnung verkauft hat?

Wer sich nicht so sicher ist, der kann nur schwer Preisverhandlungen führen. Ein guter Makler bringt hier seine ganze Routine mit. Darüber hinaus stärkt es Ihre Verhandlungsposition, wenn Sie sich vertreten lassen. Das bewahrt Sie vor unbedachten Zugeständnissen und verhindert gleichzeitig, dass Sie Kaufwillige vor den Kopf stoßen.

Und schließlich hilft ein Makler, wenn mehrere Personen am Verkauf beteiligt sind wie bei einer Erbengemeinschaft. Da gibt es häufig Vorbehalte und sehr unterschiedliche Vorstellungen darüber, wie die Immobilie verkauft werden soll, zu welchem Preis, wann und an wen. Ein erfahrener Makler kann als neutrale Instanz vermitteln und beraten.

3.6.2 Optimale Betreuung nur bei »qualifiziertem Alleinauftrag«

Es gibt unterschiedliche Aufträge, die Sie einem Makler erteilen können. Die unterste Stufe ist der »einfache Maklervertrag« oder »Allgemeinauftrag«. Dabei erteilen Sie dem Makler nur die Erlaubnis, Ihre Immobilie anzubieten. Mehr nicht. Wenn es ihm gelingt, einen Käufer zu finden, hat er Anspruch auf die Provision. Sonst nicht.

Das klingt erst einmal nach einem guten Geschäft. Der Makler wird nur bezahlt, wenn er liefert. Sonst verpflichten Sie sich zu nichts. Tatsächlich kann das auch gutgehen. Sie finden keinen Käufer, aber der Makler zaubert einen Interessenten aus seinem Kundenverzeichnis. Und der greift zu. Doch sollten Sie sich keine Illusionen machen: Ein guter Makler wird sich nur dann für Sie engagieren und ein ansprechendes Exposé erstellen, wenn Sie ihm einen »qualifizierten Alleinauftrag« erteilen. Dann läuft alles über diesen Makler. Egal, wer kauft, der Makler hat Anspruch auf die Provision. Das erscheint zunächst eher nachteilig. Doch wenn Sie sich an die Stelle eines kompetenten Maklers versetzen, verschiebt sich vielleicht Ihr Urteil. Denn es lohnt sich erst bei einem qualifizierten Alleinauftrag, das volle Programm zu fahren, auf eigene Kosten Anzeigen zu schalten und die Interessenten durch die Räumlichkeiten zu führen.

In diesem Zusammenhang müssen wir noch einmal unterscheiden zwischen »Alleinauftrag« und dem »qualifiziertem Alleinauftrag«. Bei ersterem ist der Makler zwar der einzige Makler, der tätig werden darf, aber wenn Sie selbst einen Käufer finden, geht der Makler leer aus. Was erst wie eine schlaue Vereinbarung wirkt, erweist sich als Nachteil, wenn Sie möchten, dass sich der Makler maximal für Sie engagiert. Aber es stimmt schon: Sie sollten sich nicht einfach einem Makler ausliefern, egal, welchen Ruf er genießt oder wie gut seine Bewertungen sind. Stattdessen empfiehlt es sich, den »qualifizierten Alleinauftrag« zu befristen. Mit der Option auf Verlängerung. Doch wenn sich da zu wenig tut, müssen Sie sich um Alternativen kümmern, einen anderen Makler beauftragen oder selbst tätig werden.

3.6.3 Sie bleiben in der Verantwortung

Der Makler kümmert sich um die Interessenten, übernimmt die Anzeigen, die Besichtigungen und berät Sie. Dabei bleiben Sie in der Verantwortung. Sie wählen aus und entscheiden, ob und mit wem ein Kaufvertrag zustande kommt. Was auch bedeuten kann: Ein Käufer ist gefunden, der Kaufpreis ist fixiert, alle sind bereit, den Kaufvertrag zu unterzeichnen – nur die eine Angehörige der Erbengemeinschaft hat noch letzte Bedenken. Wenn Sie die ihr nicht ausreden können, kommt kein Kaufvertrag zustande. Völlig unabhängig, ob die Miterbin die Hälfte der Erbschaft beanspruchen kann oder nur ein Zwanzigstel.

Zum Notartermin erscheinen Käufer und Verkäufer in der Regel persönlich (Ausweis nicht vergessen!). Sind Sie verhindert, können Sie sich auch vom Makler vertreten lassen. Dazu braucht der aber eine notariell beglaubigte Vollmacht. Eine weitere Möglichkeit besteht darin, dass Sie der Makler ohne eine solche Vollmacht vertritt und Sie den Vertrag später bei einem zweiten Notartermin unterzeichnen. Eine solche »Nachgenehmigung« kommt in Betracht, wenn Sie beispielsweise in einer anderen Stadt wohnen und nicht eigens zum Notartermin anreisen möchten. Dann können Sie Ihre

Unterschrift unter dem Vertrag bei einem Notar an Ihrem Wohnort beglaubigen lassen. Beachten Sie, dass der Vertrag erst mit dem Nachtermin gültig wird. Und für die zusätzlichen Notarkosten müssen Sie aufkommen.

3.6.4 Makler im Auftrag einer Erbengemeinschaft

Beauftragen Sie als Erbengemeinschaft einen Makler, sind einige Besonderheiten zu beachten. Auch hier gilt wieder das Prinzip der Einstimmigkeit. Das heißt, alle Erben müssen damit einverstanden sein, dass die Immobilie verkauft und ein Makler mit dem Verkauf beauftragt wird. In aller Regel schließt der Makler einen Vertrag ab, in dem seine Rechte und Pflichten genauer bestimmt werden und der von allen Erben unterzeichnet wird. Sonst kommt der Vertrag nicht zustande.

Nun geht der Makler mit einer Erbengemeinschaft ein höheres Risiko ein, denn bei einem Verkauf müssen sich alle Erben einig sein. Daher wird er versuchen, schon vor Abschluss des Maklervertrags die unterschiedlichen Interessen und Gefühlslagen auszuloten. Auf der anderen Seite sind Erbengemeinschaften für Makler eine besonders lohnende Klientel. Aus dem einfachen Grund, weil der Makler als neutrale Instanz ins Spiel kommt, vermitteln und ausgleichen kann. Er betätigt sich als eine Art Mediator, dem es gelingt, auch einer heillos zerstrittenen Erbengemeinschaft zum Verkauf zu verhelfen. Ohne Makler wären die Erben handlungsunfähig. Die Erben brauchen den Makler. Und wenn der diplomatisch, mit dem nötigen Fingerspitzengefühl und unparteiisch den Auftrag abwickelt, haben am Ende alle etwas davon.

Wählen Sie einen Makler, der sich mit Erbengemeinschaften auskennt

Die besonderen Fähigkeiten, die im Umgang mit einer Erbengemeinschaft gefragt sind, bringt nicht jeder Makler mit. Umso wichtiger, dass Sie darauf achten, einen Makler zu beauftragen, der da gut gerüstet ist. Manche Makler wenden sich ausdrücklich an Erbengemeinschaft, was zumindest dafürspricht, dass ihnen die Dringlichkeit dieses Thema bewusst ist. Besser noch, wenn Ihnen ein Makler empfohlen wird, der in dieser Hinsicht kompetent ist.

3.7 Eine Entscheidungshilfe: Was soll ich tun?

In vielen Fällen liegt es auf der Hand, was Sie mit der Immobilie anfangen: Ob Sie selbst dort einziehen, an jemanden vermieten oder sich um einen Verkauf bemühen. Doch manchmal ist das alles andere als klar – vor allem wenn Sie zu mehreren erben. Dann prallen unterschiedliche Vorstellungen aufeinander. Oder jemand trifft für sich eine neue Entscheidung. Man war sich doch einig. Aber mit einem Mal hat sich die Einstellung geändert. Das kann durchaus auch Ihre Einstellung sein. Sie wollen nicht länger vermieten, sondern verkaufen. Oder Sie haben jetzt den Wunsch, die Immobilie für sich zu nutzen.

In diesem Zusammenhang macht es einen großen Unterschied, ob Sie alleine die Entscheidung treffen oder ob Sie sich mit Ihren Miterben abstimmen müssen. Als Alleinerbe können Sie tun und lassen, was Sie wollen. Und es kann absolut die richtige Entscheidung sein, die Immobilie erst selbst zu nutzen, dann zu vermieten und schließlich zu verkaufen. Bei einer Erbengemeinschaft sind Veränderungen hingegen häufig mit Konflikten verbunden. Sie müssen sich erklären, argumentieren und haben es mit den familieneigenen Empfindlichkeiten zu tun. Auch wenn das oftmals sehr viele Nerven kostet: Dem müssen Sie sich stellen.

Ansonsten geht es einfach darum, aus der gegenwärtigen Situation die bestmöglichen Schlussfolgerungen zu ziehen, sich mit vertrauenswürdigen Mitmenschen zu besprechen, abzuwägen und für sich eine Entscheidung zu treffen. Daher als Anregung eine kurze Zusammenstellung der Argumente für und wider:

Selbst einziehen

- Pro-Argumente: Heimkehr, Tradition, Verbundenheit, aber auch Neuanfang, Identität: ich zeige, wer ich wirklich bin, wie ich mich verändert habe.
- Kontra-Argumente: Ich lasse mich einengen, folge einem Weg, der gar nicht mein eigener ist. Ich fühle mich verpflichtet, obwohl ich eigentlich ein anderes Leben führen möchte.

Vermieten

- Pro-Argumente: Die Immobilie bleibt in meinem/ im Familienbesitz. Sachwert als Schutz gegen Inflation. Zusätzliche Einkünfte. Sinnvolle Aufgabe.
- Kontra-Argumente: Viel Aufwand, magere Rendite, Unannehmlichkeiten und Konflikte mit den Mietern.

Verkaufen

- Pro-Argumente: Liquidität. Flexibilität, Sie können selbst entscheiden, wofür Sie Ihr Geld ausgeben, womöglich auch für eine geeignetere Immobilie. Keine Verpflichtungen durch Immobilienbesitz.
- Kontra-Argumente: Wertsteigerung für Grund und Boden. Verzicht auf Sachwert. Steigende Mieten.

Diese Stichworte sollen Ihnen nur einen Anhaltspunkt geben, um die eigenen Interessen und Wünsche besser abzuschätzen. Am Ende müssen Sie selbst die Entscheidung und sich womöglich mit Ihren Miterben verständigen. Aber auch da ist es hilfreich zu wissen, was Sie für sich anstreben und welche Kompromisse Sie eingehen würden.

4 Vertragscheck: übernehmen, kündigen, nachverhandeln?

Wenn Sie eine Immobilie erben, dann übernehmen Sie damit eine Reihe von Verträgen, mit denen unterschiedliche Aspekte geregelt sind. Versicherungsverträge, Wartungsverträge, Pachtverträge, Kreditverträge, Verträge mit Handwerkern, dem Hausmeisterservice, der Hausverwaltung, Verträge über die Versorgung mit Strom, Gas und Wasser und noch manches mehr. Ist das Objekt vermietet, kommen die Mietverträge hinzu, die uns jedoch erst im sechsten Kapitel beschäftigen werden, das eigens den Mietern gewidmet ist.

4.1 Welche Verträge gibt es überhaupt?

Am Anfang steht die Bestandsaufnahme: Sie sollten klären, welche Verträge überhaupt bestehen. Vielleicht müssen Sie die Unterlagen erst noch beschaffen. Vielleicht stellen Sie fest, dass manche Verträge ungünstig sind oder gar überflüssig. Vielleicht ist ein wichtiger Vertrag auch gar nicht abgeschlossen worden. Oder er ist mittlerweile abgelaufen. Sie müssen ihn neu abschließen oder sich um Alternativen bemühen.

4.1.1 Wie erfahren Sie von den Verträgen?

Als Erbe haben Sie Anspruch darauf, Einblick zu nehmen in alle Unterlagen, die Ihre Erbschaft betrifft. Es gibt keinen selbsternannten »Hüter des Nachlasses«, der Sie daran hindern dürfte, Akten, Kontoauszüge und Dokumente zu sichten. Auch wenn das immer wieder vorkommt. Es stellt sich jedoch ganz pragmatisch die Frage, wie sinnvoll es wäre, diesen Anspruch gerichtlich durchzusetzen. Denn eigentlich haben Sie ja ein gemeinsames Interesse: Sie möchten wissen, was da an Verpflichtungen auf Sie zukommt und wie Sie mit den Verträgen umgehen. Und so erscheint es zweckmäßiger, wenn Sie anbieten, gemeinsam die Unterlagen durchzugehen, um sich einen Überblick zu verschaffen.

Allerdings sind nicht immer alle Vertragsunterlagen sauber im Aktenordner abgeheftet. Manche sind gar nicht zu finden. Sie sind sich gar nicht sicher, ob so ein Vertrag überhaupt bestanden hat. Aber möglich wäre es immerhin. In solchen Fällen gibt es zwei Quellen, die Sie sich näher ansehen sollten:

- Die Post, die an den Verstorbenen gerichtet ist, einschließlich der Schreiben, die nach seinem Ableben noch unter seiner Adresse eingehen. Verträge sind meist mit Zahlungsverpflichtungen verbunden, so dass Rechnungen, Zahlungserinnerungen und Mahnungen einen Hinweis geben, dass hier ein Vertrag besteht. Aus demselben Grund gibt auch die zweite Quelle Aufschluss, ob Verträge bestehen:

- Die Kontoauszüge. Ein Vertrag führt entweder zu Abbuchungen oder Einzahlungen.

In diesem Kapitel sehen wir uns die gebräuchlichsten Verträge an, die mit einer Immobilie zu tun haben. Wenn über einen längeren Zeitraum keine Zahlungen auftauchen, die sich einem solchen Vertrag zuordnen lassen, spricht sehr viel dafür, dass ein solcher Vertrag nicht (mehr) existiert.

4.1.2 Wie kommen Sie an die Vertragsunterlagen?

Verträge bestehen nicht nur aus Zahlungsverpflichtungen. Der interessanteste Teil sind die konkreten Vereinbarungen und Vertragsklauseln. Und wenn die sich nicht im Nachlass der Verstorbenen finden? Dann sollten Sie sie anfordern. Die Adresse des Vertragspartners lässt sich nachgooglen und die nötigen Angaben wie Vertrags- oder Kundennummer sollten auf der Rechnung stehen oder auf dem Kontoauszug.

Ihr Schreiben könnte in etwa so aussehen, wobei Sie sich nur um ein sehr allgemeines Beispiel handelt, das Sie an Ihren besonderen Fall anpassen müssen.

DIGITALE EXTRAS

Musterbrief: Bitte um Zusendung einer Kopie des Vertrags

Sehr geehrte Damen und Herren,

ich wende mich heute mit einer wichtigen Angelegenheit an Sie. Ich bin die Tochter von [Name des Verstorbenen], der mit Ihnen einen Wartungsvertrag über die Haustechnik in [Adresse] geschlossen hat. Die Vertragsnummer lautet: X-YZ-0030. Mein Vater ist am [Datum] verstorben. Als Erbin bin ich in alle Rechte und Pflichten eingetreten und bin nun auch für diesen Vertrag zuständig. Leider kann ich die entsprechenden Vertragsunterlagen im Nachlass nicht auffinden.

Ich bitte Sie daher, mir eine Kopie des Vertrags zwischen [Name des Verstorbenen] und Ihrer Firma zuzusenden. Diese Unterlagen sind für die Abwicklung des Nachlasses und die weitere Verwaltung der Immobilie unerlässlich.

Vielen Dank für Ihre Unterstützung!

Mit freundlichen Grüßen

4.1.3 Wie können Sie prüfen?

Solche Verträge sind im Allgemeinen keine besonders leichte und angenehme Lektüre. Häufig sind sie in einem umständlichen Juristendeutsch verfasst, das nur schwer verständlich ist. Da stellt sich die Frage, wie Sie die Verträge prüfen wollen. Ganz so schwierig ist das jedoch nicht. Zunächst einmal geht nur um die Basics, die der Vertrag enthält:

- Welche Leistungen sind vereinbart worden?
- Wie viel ist dafür zu bezahlen? Welche Gegenleistungen sind zu erbringen?
- Wie lange läuft der Vertrag? Ist er befristet? Oder auf unbestimmte Zeit geschlossen?
- Wie und mit welcher Frist kann er gekündigt werden?

Ausgehend von diesen vier Fragen, sollten Sie überlegen: Sind die Leistungen ausreichend? Oder ist das Paket überdimensioniert? Oder können Sie überhaupt darauf verzichten? Bei der Bezahlung geht es selbstredend darum, ob Sie die Leistungen nicht anderswo günstiger bekommen oder die Gegenleistungen zu hoch angesetzt sind.

Die Laufzeit gibt Aufschluss darüber, ob Sie den Vertrag kündigen müssen oder er von selbst endet. Dabei sollten Sie beachten, dass es bei vielen Verträgen Sonderkündigungsfristen gibt, wenn der Vertragspartner verstorben ist und ein Erbe an seine Stelle tritt. Dies gilt etwa für Versicherungsverträge, Mietverträge und Telekommunikationsverträge, die Sie nach § 46 Abs. 8 des Telekommunikationsgesetzes mit einer Frist von einem Monat zum Monatsende kündigen können. Warum es häufig sinnvoll ist, »vorsorglich« zu kündigen, wird uns gleich noch näher beschäftigen (4.2).

Stoßen Sie im Vertrag auf Formulierungen, die Ihnen erklärungsbedürftig erscheinen, so können Sie beim Vertragspartner nachfragen: Was ist damit gemeint? In den meisten Fällen wird man Ihnen diese Frage beantworten können. Und erst wenn sich bei Ihnen leise Zweifel einstellen und es Ihnen lohnend erscheint, der Sache auf den Grund zu gehen, sollten Sie anwaltlichen Rat einholen.

4.2 Verträge über Gas, Wasser, Müllabfuhr und Energieversorgung

Hier müssen Sie sich im Allgemeinen nicht tief in das Vertragswerk einarbeiten. Was in erster Linie zählt, das ist der Preis. Bei der Energieversorgung vielleicht noch, wie hoch der Anteil an erneuerbaren Energien ist. Aber da muss in den kommenden Jahren ohnehin umgerüstet werden. Und so bleibt nur der Preis übrig. Dabei ist zu vermuten, dass es sich lohnt, diesen Vertrag zu kündigen. Denn in Deutschland wechseln die Haushalte sehr selten ihren Anbieter. Sehr oft ist man Kunde bei »den Stadtwerken«.

Und man bleibt es, weil man meint: Das ist eine solide Sache. Es gibt keinen Grund zum Wechseln. Gerade unter denjenigen, die jetzt ihre Immobilien vererben, ist der Anteil der treuen Kunden besonders hoch.

Nicht überraschend daher, dass ihre Verträge nur selten richtig günstig sind. Das kann man »den Stadtwerken« (oder anderen Quasimonopolisten) nicht vorwerfen. Denn warum sollten sie ihre Preise senken, wenn ihre Kunden bereit sind, unbesehen auch höhere Tarife zu zahlen? Für Sie heißt das: Kündigen lohnt sich fast immer. Sogar wenn Sie am Ende Kunde »der Stadtwerke« bleiben, was keineswegs ausgeschlossen ist. Nach Ihrer Kündigung wird man Ihnen mit hoher Wahrscheinlichkeit einen günstigeren Tarif anbieten. Und dann können Sie ja noch mal überlegen...

Ansonsten lautet der Rat im Zeichen hoher (und vermutlich weiter steigender) Energiepreise: Vergleichen Sie! Nutzen Sie eines der vielen Vergleichsportale wie Verivox, Check24 oder die Verbraucherzentrale. In die Suchmaske geben Sie die Basisdaten ein (Lage und Größe der Wohnung, voraussichtlicher Verbrauch). Sie bekommen zahlreiche Anbieter und ihre Tarife genannt und können sehr bequem wechseln. Sie müssen sich nur beim neuen Anbieter anmelden. Und – Überraschung – nicht wenige dieser Sparangebote stammen von diversen Stadtwerken. Die können offenbar auch anders, wenn sie konkurrieren müssen.

Bei der Wasserversorgung haben Sie keine Wahl. Sie ist regional geregelt und wird vom lokal zuständigen Versorgungsunternehmen bereitgestellt. Verhandeln lässt sich da nichts. Die rechtlichen Bestimmungen finden sich in den »Allgemeinen Versorgungsbedingungen für die Versorgung mit Wasser«.

Die Abfallentsorgung liegt in der Regel ebenfalls in einer Hand, und zwar der öffentlichen Hand, in Gestalt der kommunalen Müllabfuhr. Im Unterschied zur Wasserversorgung können Sie hier aber Einfluss auf den Vertrag nehmen: Wie groß und welcher Art die Müllbehälter sind und wie oft sie geleert werden. Hier können Sie bei Bedarf nachjustieren.

4.3 Versicherungen

Auf der langen Liste der Maßnahmen, die um sich die Angehörigen nach dem Todesfall kümmern sollten, findet sich auch der Punkt: »Benachrichtigungen der Versicherungen«. Egal, ob Sie die Versicherungen kündigen oder fortsetzen möchten. Manche Versicherungen wie die private Haftpflicht, die Krankenversicherung oder die private Unfallversicherung enden mit dem Tod des Versicherten. Sie müssen nicht eigens gekündigt werden. Aber dass der Versicherte verstorben ist, muss der Versicherungsgesellschaft zeitnah gemeldet werden. Bereits gezahlte Beiträge werden dann zurückerstattet. Entweder gerechnet ab dem Todestag oder ab dem Tag, an dem die Meldung bei der Versicherung eingegangen ist.

4.3.1 Haftpflichtversicherungen

Außer der privaten Haftpflicht (die mit dem Tod endet) gibt es die Familienhaftpflicht, die Auto- und die Haus- und Grundbesitzerhaftpflicht. Bei der Familienhaftpflicht genießen die mitversicherten Personen noch Versicherungsschutz, bis der nächste Beitrag fällig wird. Als mitversichertes Familienmitglied können Sie die Versicherung dann selbst übernehmen, wenn Sie möchten.

Objektbezogene Haftpflichtversicherungen wie die Haus- und Grundbesitzerhaftpflicht, die Öltankhaftpflicht, die Autohaftpflicht oder Tierhalterhaftpflicht können Sie als Erbe entweder übernehmen oder Sie kündigen den Vertrag zum nächsten Termin, an dem die Versicherungsprämie fällig wird. Die Kündigungsfrist beträgt drei Monate. Allerding sind alle vier Versicherungen sinnvoll, wenn Sie die betreffenden Objekte (Haus, Öltank, Auto, Tier) übernehmen. In diesem Fall sollten Sie nur dann kündigen, wenn die Prämien zu hoch sind und Sie anderswo bessere Konditionen geboten bekommen.

Die Haus- und Grundbesitzerhaftpflicht kommt für alle Schäden auf, die von Ihrem ererbten Haus und Grundstück ausgehen. Zum Beispiel, wenn Passanten ausrutschen oder von einem herabstürzenden Dachziegel getroffen werden, aber auch wenn Besucher im Treppenhaus stürzen oder sonstwie zu Schaden kommen. Gegen diese Risiken sollten Sie sich absichern. Allerdings brauchen Sie die Haus- und Grundbesitzerhaftpflicht nur, wenn Sie vermieten. Bewohnen Sie selbst Ihre Immobilie, sind die erwähnten Schadensfälle in der Regel durch Ihre private Haftpflicht abgedeckt, die Sie durch eine »Gebäudehaftpflicht« aufstocken. Doch für Vermieter ist diese Versicherung Pflicht, die Sie im Übrigen als Nebenkosten auf Ihre Mieter umlegen können. Vorausgesetzt, das wurde im Mietvertrag so vereinbart (siehe Kapitel 6.3.2).

4.3.2 Wohngebäudeversicherung

Für Erben einer Immobilie ist diese Versicherung ein Muss. Bei Bränden, Blitzschlag, Rohrbruch, Gasexplosion, Schäden durch Sturm oder Hagel ersetzt die Wohngebäudeversicherung den Schaden. Allerdings sind Sie nicht gegen alle Naturgewalten abgesichert. Gebäudeschäden durch Überschwemmungen, Starkregen oder Schneemassen sind durch eine gewöhnliche Wohngebäudeversicherung nicht gedeckt. Dafür müssen Sie sich zusätzlich gegen »Elementarschäden« versichern. Das ist keine eigene Versicherung, vielmehr können Sie Ihre Wohngebäudeversicherung um diesen Schutz erweitern – was dann, je nach Lage des Hauses, deutlich mehr kostet.

Nach dem Todesfall geht die Versicherung auf die Erben über. Der Schutz bleibt zumindest bis zur nächsten Beitragszahlung bestehen. Drei Monate vor diesem Termin müssten Sie den Vertrag kündigen. Sie können die Versicherung aber auch übernehmen und nach Ihren Wünschen anpassen, also sich gegen mehr oder weniger Schadensfälle absichern. Der Versicherung müssen Sie eine Kopie des Grundbuchauszugs vorlegen, damit Sie sich als Eigentümer legitimieren. Bevor Sie kündigen, sollten Sie sich nach einer Alternative umsehen. Sonst bleibt das Gebäude womöglich eine Zeitlang ohne Schutz. Ein letzter Punkt: Besteht so eine Versicherung nicht, sollten Sie dringend eine abschließen.

Achtung, Leerstand mitteilen!

Steht das Gebäude eine Zeitlang leer, sollten Sie das der Versicherung mitteilen. Sonst riskieren Sie, den Versicherungsschutz zu verlieren. Für ein leerstehendes Gebäude wird ein höheres Versicherungsrisiko angenommen. Die Prämie wird erhöht.

4.3.3 Rechtsschutzversicherung und Vermieterrechtsschutz

Rechtsschutzversicherungen sind nicht ganz unumstritten. Manche halten sie schlicht für überflüssig. Für Erben kommt noch eine Besonderheit hinzu: Eine Rechtsschutzversicherung bezieht sich auf eine bestimmte Eigenschaft des Versicherten: Dass er einen bestimmten Beruf ausübt oder eine bestimmte Anzahl von Wohnungen vermietet. Wenn Sie die Rechtsschutzversicherung weiterlaufen lassen oder gar übernehmen, erstreckt sich der Rechtsschutz nur auf die Fälle, die Sie in der Nachfolge des Verstorbenen betreffen. Also beispielsweise als Vermieter der ererbten Immobilie. Vermieten Sie darüber hinaus noch eine Wohnung, wäre die von der Versicherung nicht erfasst.

Als Erbe können Sie jedoch auch verlangen, dass die Versicherung mit dem Tod endet. Zu viel gezahlte Beiträge müssten dann in der Regel zurückerstattet werden. Dies sollten Sie möglichst zeitnah veranlassen.

4.3.4 Hausratversicherung

Die Hausratsversicherung gehört zu den Kandidaten, die Sie mit hoher Wahrscheinlichkeit kündigen. Denn vermutlich haben Sie eine eigene Hausratversicherung. Und wenn sich Ihr Hausrat durch die Erbschaft in seinem Wert verändert, müssen Sie Ihre Versicherung informieren. Wie Sie mit der Hausratversicherung der Verstorbenen umgehen, hängt von den Regelungen ab, die im Versicherungsvertrag geschlossen wurden. Nach den »Allgemeinen Hausrat-Versicherungsbedingungen« endet das Versicherungsverhältnis zwei Monate nach dem Tod des Versicherungsnehmers. Die Jahresprämie wird anteilig zurückerstattet. Es sei denn, einer der Erben übernimmt Haus oder Wohnung samt Hausrat und möchte das Versicherungsverhältnis fortsetzen. Das muss er der Versicherung gegenüber erklären. Ob diese Bedingungen für die Hausratsversicherung gelten, müsste aus dem Versicherungsvertrag hervorgehen. Wenn Sie da nicht fündig werden oder die Vertragsklausel unverständlich ist, fragen Sie bei der Versicherung nach.

Und dann gibt es da noch den Sonderfall, der als »Voraus« bezeichnet wird (siehe Kapitel 1.1.5): Der Ehe- bzw. eingetragene Lebenspartner erbt den kompletten Hausrat allein, einschließlich der zum Haushalt gehörenden Fahrzeuge – auch wenn es noch Miterben gibt. Da es sich ohnehin um den gemeinsamen Haushalt handelt, liegt es nahe, dass der- oder diejenige die Hausratversicherung übernimmt. Aber auch hier muss die Versicherung darüber informiert werden.

4.4 Wartungs- und Handwerkerverträge

Sie gehören zu den Verträgen, in die Sie als Erbe automatisch eintreten – und zwar alle Erben: Die Wartungs- und Handwerkerverträge, die sich auf die Heizung, die Haustechnik oder andere Anlagen beziehen. Für diese Verträge gibt es in aller Regel kein Sonderkündigungsrecht. Die Kündigungsbedingungen entnehmen Sie dem Versicherungsvertrag. Darüber hinaus sollten Sie bei Ihrer Kündigung zwei Dinge beachten:

- Es müssen alle Erben den Vertrag kündigen.
- Sie müssen nachweisen, dass Sie Erbe sind (z. B. durch Erbschein, notarielles Testament, Eröffnungsprotokoll des Nachlassgerichts).

Was den Nachweis betrifft, so ist zu empfehlen, dass Sie sich mit dem Handwerks- oder Wartungsunternehmen in Verbindung setzen und nachfragen, welche Form des Nachweises für sie akzeptabel ist. Möchten Sie den Vertrag jedoch fortführen, so dürfte er vermutlich auf Sie umgeschrieben werden. Dann ist es auch möglich, dass nur ein Erbe den Vertrag fortsetzt. Und Sie können die Bedingungen neu aushandeln.

Doch wie sollen Sie entscheiden, ob es sich lohnt, einen Wartungsvertrag fortzusetzen? Dazu müssen Sie für sich zwei Dinge klären:

- Ist die Wartung überhaupt sinnvoll? Führt sie dazu, dass größere Reparaturen vermieden werden? Oder bewirkt sie nicht viel, so dass es wirtschaftlicher wäre, nur die fälligen Reparaturen durchführen zu lassen?
- Führt ein anderes Unternehmen die Wartung günstiger durch? Informieren Sie sich bei der Konkurrenz. Und wenn die weniger verlangt, können Sie das gegenüber

der Wartungsfirma ins Spiel bringen. Nicht ausgeschlossen, dass die Ihnen preislich entgegenkommt.

4.5 Hausmeisterservice und Hausverwaltung

Erben Sie eine Eigentumswohnung, so wird das Gemeinschaftseigentum in der Regel von einer Hausverwaltung betreut (mehr dazu in Kapitel 7). Außerdem gibt es in solchen Wohnanlagen auch einen Hausmeister oder vielmehr einen Hausmeisterservice, der verschiedene Tätigkeiten übernimmt. Als einzelner Eigentümer ist Ihr Einfluss zwar begrenzt, doch kann es sich lohnen, die Verträge mit der Hausverwaltung und dem Hausmeisterservice genauer unter die Lupe zu nehmen. Beide erhalten Sie in Kopie von der Hausverwaltung. Als Eigentümer steht Ihnen das Recht zu, Einblick in diese Verträge zu nehmen. Fallen Ihnen Besonderheiten, nachteilige oder schwammige Vereinbarungen auf, können Sie Ihre Miteigentümer darauf hinweisen. Ebenso falls wichtige Aspekte im Vertrag fehlen. Den laufenden Vertrag können Sie zwar nicht mehr ändern, doch für künftige Verträge könnte das eine große Hilfe sein. Dabei können Sie auch mit der aktuellen Hausverwaltung einen neuen Vertrag aufsetzen, nachdem die Eigentümergemeinschaft den alten ordnungsgemäß gekündigt hat. Laufzeit und Kündigungsfristen ergeben sich aus dem aktuellen Vertrag.

4.5.1 Worauf ist beim Verwaltervertrag zu achten?

Ein Verwaltervertrag kann auf »unbestimmte Zeit« geschlossen werden. Dann muss er »ordentlich« gekündigt werden, spätestens drei Monate vor Ablauf des Kalenderjahrs. Es ist jedoch weithin üblich, den Vertrag mit einer bestimmten Laufzeit abzuschließen, über drei bis fünf Jahre. Über diese Zeitspanne wird der Verwalter »bestellt«. Länger als fünf Jahre ist nach § 26 Abs. 2 WEG auch nicht zulässig. Bei neubegründeten Eigentümergemeinschaften sind sogar nur maximal drei Jahre erlaubt. Der Vertrag kann verlängert werden. Üblicherweise geschieht dies durch einen Beschluss der Eigentümergemeinschaft. So ist es auch in § 26 Abs. 2 WEG vorgesehen. Verträge, die eine »automatische Verlängerung« vorsehen, sind nicht so vorteilhaft und sollten Sie veranlassen, auch bei den übrigen Klauseln genauer hinzuschauen.

Häufig bleibt die Vergütung während der Laufzeit des Vertrages unverändert. Aber das muss nicht so sein. In diesem Fall sollte jedoch klar geregelt sein, wie sich die Vergütung entwickelt. Schwammige Formulierungen wie: »Die Vergütung wird jährlich angepasst« erwecken wenig Vertrauen und könnten sogar rechtswidrig sein (vgl. BayOLG, Urteil vom 23.12.2002, Az. 2Z BR 89/02).

Die Höhe der Vergütung ist ein ganz zentraler Punkt. Sie hängt von der Anzahl der Wohneinheiten ab, die zu verwalten sind, aber auch von Art, Alter und Komplexität der Wohnanlage. Es gibt »pflegeleichte« Anlagen und solche, die eine intensive Betreuung erfordern. Das schlägt sich auch in der Vergütung nieder. Dabei kommt es darauf an, dass die zusätzlichen Aufgaben und besonderen Pflichten auch vertraglich vereinbart werden. Sonst werden sie entweder gar nicht erledigt oder gesondert in Rechnung gestellt, was für die Eigentümergemeinschaft meist ungünstiger ist.

Schauen Sie sich an, welche Aufgaben im Vertrag festgehalten sind. Zu den üblichen Pflichten gehören: Einberufung, Organisation und Durchführung der Eigentümerversammlungen. Erstellen des Wirtschaftsplans und der Jahresabrechnung. Eintreiben des Hausgeldes und sonstiger Forderungen der Gemeinschaft. Beauftragen und Überwachen von Handwerkern, dem Hausmeister und anderen Dienstleistern. Verwalten der Rücklagen und der Gemeinschaftskonten. Umsetzen der Beschlüsse der Eigentümergemeinschaft. Überwachen und Durchsetzen der Hausordnung. Instandhaltung und Instandsetzung des Gemeinschaftseigentums. Abschluss und Betreuen von Versicherungen (Haftpflicht, Gebäude- und Feuerversicherung). Darüber hinaus können noch Informationspflichten vereinbart werden oder Einzelheiten über die Zusammenarbeit mit dem Beirat. Und natürlich Besonderheiten, die die spezielle Anlage betreffen. Dabei ist wichtig zu wissen, dass sich die Hausverwaltung ausschließlich um das Gemeinschaftseigentum kümmert. Mehr dazu im siebten Kapitel. Dort finden Sie auch eine Checkliste, die Ihnen helfen soll, die Qualität der Hausverwaltung einzuschätzen. Hier geht es nur darum, dass Sie auf mögliche Mängel und Ungereimtheiten im Vertrag aufmerksam werden.

4.5.2 Worauf ist beim Hausmeistervertrag zu achten?

Für den Vertrag mit dem Hausmeister bzw. Hausmeisterservice gelten ähnliche Hinweise. Nur wird dieser Vertrag in der Regel auf »unbestimmte Zeit« geschlossen. Schauen Sie sich die Vereinbarungen über die Kündigung, die Vergütung (und deren Erhöhung) näher an. Vor allem aber das Leistungsverzeichnis. Manchmal handelt es sich um bloße Standardverträge, die nur oberflächlich angepasst worden sind. Anders gesagt: Die vereinbarten Leistungen stimmen gar nicht mit den tatsächlichen Aufgaben überein. Das wirft kein gutes Licht auf den Hausmeisterservice, aber auch nicht auf die Hausverwaltung, die diesen Vertrag abgeschlossen hat.

Doch lässt sich die Sache einvernehmlich in Ordnung bringen: Beirat, Hausverwaltung und Hausmeisterservice setzen sich zusammen und erstellen ein neues Leistungsverzeichnis, das den Wünschen und der Wirklichkeit eher entspricht. Dabei können Leistungen aus dem Verzeichnis gestrichen und andere hinzugefügt werden. Und wenn sich am Ende ergibt, dass der Hausmeisterservice mehr Aufgaben übernommen hat, sollte über eine Anhebung der Vergütung gesprochen werden. Ansonsten gilt: Arbeiten, die der Hausmeisterservice zusätzlich übernimmt, müssen eigens vergütet werden. Auch das kann man manchmal sinnvoll sein – wenn es sich nämlich um Arbeiten handelt, die nur gelegentlich oder ausnahmsweise anfallen.

Für den Hausmeistervertrag für eine Eigentümergemeinschaft gilt: Es geht nur um Arbeiten, die das Gemeinschaftseigentum betreffen. Für das Sondereigentum ist der Hausmeister nicht zuständig. Das gilt für die Reinigung von Kellern, Nebenräumen und Dachböden, aber auch für Parzellen im Hof oder im Garten.

Kommunikation regeln

Für beide Verträge gilt: Es kann sinnvoll sein, Vereinbarungen über die Kommunikation zu treffen. Dazu gehört: Wann sind Hausverwaltung und Hausmeisterservice erreichbar? Darüber hinaus können »Hausmeister-Sprechstunden« oder »Berichte der Hausverwaltung« vereinbart werden. Der Bedarf an solchen Angeboten kann von Wohnanlage zu Wohnanlage jedoch sehr unterschiedlich sein.

4.6 Weitere Verträge

Es können noch weitere Verträge zu prüfen sein: Kreditverträge, Miet- und Pachtverträge oder auch einen Abonnementvertrag (ob für die Zeitung oder das Fitness-Studio). Wenn wir mit dem Abo beginnen (das unser Thema ja allenfalls am Rande berührt): Hier gibt es in aller Regel ein Sonderkündigungsrecht für den Todesfall. Sie müssen schriftlich kündigen und den Todesfall belegen. Ab wann die Kündigung wirksam wird und gezahlt wird, das ist unterschiedlich geregelt. Doch können Sie damit rechnen, dass Sie relativ zeitnah aus dem Abonnement herauskommen. Zeitungen, die noch ausgeliefert worden sind, können in Rechnung gestellt werden.

Einen Kreditvertag müssen Sie als Erbe zu den gleichen Konditionen übernehmen, zu denen er abgeschlossen wurde. Das Kreditkonto wird dann auf Ihren Namen (und dem Ihrer Miterben) umgeschrieben. Allerdings können Sie auch mit der Bank (oder einem anderen Kreditgeber) über eine Umschuldung oder Anschlussfinanzierung verhandeln. Vielleicht sind Sie auch in der Lage, den Kredit komplett zu tilgen. Gerade als Mitglied einer Erbengemeinschaft kann das sehr vorteilhaft sein. Denn gegenüber der Bank haften die Erben gesamtschuldnerisch. Das heißt, die Bank kann ihre Forderungen an die Erben richten, die ihr am zahlungsfähigsten erscheinen. Im ungünstigsten Fall: Ausschließlich an Sie. Zwar haben Sie dann einen Zahlungsanspruch an Ihre Miterben. Doch Sie ahnen schon, dass da sehr viel Ärger ins Haus stehen könnte. Den können Sie vermeiden, wenn Sie als Erbengemeinschaft auf einen Schlag die Hypothek ablösen. Auch die Bank dürfte da nicht viel dagegen einzuwenden haben.

Bei Miet- und Pachtverträgen treten Sie ebenfalls in das Vertragsverhältnis ein, beim Mietvertrag jedoch nur, wenn der Verstorbene allein gelebt hat oder alle Mitbewohner es ablehnen, in den Mietvertrag einzutreten. Als Erbe müssen Sie für die noch ausstehende Miete aufkommen. Außerdem haben Sie nach § 580 BGB ein Sonderkündigungsrecht: Innerhalb eines Monats, nachdem Sie vom Tod erfahren haben, können Sie das Mietverhältnis kündigen – mit der gesetzlichen Frist von drei Monaten. Da diese Kündigungsfrist auch bei einer ordentlichen Kündigung gilt, ist das Sonderkündigungsrecht nur bei Zeitmietverträgen relevant.

Bei einem Pachtvertrag haben sowohl die Erben wie auch die Verpächter ein Sonderkündigungsrecht (§ 594d BGB). Mit einer Frist von sechs Monaten kann zum Ende eines Quartals gekündigt werden. Diese Möglichkeit besteht jedoch nur, wenn innerhalb eines Monats gekündigt wird, nachdem Sie oder der Verpächter vom Tod erfahren haben.

5 Die Erbengemeinschaft

Nur gut jede fünfte Erbschaft geht an einen Alleinerben. In den meisten Fällen gibt es zwei bis vier Erben, Ehepartner, Lebenspartner, Kinder, Freunde. Bereits mit einem Miterben beginnt die Erbengemeinschaft – eine Einrichtung, die gerade im Zusammenhang mit Immobilien so ihre Tücken hat. Nicht selten gibt es unterschiedliche Auffassungen darüber, wie das Erbe aufzuteilen ist. Darin besteht nämlich die Aufgabe der Erbengemeinschaft. Sie soll nur vorübergehend bestehen, bis jeder Erbe seinen Anteil erhalten hat. Nur in Ausnahmefällen ist die Erbengemeinschaft auf Dauer angelegt. Nämlich wenn der oder die Verstorbene testamentarisch ein Teilungsverbot verfügt hat (siehe Kapitel 1.8.3). Aber selbst dann kann sich die Erbengemeinschaft darüber hinwegsetzen, wenn sich alle Miterben einig sind.

Allerdings ist die fehlende Einigkeit häufig das Problem der Erbengemeinschaft. Denn über die wichtigen Angelegenheiten kann sie nur entscheiden, wenn alle Mitglieder zustimmen. Das hat gravierenden Folgen: Es genügt, wenn sich eine Person querstellt. Und schon ist das gemeinsame Vorgehen blockiert. Überstimmt werden kann sie nicht. Auch wenn ihr Anteil noch so klein ist. Das wirkt sich vor allem bei Immobilien aus. Wohnungen in bester Lage stehen leer, weil sich die Erbengemeinschaft nicht einigen kann.

5.1 Warum sich Erbengemeinschaften blockieren

Das Prinzip der Einstimmigkeit führt dazu, dass immer wieder eine Blockade droht. Je größer die Erbengemeinschaft ist, umso schwieriger wird es, alle ins Boot zu holen. Es gibt Erbengemeinschaften, die mehr als zehn Mitglieder haben. Ihre Anzahl kann noch wachsen, je länger die Gemeinschaft besteht. Denn die Anteile können ihrerseits weitervererbt werden. Doch solche Fälle sind die Ausnahme. Und sie stehen auch nicht für die typischen Konflikte. Meistens sind es nämlich die Geschwister, die sich gegenseitig das Leben schwer machen. Hier spielen womöglich alte Verletzungen mit hinein, das Gefühl, »schon wieder« benachteiligt zu werden, tiefsitzender Groll, der Wunsch nach Rache oder nach Anerkennung, alte Familiengeschichten, die jede Seite ganz anders in Erinnerung hat. Häufig ist es für Außenstehende schwer nachzuvollziehen, worum es überhaupt geht. Und die wohlmeinenden Ratschläge, man solle sich bitte »zusammenraufen«, führen selten zu einer Lösung.

An zweiter Stelle folgen die näheren Verwandten: Tanten, Onkel, Cousinen und Cousins stellen sich auch schon mal quer. Relativ selten ist jedoch der überlebende Elternteil, also die Mutter oder der Vater, für die Blockade verantwortlich. Und das, obwohl sie ja häufig miterben und den größten Anteil erhalten. Auch die nichtverwandten

Erben sind wenig an den Konflikten beteiligt. Das liegt aber auch daran, dass ihr Anteil unter den Erben nicht so groß ist. Der Nachlass bleibt zumeist »in der Familie«.

5.1.1 Die Erbengemeinschaft muss den Nachlass aufteilen

Wir haben es bereits in Kapitel 1.1.3 angesprochen: Nach deutschem Recht geht es beim Erbe nicht um konkrete Wertgegenstände, die auf die Erben übergehen. Vielmehr geht es um bestimmte *Anteile* am Nachlass. Das bringt es mit sich, dass der Nachlass unter den Erben aufgeteilt werden muss – gemäß ihrer Quote. Erbt der Ehepartner und drei Kinder nach der »gesetzlichen Erbfolge« (Kapitel 1.1.1), steht dem Ehepartner die Hälfte und den drei Kindern jeweils ein Sechstel zu.

So weit, so einleuchtend. Die Schwierigkeit ist nur, dass sich die meisten Dinge aus dem Nachlass nicht teilen lassen. Anders gesagt: Es ist eigentlich nur das Geldvermögen, das sich problemlos nach der Quote teilen lässt. Alle anderen Wertgegenstände wie Antiquitäten, das Auto, das Klavier, der Familienschmuck, das alte Familienporzellan oder eben auch die Immobilie lassen sich nicht ohne weiteres nach Quote teilen. Sehen Sie das anders? Dann versuchen Sie einmal den Familienschmuck nach der Quote aufzuteilen. Da stoßen Sie nicht nur auf Schwierigkeiten, weil einzelne Stücke besonders begehrt sind und andere keiner haben will. Ein weiteres Problem: Sie haben gar keinen Maßstab, nach dem Sie die Gegenstände anteilig den Erben zuweisen können.

Doch gibt es dafür eine Lösung: Alle diese Gegenstände werden *bewertet*. Sie bekommen ein Preisschild. Man könnte auch sagen: Sie werden verkauft. Allerdings nicht an jeden. Zunächst sind es die Erben, die sich einigen müssen, wer was bekommt und zu welchem Preis. Das gelingt oftmals nicht. Denn es müssen alle Erben mit dieser Aufteilung einverstanden sein. Und wenn nur einer nicht das bekommt, was er will, droht die Blockade.

Die zweite Ursache für Streitigkeiten: Die Erben sind mit der Bewertung nicht einverstanden. Gegenstände, die ein Miterbe für sich beansprucht, werden ihrer Ansicht nach zu niedrig bewertet. Während die Objekte, die sie selbst gerne hätten, zu hoch angesetzt werden. Tatsächlich kann man darüber streiten, wer den Wert festsetzt und nach welchem Verfahren. Das kann mehr oder weniger einleuchtend sein. Ein gewisses Maß an Willkür lässt sich nicht vermeiden. Das öffnet den Raum für Verhandlungen und Kompromisse. Doch finden die Erben keine einvernehmliche Lösung, muss ein Wertgutachten (siehe Kapitel 1.2.4) erstellt werden. Das verursacht Kosten, die aus dem Nachlass bezahlt werden müssen – und damit dessen Wert schmälern.

Bewertung muss nachvollziehbar und plausibel sein / Beispiel: Auto

Wie kommt die Erbengemeinschaft zu einer Bewertung? Durch Preisvergleich, durch Schätzung, durch ein Verfahren, auf das man sich vorher geeinigt hat.

Wenn es zum Beispiel um die Bewertung des Fahrzeugs geht, das eine Erbin übernehmen möchte, könnten Sie vereinbaren, sich von einem bestimmten Autohändler ein Angebot machen zu lassen oder Sie nutzen eine anerkannte Online-Bewertungsplattform wie die vom ADAC, der »Deutschen Automobiltreuhand« oder die »Schwacke-Liste«.

Gegenstände aus dem Nachlass, die keiner der Erben übernehmen möchte, müssen nicht bewertet werden. Die Erbengemeinschaft kann sie an einen Dritten verkaufen – und den Erlös nach der Quote an die Erben verteilen.

5.1.2 Die Immobilie als typischer Streitpunkt

Die Wahrscheinlichkeit, dass es zu Konflikten kommt, nimmt erheblich zu, wenn sich eine Immobilie im Nachlass befindet. Die stellt einen erheblichen Wert dar, in vielen Fällen spielen alle anderen Vermögenswerte nur eine Nebenrolle. Die ganze Erbschaft dreht sich nur um die Frage: Was geschieht mit der Immobilie? Doch auch wenn das nicht so ist: Immobilien haben in jedem Nachlass großes Gewicht. Zumal die Erbengemeinschaft über die wichtigen Fragen einvernehmlich entscheiden muss. Mit größeren Umbaumaßnahmen müssen alle einverstanden sein. Und ohne die Zustimmung aller Miterben können Sie einen unliebsamen Mieter nicht vor die Tür setzen – erst recht nicht, wenn dieser unliebsame Mieter selbst Teil der Erbengemeinschaft ist. Ein Fall, der gar nicht so selten ist.

Es kommt noch etwas hinzu: Mit manchen Immobilien verbinden sich für einige Erben besondere Gefühle und Erinnerungen. Vielleicht sind sie hier aufgewachsen, haben ihre Ferien hier verbracht oder betrachten die Immobilie als ihr Zuhause. Es fällt Ihnen schwer, sich von der Immobilie zu trennen, auch wenn sie selbst finanziell gar nicht in der Lage sind, sie zu übernehmen. Oder aber es widerstrebt ihnen, dass ein Verwandter, den sie nicht leiden können, das Haus bekommen soll. Dann schon lieber einem Unbekannten das Objekt überlassen als dem Verwandten, dem man gerade dieses Haus nicht gönnt. Solche Ressentiments und emotionalen Verstrickungen stehen einer Einigung häufig im Weg.

Noch ungünstiger sieht die Sache aus, wenn ein Miterbe von der Blockade profitiert. Zum Beispiel, weil er selbst in der Immobilie wohnt und keine oder nur eine niedrige Miete zahlt. Dann zieht sich die Angelegenheit häufig in die Länge.

Als letztes Mittel bleibt den Miterben oft nur die Drohung mit der Zwangsversteigerung, der Teilungsversteigerung. Manchmal bleibt es nicht bei der Drohung. Dann kommt das Objekt unter den Hammer, und der Erlös wird unter den Erben nach ihrer Quote verteilt.

5.1.3 Familiäre Spannungen

Schon bei den beiden vorangegangenen Abschnitten haben wir gesehen: Es sind die verwandtschaftlichen Beziehungen, die das Problem erheblich verschärfen. Denn die prägen uns häufig stärker, als wir uns eingestehen. Dies gilt insbesondere, wenn wir uns von der Familie distanziert, entfremdet oder gar abgewendet haben. Oder auch nur von einem Teil der Familie.

Bei einer Erbschaft kommen untergründige Spannungen oftmals wieder zum Vorschein. Alte Streitigkeiten, von den man gedacht hätte, sie seien längst beigelegt, flammen plötzlich wieder auf. Manche Verwandte offenbaren ihren Neid oder sehen die Gelegenheit gekommen, alte Rechnungen zu begleichen.

Nahe Erben – ferne Erben

Eine häufige Ursache für Konflikte: Es gibt Erben, die fühlen sich dem Verstorbenen besonders stark verbunden. Sie fühlen sich auch in der Verantwortung, die Erbschaftsangelegenheiten zu regeln. Das kann für alle eine Erleichterung sein. Problematisch wird es jedoch, wenn sie alles an sich ziehen und die Miterben von Entscheidungen ausschließen. Die betrachten sie als »ferne Erben«, die kein Recht hätten mitzureden. Aus ihrer Sicht ist es schon schlimm genug, dass die überhaupt etwas bekommen sollen.

Nun kommen Sie in Ihrer Familie vielleicht im Großen und Ganzen gut miteinander aus. Das sind gute Voraussetzungen. Doch können Sie sich nicht darauf verlassen, dass dies so bleibt. Im Laufe der »Erbauseinandersetzung« gibt es viele Gelegenheiten, dass sich die Interessen entzweien, es zu Meinungsverschiedenheiten und Missverständnissen kommt und sich die Erben zerstreiten. Treffen Sie von vornherein Vorkehrungen, um dieses Risiko zu vermindern. In den folgenden Abschnitten finden Sie einige bewährte Methoden, wie das gelingen könnte.

5.2 Als Erbengemeinschaft gemeinsam handeln

Sie können sich sehr viel Ärger, Zeit und Geld ersparen, wenn Sie als Erbengemeinschaft von Anfang an die Spielregeln festlegen, an die sich jeder zu halten hat. Wie diese Spielregeln aussehen, das hängt ganz von den Beteiligten ab und von dem speziellen Fall, um den es geht. Entscheidend ist, dass alle einbezogen werden. Auch wenn sich manche Miterben erst einmal raushalten, macht es einen gewaltigen Unterschied, ob sie von sich aus den anderen das Feld überlassen haben. Oder ob eine Miterbin vorgeprescht ist und die anderen vor vollendete Tatsachen stellt. Sogar wenn die erst einmal mitziehen, staut sich bei ihnen Ärger an, der sich später entladen könnte.

5.2.1 Den Rahmen festlegen – mit Checkliste

Was sollten Sie im Einzelnen absprechen? Das bleibt Ihnen und Ihren Miterben überlassen. Die folgenden Punkte sollten Sie jedoch auf die eine oder andere Weise klären:

DIGITALE EXTRAS

Checkliste: Den Rahmen festlegen	
Aufgaben verteilen: Wer macht was? Wer holt welche Informationen ein?	
Soll es einen Bevollmächtigten geben, der im Namen der Erbengemeinschaft handelt? Wer soll das sein?	
Wie stimmen wir uns ab? Wie werden alle informiert?	
Widerspruch und Vetorecht: Wie stellen wir sicher, dass jeder seine Bedenken und seinen Widerspruch anbringen kann, bevor etwas in die Wege geleitet wird?	
Entscheidungen treffen: Können wir uns auf ein Verfahren einigen, wie wir gemeinsam entscheiden?	
Konflikte: Wie stellen wir sicher, dass Konflikte frühzeitig erkannt werden? Wer kann vermitteln? Gibt es einen Außenstehenden, der hier in Frage kommt?	
Aufwandsentschädigung: Wer sich für die Erbengemeinschaft engagiert, soll dafür auch etwas bekommen. Was könnte das sein? Wenn es um Auslagen geht: Wie bekommt derjenige sein Geld zurück?	
Ziele festlegen: Jeder gibt an, was er für sich erreichen möchte. Gibt es Ziele, die sich nicht miteinander vereinbaren lassen?	
Zeitplan festlegen: Können wir die Termine anvisieren, was bis wann erledigt werden sollte? Gibt es ein Datum, bis zu dem die Erbengemeinschaft »auseinandergesetzt« sein sollte?	

Es ist sinnvoll, die Vereinbarungen schriftlich festzuhalten. Sonst werden sich die Beteiligten später ganz unterschiedlich daran erinnern, was sie abgesprochen haben. Ein wichtiger Aspekt ist die Klarheit und Transparenz. Zum Beispiel bei der Aufwandsentschädigung: Kann Ihre Miterbin ihre Auslagen geltend machen, ist das fair. Vor allem verringert es die Wahrscheinlichkeit, dass sie sich auf andere Weise entschädigt. In Erbengemeinschaften ohne eine solche Regelung kommt das nicht selten vor. Und es ist ja auch nicht völlig unverständlich.

5.2.2 Das Konto der Erbengemeinschaft

Die Erbengemeinschaft hat eine ganze Reihe von Ausgaben. Ob für den (gemeinsamen) Erbschein, die Instandhaltungskosten der Immobilie, den Notar, Versicherungsprämien, Abschlagszahlungen der Versorgungsunternehmen, Auslagen und vieles mehr. Auf der anderen Seite fließen ihr auch Gelder zu: Erlöse aus Verkäufen oder auch die Miete (Kapitel 5.2.4). Um den Zahlungsverkehr zu erleichtern, empfiehlt es sich, ein Konto für die Erbengemeinschaft einzurichten, über die alle finanziellen Transaktionen abgewickelt werden. Sonst müsste jede Zahlung gemäß der Erbquote umgerechnet und den einzelnen Erben in Rechnung gestellt werden.

Alle Miterben müssen zugriffsberechtigt sein

Für die Banken sind solche Erbengemeinschaftskonten Routine. Bei der Einrichtung sollten Sie darauf achten, dass alle Mitglieder der Erbengemeinschaft auf das Konto zugreifen können. Allerdings darf kein Erbe ohne die Zustimmung der anderen Zahlungen vornehmen, die über die »ordnungsgemäße Verwaltung« des Nachlasses hinausgehen (siehe Kapitel 5.2.4).

Bestimmen Sie einen Kontobevollmächtigten

In der Praxis hat es sich bewährt, wenn die Erbengemeinschaft einen oder zwei Kontobevollmächtigte bestimmt. Die können dann in Vertretung der Erbengemeinschaft Zahlungen vornehmen. Selbstverständlich bleiben auch die der Erbengemeinschaft gegenüber in der Verantwortung und dürfen nicht eigenmächtig über das Konto verfügen.

5.2.3 Den Nachlass auflisten und bewerten

Um den Nachlass zu verteilen, muss er aufgelistet werden. Dabei können Sie sich am Nachlassverzeichnis orientieren, das Sie für das Nachlassgericht erstellen mussten (siehe Kapitel 1.2.4). Doch können sich Abweichungen ergeben, zum Beispiel wenn Sie Gegenstände berücksichtigen, die für das Nachlassgericht keine Rolle spielen, für die Erbengemeinschaft hingegen schon. Wir haben es schon erwähnt: Dem Nachlassgericht gegenüber dürfen Sie keine Vermögenswerte verschweigen. Aber die Erbengemeinschaft hat eine etwas andere Interessenslage als das Nachlassgericht. Sie sollten dafür Sorge tragen, dass kein Gegenstand vergessen wird, der für einen der Miterben besondere Bedeutung hat. Auch steht es Ihnen frei, die Nachlassgegenstände anders zu bewerten. Dass Sie sich dann gegenüber den Miterben erklären müssen, steht dem nicht in Wege.

Sie können es so halten, dass einer von Ihnen das Verzeichnis erstellt und die anderen die Aufstellung ergänzen.

Anschließend muss jeder Gegenstand bewertet werden.

Sie können sich die Sache vereinfachen: Gegenstände, die veräußert werden sollen, brauchen nicht bewertet zu werden. Sobald sie verkauft worden sind, lässt sich ihr Wert zweifelsfrei bestimmen – und der Geldbetrag nach der Erbquote aufteilen.

Strittig kann es erst werden, wenn einer der Erben einen Gegenstand übernehmen will. Dann erst muss der Gegenstand bewertet werden. Im Grunde handelt es sich um einen internen Verkauf an den Erben. Sie bekommen den Gegenstand und entrichten den Kaufpreis an die Erbengemeinschaft (zu der Sie ebenfalls gehören).

Auf die Art und Weise kann die Erbengemeinschaft auch den Streitfall lösen, wenn sich zwei oder mehr Erben für ein Objekt interessieren. Den Zuschlag erhält derjenige, der am meisten bietet. Sie versteigern gewissermaßen das Objekt in der Erbengemeinschaft. Das bringt zwar oftmals diejenigen in Rage, die meinen als »nahe Erben« besondere Vorrechte zu genießen. Doch das ist ein Irrtum. Sofern sich die Erbengemeinschaft nicht entscheidet, dieses Objekt einer bestimmten Person zuzuerkennen, hat niemand ein Anrecht auf irgendeinen Gegenstand. Und das Prinzip »Wer am meisten bietet, macht das Rennen« ist nachvollziehbar und fair, denn es gilt ohne Ansehung der Person.

Nach und nach muss die Erbengemeinschaft die gesamte Liste abarbeiten. Womöglich sind Ausgleichszahlungen erforderlich, womöglich lassen sich manche Gegenstände aus dem Nachlass noch nicht veräußern oder einem Erben zuteilen. So lange bleibt das betreffende Objekt im Eigentum der Erbengemeinschaft. Und in manchen Fällen kann das sogar gewollt sein.

5.2.4 Die Erbengemeinschaft als Vermieter

Was eine Erbengemeinschaft noch Jahre, wenn nicht Jahrzehnte zusammenhält, das ist eine vermietete Immobilie. Denn das Mietverhältnis läuft automatisch weiter, die

Erbengemeinschaft tritt in den bestehenden Mietvertrag ein und übernimmt als Vermieter alle Rechte und Pflichten. Dabei ist folgendes zu beachten: Das große Handicap, das Erbengemeinschaften ansonsten lahmlegt, ist hier, zumindest für den laufenden Betrieb, außer Kraft gesetzt, nämlich das Prinzip der Einstimmigkeit.

Entscheidung mit einfacher Mehrheit

Die Vermietung gehört zur »ordnungsgemäßen Verwaltung des Erbes«. Daher können Entscheidungen mit *einfacher Mehrheit* getroffen werden – und zwar entsprechend der Größe der *Anteile*. So ist es in den §§ 2038 Abs. 2 BGB und 745 BGB geregelt. Miterben mit geringer Quote können die Entscheidungen nicht blockieren. Sie werden einfach überstimmt.

In Ausnahmefällen kann sogar ein *einzelner* Erbe Maßnahmen veranlassen, die dringend erforderlich sind, um Schaden am Gebäude oder überhaupt am Eigentum abzuwenden. Dann spricht man von einer »Notgeschäftsführung«. Und zu der ist jeder Erbe berechtigt. Doch um es deutlich zu sagen: Dabei geht es um Ausnahmesituationen, die Erfüllung gesetzlicher Pflichten oder um Notfälle: Das Dach ist beschädigt und muss repariert werden. Die Verkehrssicherungspflicht erfordert, dass Äste entfernt oder Spielgeräte gesperrt werden. Über solche Maßnahmen kann es keine ernsthafte Diskussion geben. Werden sie unterlassen, bringt das die Erbengemeinschaft in Schwierigkeiten.

Wir haben es angedeutet: Das Prinzip der Einstimmigkeit ist nicht vollständig aufgehoben. Es beschränkt sich aber auf Entscheidungen der »außerordentlichen Verwaltung« (im Unterschied zur »ordnungsgemäßen Verwaltung«). Damit sind Maßnahmen gemeint, die nicht der Bewahrung des Bestehenden dienen, sondern darüber hinausgehen, die wesentliche Veränderungen mit sich bringen. Dazu gehören Umbauten, die den Charakter des Gebäudes verändern, Dachausbau, aufwendige Sanierungen, Anbauten, der Abriss von Gebäudeteilen, aber auch die Kündigung und der Abschluss von Mietverträgen. Verträge mit Dienstleistern (Hausmeister, Handwerker) gehören hingegen zur »ordnungsgemäßen Verwaltung«.

Und natürlich muss einstimmig beschlossen werden, wenn das vermietete Haus oder die Wohnung verkauft werden soll. Das ist vielleicht der wichtigste Grund, warum vermietete Immobilien die Erbengemeinschaft so lange bestehen lassen. Stimmen nicht alle dem Verkauf zu, wird eben weiterhin vermietet.

Doch muss nicht immer nur die drohende Blockade die Ursache dafür sein, dass eine vermietete Immobilie gemeinschaftliches Eigentum der Erben bleibt. Zwei weitere Gründe begünstigen die Vermietung:

- Annehmlichkeit. Den Mitgliedern der Erbengemeinschaft fließen regelmäßig zusätzliche Einnahmen zu.

- Niedrigerer Verkaufspreis: Vermietete Wohnungen und Häuser lassen sich im Vergleich zu freien, bezugsfertigen Objekten nur mit preislichem Abschlag veräußern.

Manchmal bietet einer der Erben an, die vermietete Immobilie zu übernehmen, um dann freie Hand zu haben. Doch nicht immer lässt sich die Erbengemeinschaft darauf ein. Denn gerade der Wunsch, Haus oder Wohnung zu übernehmen, weckt bei manchen Miterben den Verdacht, es handelte sich um ein besonders lohnendes Objekt. Da bleibt man lieber gerne noch an Bord. In solchen Fällen hilft dann nur geduldige Überzeugungsarbeit. Die kaufwillige Erbin sollte erklären, was sie mit der Immobilie vorhat, wie viel sie investieren will und warum das in der Erbengemeinschaft nicht geschehen wird.

5.2.5 Wer regelt die Vermietung?

Im Prinzip sind alle Miterben in der Pflicht, sich um die Vermietung zu kümmern. Doch das geschieht in den seltensten Fällen. Meist werden die Mietangelegenheiten einer oder zwei Personen übertragen, während sich alle anderen eher raushalten und nur dann das Wort ergreifen, wenn sie etwas zu beanstanden haben.

Möchten Sie sich für die Erbengemeinschaft um die Vermietung kümmern? Es kann sich durchaus lohnen, hier Verantwortung zu übernehmen. Vor allem wenn Sie nicht allzu weit weg wohnen. Allerdings sollten Sie sich mit allen Miterben darüber verständigen und schriftlich eine Vereinbarung treffen. Darin können Sie auch festlegen, dass Sie für Ihren Aufwand eine gewisse Vergütung erhalten.

Sie sollten jedoch wissen, dass dies gesetzlich nicht vorgesehen ist. Wenn ein Miterbe für die Gemeinschaft tätig wird, hat er erst einmal nur Anspruch auf die Erstattung der Auslagen, die ihm entstanden sind. Eigene Arbeitszeit können nicht in Rechnung gestellt werden. So weit die gesetzlichen Bestimmungen, die gelten, wenn Sie nichts anderes vereinbart haben. Doch genau das können Sie tun: Etwas anderes vereinbaren. Wenn Sie sich für die anderen um die Vermietung kümmern und sie dadurch entlasten, dann können Sie dafür einen Ausgleich verlangen. Das kann, muss aber nicht eine finanzielle Entschädigung sein. Die Vereinbarung mit den Miterben sollten Sie treffen, bevor Sie tätig werden. Schriftlich. Und die Vereinbarung muss von allen Erben unterschrieben werden. Erst dann ist sie wirksam.

Ausschüttung und Rücklagen

Was Sie unbedingt regeln sollten: Wie viel wird an die Miterben ausgeschüttet? In welchem Turnus? Denken Sie auch daran, dass Sie für das Objekt ausreichend Rücklagen bilden. Denn bei der Vermietung fallen immer wieder Kosten an: Für Reparaturen, Dienstleister, Rechtsberatung und vieles mehr. Ist dafür kein Geld vorhanden, müssten Sie es vorstrecken und sich von den Miterben zurückholen, die sich entsprechend ihrer Quote an den Kosten beteiligen müssen (wobei Sie Ihren eigenen Anteil nicht vergessen dürften). Dieses Kosteneintreiben können Sie vermeiden, indem Sie einen festen Betrag als Rücklage für die Erbengemeinschaft vorsehen und den Betrag beispielsweise als Festgeld oder Tagesgeld anlegen.

Worauf bei der Vermietung einer geerbten Immobilie zu achten ist, das erfahren Sie in Kapitel 6. Denken Sie außerdem daran, dass der Erbengemeinschaft durch die Vermietung Einkünfte (und Ausgaben) entstehen. Daher muss für die Erbengemeinschaft eine eigene Steuererklärung erstellt werden, mit der wir uns im neunten Kapitel beschäftigen werden.

5.2.6 Die Immobilie teilen

Wir haben es schon in Kapitel 5.1.2 erwähnt: Immobilien sind nicht zuletzt deswegen so häufig die Ursache von Streitigkeiten in der Erbengemeinschaft, weil sie sich nicht teilen lassen. Nun, manchmal geht das allerdings schon. Wenn es sich nämlich um ein Mehrfamilienhaus handelt, das Sie in Eigentumswohnungen aufteilen, »in Wohneigentum umwandeln« können, wie es heißt. Jeder Erbe kann gemäß seinem Anteil eine oder mehrere Wohnungen als Eigentum übernehmen. Was an Wohnungen übrigbleibt, können Sie an Dritte verkaufen.

Auch unbebaute Grundstücke lassen sich womöglich teilen, wenn sie groß genug sind. Außerdem muss sichergestellt werden, dass die Teilgrundstücke gleichwertig sind. Es darf natürlich nicht so sein, dass die eine ein Baugrundstück erhält und der andere landwirtschaftliche Nutzfläche. Aber ob Haus, ob Grundstück, es gilt ohnehin der altbekannte Grundsatz: Dem Aufteilungsplan müssen alle Erben zustimmen.

5.3 Der Erbauseinandersetzungsvertrag – mit Checkliste und Beispielvertrag

Die Erbengemeinschaft hat die Aufgabe, den Nachlass zu verteilen. Um diese Verteilung zu dokumentieren, kann ein Erbauseinandersetzungsvertrag geschlossen werden, der von allen Miterben unterzeichnet werden muss. Ein solches Vertragswerk ist nicht verpflichtend. Die Erbengemeinschaft hat ihre Schuldigkeit getan und wird aufgelöst, wenn der Nachlass vollständig verteilt ist. Und doch empfiehlt es sich, diesen Vertrag abzuschließen. Denn damit machen Sie gewissermaßen »den Deckel drauf«, schließen die Sache ab und dokumentieren für alle Beteiligten, dass der Nachlass korrekt aufgeteilt worden ist – entsprechend der Erbquote.

Wenn alle Erben den Vertrag unterschreiben, erklären sie sich mit der Aufteilung einverstanden. Vor diesem Hintergrund ist es sehr unwahrscheinlich, dass einer von ihnen später dagegen Einspruch erhebt oder gar klagt. Dann müssten schon neue Dinge ans Licht kommen, die zum Zeitpunkt der Vertragsschließung nicht bekannt waren.

Ein Erbauseinandersetzungsvertrag ist eine sehr individuelle Angelegenheit. Der Nachlass der Verstorbenen fällt sehr unterschiedlich aus. Aber auch die Anzahl der Erben, ihre Erbquote und die besonderen Vereinbarungen wie Entschädigungen oder Ausgleichszahlungen lassen sich nicht in einem Standardvertrag zusammenführen. Und doch möchten wir Ihnen zumindest einen Rahmen vorgeben, den Sie individuell füllen müssen. Dabei schicken wir die wichtigsten Anforderungen in der folgenden Checkliste vorweg.

DIGITALE EXTRAS

Checkliste: Anforderungen für Erbauseinandersetzungsvertrag	
Sind alle Erben aufgeführt, mit Namen, Adresse und ihrer jeweiligen Erbquote?	
Werden *alle* wesentlichen Nachlassgegenstände aufgeführt? Dabei gelten die gleichen Anforderungen wie an das Nachlassverzeichnis (1.2.4). Taucht nach Vertragsabschluss ein Wertgegenstand aus dem Nachlass auf, lebt die Erbengemeinschaft wieder auf. Vollständigkeit ist daher wichtig!	
Enthält der Vertrag ein Datum, an dem die Vereinbarung in Kraft trifft, dass die Erbengemeinschaft aufgelöst wird.	
Enthält der Vertrag eine Verzichtserklärung? Alle Erben schließen mit der Verzichtserklärung aus, dass sie künftig in dieser Sache weitere Erbansprüche geltend machen.	
Enthält der Vertrag eine »salvatorische Klausel«? Damit wird vereinbart, dass der Vertrag auch dann gültig ist, wenn einzelne Bestimmungen unwirksam sind. Die übrigen Vereinbarungen bleiben dann bestehen.	
Geht schließlich die Erbquote auf? Wenn Erbin A einen Anteil von 50 Prozent an einem Nachlass erbt, der mit 640.000 Euro bewertet wird, muss sie am Ende Vermögenswerte von 320.000 Euro erhalten. Sonst ist der Vertrag sachlich nicht korrekt.	

Dabei hängt sehr viel davon ab, wie die Nachlassgegenstände, die jemand erhält, bewertet werden. Die Erbengemeinschaft kann diese Bewertung einvernehmlich durchführen. Sie kann sich auch auf ein Wertgutachten stützen. In diesem Fall sollte das im Vertrag angegeben werden.

Der Vertrag ist an keine formalen Vorschriften gebunden und wäre sogar gültig, wenn er mündlich geschlossen würde. Doch dann wäre es kaum möglich, die Vereinbarungen zu belegen. Das folgende Beispiel soll Ihnen Orientierung geben, wie Sie einen Erbauseinandersetzungsvertrag gestalten könnten.

DIGITALE EXTRAS

Mustervertrag: Erbauseinandersetzungsvertrag

Erbauseinandersetzungsvertrag über den Nachlass von Michael Mustermann

1 Die Vertragsparteien

Michael Mustermann, geboren am 3. Mai 1948 in Musterstadt, in am 15. Februar 2024 in Mittelsberg verstorben. Vertragsparteien sind seine rechtmäßigen Erben:

- Seine Frau, Erika Mustermann, geborene Hansen, geboren am 20. August 1953 in Mittelsberg, wohnhaft im Tulpenweg 24 in Mittelsberg, zu einem Erbteil von ½
- Seine Schwester, Marianne Hoffmann, geborene Mustermann, geboren am 12. September 1955 in Musterstadt, wohnhaft in der Hauptstraße 28, in Musterhausen, zu einem Erbteil von ¼.
- Sein Schwager, Emil Neumann, Ehemann der verstorbenen Schwester Ulrike Neumann, geboren am 3. Dezember 1956 in Musterhausen, wohnhaft im Waldweg 2 in Eulendorf, zu einem Erbteil von ¼.

Zum Weck der Auseinandersetzung der Erbengemeinschaft treffen sie die folgenden Vereinbarungen:

2 Der Nachlass

Der Nachlass des Verstorbenen umfasst die folgenden Positionen:

Aktiva

A Bebautes Grundstück, Tulpenweg 24 in Mittelsberg, eingetragen im Grundbuch von Mittelsberg, (Band, Blatt, Flurstücknummer). Verkehrswert: 500.000 Euro

B Unbebautes Grundstück, am Wassermannweg in Musterstadt, eingetragen im Grundbuch von Musterstadt (Band, Blatt, Flurstücknummer). Verkehrswert: 400.000 Euro

C Wertpapierdepot bei XY-Bank, IBAN: DE ....., Stand am 15. Februar 2024: 350.239, 50 Euro

D Girokonto bei der XY-Bank, IBAN: DE ...., Stand am 15. Februar 2024: 6.320,80 Euro.

Passiva

A Brieflose Grundschuld über 200.000 Euro für das unbebaute Grundstück am Wassermannweg, bei der XY-Bank. Restschuld (Stand am 15. Februar 2024): 85.420 Euro.

B Beerdigungskosten sowie Kosten der Grabanlage, ausgelegt von Frau Erika Mustermann: 7.500 Euro

Somit beträgt der **Reinnachlass**:

Summe Aktiva: 1.256.560,30 Euro

Abzüglich Summe Passiva: 92.920 Euro

Ergibt: 1.163.640,30 Euro.

3 Auseinandersetzung, Zuteilung und Ausgleichung

A Erika Mustermann erhält – gemäß ihrem Erbteil von ½ – 581.820,15 Euro, zuzüglich 7.500 Euro (Auslagen der Beerdigungskosten und Kosten der Grabanlage). Außerdem erhält sie nach § 1932 BGB als »Voraus« den Hausrat des gemeinsamen Haushalts.
Im Gegenzug übernimmt sie aus dem Nachlass das bebaute Grundstück, Tulpenweg 24 in Mittelsberg, zum Kaufpreis von 500.000 Euro. Daraus ergibt sich ein Auszahlungsbetrag von 89.320,15 Euro.

B Marianne Hoffmann erhält – gemäß ihrem Erbteil von ¼ – 290.910,08 Euro.

C Emil Neumann erhält – gemäß seinem Erbteil von ¼ – 290.910,07 Euro. Im Gegenzug übernimmt er das unbebaute Grundstück am Wassermannweg in Musterstadt zum Kaufpreis von 400.000 Euro. Als Ausgleichung zahlt er bis zum .... 109.089,93 Euro auf das Konto der Erbengemeinschaft.

4 Übergabe und Besitznahme

Die Parteien vereinbaren, dass die Auseinandersetzung mit Abschluss dieses Vertrags erfolgt. Mit diesem Tag gehen die Nutzungen und Lasten sowie Rechte und Pflichten auf die Erwerber über. Das Konto der Erbengemeinschaft wird aufgelöst. Etwaige Restbeträge werden gemäß der Erbquote an die Vertragsparteien überwiesen.

5 Verzichtserklärung

Die Vertragsparteien erklären, dass mit dieser Vereinbarung alle gegenseitigen Ansprüche in Hinblick auf den Nachlass erledigt sind. Auf alle weiteren Ansprüche wird ausdrücklich verzichtet.

Weitere Nachlassverbindlichkeiten bestehen nach Wissen der Vertragsparteien nicht. Ebenso ist kein weiterer Nachlass mehr vorhanden.

6 Gewährleistungsausschluss

Hinsichtlich der Nachlassgegenstände wird jede Gewährleistung ausgeschlossen.

7 Salvatorische Klausel

Sollten einzelne Bestimmungen dieses Vertrags unwirksam sein oder nichtig werden, so bleibt davon die Gültigkeit der übrigen Bestimmungen unberührt. Die Parteien verpflichten sich, die unwirksamen Bestimmungen durch neue zu ersetzen, die dem ursprünglich angestrebten Zweck möglichst nahekommen.

(Ort, Datum)

(Namen und Unterschriften aller Vertragsparteien)

5.3.1 Muss ein Erbauseinandersetzungsvertrag notariell beurkundet werden?

Sind Immobilien oder Geschäftsanteile betroffen, muss der Verkauf notariell beurkundet werden. Das heißt: Sie können den Verkauf im Rahmen der Erbauseinandersetzung abwickeln. Dann müssen Sie diesen Vertrag notariell beurkunden lassen. Dafür fällt eine »doppelte Notargebühr« an, die sich nach dem Gesamtwert des Nachlasses richtet.

Der Vorteil dieser »All inclusive«-Lösung: Sie haben gleich alles notariell beurkunden lassen. Das gibt dem Vertrag besonderes Gewicht. Doch kostengünstiger ist es, wenn Sie nur den Verkauf der Immobilie notariell beurkunden lassen, als Kaufvertrag zwischen Erbengemeinschaft und Miterben. Auch dafür ist eine »doppelte Notargebühr« zu entrichten – und die wird häufig vom Käufer übernommen. Das kann aber frei vereinbart werden. In jedem Fall aber richtet sich die Notargebühr im ersten Fall nach dem Wert des gesamten Nachlasses und im zweiten Fall nur nach dem Wert der Immobilie. Fallen die übrigen Vermögenswerte nicht sehr ins Gewicht, ist der Unterschied allerdings nicht sehr groß. Die folgende Tabelle hilft Ihnen, die Kosten abzuschätzen.

Nachlasswert/Kaufpreis der Immobilie	Doppelte Notargebühr (netto)	Doppelte Notargebühr (inkl. 19 Prozent MwSt)
10.000 EUR	150 EUR	178,50 EUR
50.000 EUR	330 EUR	392,70 EUR
110.000 EUR	546 EUR	649,74 EUR
200.000 EUR	870 EUR	1.035,30 EUR
350.000 EUR	1.370 EUR	1.630,30 EUR
500.000 EUR	1.870 EUR	2.225,30 EUR
750.000 EUR	2.670 EUR	3.177,30 EUR
1.000.000 EUR	3.470 EUR	4.129,30 EUR
1.500.000 EUR	5.070 EUR	6.033,30 EUR
2.000.000 EUR	6.670 EUR	7.937,30 EUR

Beachten Sie, dass noch weitere Notarkosten auf Sie zukommen, wenn es um die Löschung einer Grundschuld geht. Diese Kosten sind jedoch in beiden Fällen zu bezahlen. Notar- und mögliche Anwaltskosten werden von der Erbengemeinschaft getragen und aus dem Nachlass bezahlt.

Noch einmal deutlich gesagt: Haben Sie den Kaufvertrag der Immobilie(n) notariell beurkunden lassen, müssen Sie die Erbauseinandersetzung nicht noch einmal beglaubigen lassen. Der Vertrag ist auch ohne Beglaubigung wirksam. Die Erbengemeinschaft gilt als aufgelöst.

5.3.2 Teil-Erbauseinandersetzung vertraglich festhalten

Vor allem wenn Immobilien im Spiel sind, kann sich die Erbauseinandersetzung hinziehen. Auf das Vermietungsthema (Kapitel 5.2.4) haben wir bereits hingewiesen. Aber auch leerstehende Häuser, Grundstücke und »Restflächen« bleiben manchmal an der Erbengemeinschaft hängen. Sie lassen sich nicht veräußern und auch keiner der Erben will sie übernehmen. Oder ein Erbe stimmt dem Verkauf nicht zu (siehe Kapitel 5.4). In solchen Fällen kann die Erbengemeinschaft aber schon mal die Nachlassgegenstände aufteilen, die sich aufteilen lassen. Es bleibt eben nur ein Rest. Und die Erbengemeinschaft bleibt bestehen.

Auch dann kann es sinnvoll sein, die bisherige Aufteilung vertraglich festzuhalten, im Sinne von: Was man hat, das hat man. Zwar handelt es sich nur um eine Teil-Erbauseinandersetzung. Doch sorgen Sie gemeinsam mit Ihren Miterben für Klarheit und Sicherheit. Streitigkeiten über die Nachlassgegenstände, die im Vertrag festgehalten wurden, sind sehr unwahrscheinlich.

Der Vertrag entspricht im Wesentlichen dem der vollständigen Erb-Auseinandersetzung. Nur dass Sie bestimmte Vermögenswerte ausklammern, die Sie noch nicht aufteilen konnten. In der Regel sind das Immobilien und Firmenbeteiligungen. Und ein solcher »Teil«-Vertrag kommt vor allem dann in Frage, wenn sich absehen lässt, dass die ausgeklammerten Vermögenswerte noch einige Zeit bei der Erbengemeinschaft verbleiben.

5.4 Wenn sich Erben querstellen

In allen wesentlichen Fragen herrscht das Einstimmigkeitsprinzip. Dieser Umstand führt dazu, dass manche Erben die anderen unter Druck setzen und versuchen, eigene Interessen durchzusetzen. In manchen Fällen ist das Motiv auch Missgunst, Rache oder der Wunsch nach Anerkennung. Wenn Sie damit zu tun haben, stellt sich die Frage: Wie sollten Sie darauf reagieren? Lässt sich die Blockade irgendwie auflösen? Oder zumindest die Folgen abmildern? Tatsächlich gibt es mehrere Möglichkeiten zu handeln. Dabei sind die vermeintlich weichen Methoden nicht selten am erfolgreichsten. Und doch kann es nötig sein, in eine härtere Gangart umzuschalten – wenn Sie nicht zu Ihrem Recht kommen. Und so stellen wir Ihnen verschiedene Methoden vor, damit es am Ende gelingt, die Erbengemeinschaft auseinanderzusetzen.

5.4.1 Verkauf Ihres Erbanteils

Nur Ärger mit dem Erbe? Dann kann es sinnvoll sein, über einen harten Schnitt nachzudenken und seinen Erbanteil zu verkaufen. Nach § 2033 BGB ist das möglich. Dabei haben Ihre Miterben ein gesetzliches Vorkaufsrecht. Das bedeutet: Schließen Sie einen Vertrag mit einem Dritten, so haben Ihre Miterben die Möglichkeit, diesen Vertrag zu den gleichen Konditionen zu übernehmen.

Und wenn wir von »Dritten« sprechen: Es gibt Firmen, die sich darauf spezialisiert haben, Erbanteile aufzukaufen. Mit solchen Firmen können Sie ja mal unverbindlich Kontakt aufnehmen und sich informieren. Selbstverständlich müssen Sie die Konditionen Ihrer Erbschaft offenlegen. Und dann erfolgt ein Angebot, das Sie prüfen können. Sie dürfen nicht damit rechnen, dass Sie großzügig bedacht werden. Aber wenn Sie gegenrechnen, was Sie bei einer fortdauernden Blockade erwarten dürfen, kann sich die Sache für Sie lohnen.

Eine mögliche Alternative: Ein Miterbe übernimmt Ihren Anteil – oder Sie den seinen. Häufig sind es ja persönliche Animositäten, die zur Blockade führen. Ist das »Ärgernis«, die vermeintlich hinterhältige Schwester, der habgierige Cousin, nicht mehr im Spiel, kommt man leichter zu einer Einigung. Genau das ist ja die Grundlage für das Geschäftsmodell der Firmen, die unsere Erbteile aufkaufen. Das mag schmerzlich sein, doch ist es häufig so: Lieber einigt man sich mit einem Unbeteiligten als mit dem verhassten Verwandten.

Auf der anderen Seite kann das aber auch bedeuten, dass Sie selbst die Anteile Ihrer Miterben erwerben können. Wenn es nämlich bestimmten Miterben sind, die die anderen dazu veranlassen, auf stur zu schalten. Sind Sie selbst nicht vorbelastet, sondern genießen eine gewisse Anerkennung, kann das den Durchbruch bringen.

5.4.2 Die Abschichtungsvereinbarung

Es geht auch ein wenig anders. Die Erbengemeinschaft kann mit einem Mitglied vereinbaren, dass es aus der Gemeinschaft ausscheidet. Dafür bekommt es eine gewisse Abfindung oder wird seinem Erbanteil entsprechend ausbezahlt. Dieses Vorgehen nennt sich »Abschichtungsvereinbarung«. Eigentlich erfordert die keine besondere Form. Mit der üblichen Ausnahme: Sind Firmenanteile oder Immobilien im Spiel, muss die Vereinbarung nicht nur schriftlich geschlossen, sondern auch notariell beurkundet werden. Dabei sollten Sie vorher klären, ob wirklich alle Miterben bereit sind, dem ausscheidenden Erben aus dem gemeinsamen Topf die Abfindung zu zahlen. Verweigert nur einer seine Zustimmung, kommt der Vertrag nicht zustande. Dann könnte eine mögliche Lösung darin bestehen, auch diesen Erben aus der Erbengemeinschaft ausscheiden zu lassen.

5.4.3 Mediation

Können sich die Erben nicht einigen, kann auch ein neutraler Vermittler helfen, ein sogenannter »Mediator«. Dabei kommt es nicht nur auf Neutralität und Vertrauenswürdigkeit an, sondern auch auf Fachwissen und Erfahrung. Sie sollten wissen: Mediator ist keine geschützte Berufsbezeichnung. Jeder darf sich so nennen. Prüfungen und Zertifikate sind nicht nötig. Es ist so wie beim Makler (siehe Kapitel 3.6). Tatsächlich bieten auch manche Makler eine Mediation an, was gar nicht gegen diese Dienstleistung spricht. Nur sollten Sie sich vorher im Klaren sein, welche Art von Mediation Ihnen weiterhilft. Geht es hauptsächlich um den Verkauf oder die Übertragung der Immobilie, kann tatsächlich eine erfahrene, unparteiische Maklerin nützlich sein. In anderen Fällen wird das nicht ausreichen. Dann ist jemand mit einem juristischen Background womöglich besser geeignet. Viele Anwälte für Erbrecht arbeiten ebenfalls als Mediator.

Auf jeden Fall sollten Sie den Mediator sorgfältig auswählen und sich mit Ihren Miterben darüber abstimmen. Denn der Mediator braucht das Vertrauen von allen Mitgliedern der Erbengemeinschaft. Jemand, der seine Anwältin oder einen befreundeten Makler mit der Mediation beauftragen will, dürfte auf starke Vorbehalte stoßen. Überhaupt sollten Sie sich klarmachen, dass alle Erben der Mediation zustimmen müssen. Denn es ist auch die Erbengemeinschaft, die für die Mediation bezahlt. Die Honorare schwanken stark. Sie sollten mit einem Stundensatz zwischen 80 und 160 Euro rechnen. In anspruchsvollen Fällen können allerdings auch 300 Euro pro Stunde fällig werden. Und wenn Sie mit dem Gedanken spielen, dieses Honorar notfalls zu übernehmen: Dann wird die Mediation kaum noch als unparteiisch erscheinen.

Im Vorfeld der Mediation muss sich der Mediator erst einmal ein Bild machen. Er braucht alle nötigen Informationen. Und die wird er bei den Erben abfragen. Er wird alle kontaktieren. Auch um sicherzustellen, dass alle diesem Verfahren zustimmen. Vorgespräche wird es eher nicht geben. Denn die könnten seine Neutralität beeinträchtigen.

Die Mediation selbst läuft so ab, dass erst einmal die aktuelle Lage geklärt wird: Worum geht es? Wie ist die Sicht der unterschiedlichen Parteien? Was erwarten sie? Was gedenken sie zu tun? Auch die Gefühlslage gilt es zu klären. Darauf aufbauend wird überlegt, wie eine Lösung aussehen könnte. Erfahrene Mediatoren verfügen über verschiedene Techniken, wie sie zerstrittene Erben behutsam einer Lösung näherbringen. Häufig kommen die Beteiligten schon ein großes Stück voran, wenn sie ihre negativen Gefühle wie Enttäuschung, Trauer oder Wut aussprechen können und die anderen das anerkennen. Die Lösung wird von den Beteiligten ausgehandelt, der Mediator begleitet den Prozess und gibt allenfalls Anregungen.

Vielleicht weist Sie der Mediator auch auf die eine oder andere Lösung hin, die Sie hier auf diesen Seiten finden, wie den Verkauf der Erbanteile oder die Abschichtungsvereinbarung. Wenn Sie sich darauf einigen, fragen Sie sich vielleicht, ob Sie das nicht hätten billiger haben können. Doch womöglich wäre diese Lösung abgelehnt worden, wenn Sie die vorgeschlagen hätten. Es ist das Abstimmungsverfahren, das hier zählt und das Ihnen vielleicht eine gerichtliche Auseinandersetzung erspart hat, die weit kostspieliger gewesen wäre. Das ist nämlich das eigentliche Ziel der Mediation: Eine »außergerichtliche Einigung«.

Wer beauftragt den Mediator?

Manchmal sperren sich Miterben gegen die Mediation, weil jemand den Mediator beauftragt hat, dem sie misstrauen. Das lässt sich vermeiden, wenn Sie vorschlagen, dass diese Erben selbst den Mediator beauftragen. Doch sollten Sie dann darauf bestehen, dass ein qualifizierter Mediator ausgewählt wird.

5.4.4 Vermittlung durch den Notar

Eine Alternative zum Mediator: Sie können einen Notar damit beauftragen, zwischen den Erben zu vermitteln. Dieses Recht steht nach § 363 FamFG Abs. 2 jedem Erben zu, außerdem jedem, dem ein Pfandrecht oder ein Nießbrauch an einem Erbteil zusteht. Widerspricht ein Erbe dem Verfahren, ist die Vermittlung gescheitert. Lassen sich alle darauf ein, bestehen gute Aussichten, dass es zu einer Einigung kommt. Die wird vom Notar beurkundet. Erscheint ein Erbe nicht zum Termin, leitet der Notar ein Versäumnisverfahren ein. Geht der Erbe daraufhin auf Tauchstation, kann der Notar das so werten wie eine Zustimmung und die Vereinbarung bestätigen. Die Kosten für die Vermittlung sind in der Gebührenordnung festgelegt und richten sich wieder nach der Höhe des zu verteilenden Nachlasses. Nach Nr. 23900 KV GNotKG ist die sechsfache Gebühr zu zahlen. In der Tabelle unter 5.3.1 ist die doppelte Gebühr aufgeführt. Sie müssen diesen Wert also verdreifachen.

5.4.5 Teilungsklage

Sie können selbst aktiv werden und einen Teilungsplan erstellen. Ihre Miterben fordern Sie auf, diesem Plan zuzustimmen. Andernfalls, so kündigen Sie an, werden Sie die Erbteilung beim Nachlassgericht einklagen. Allerdings gilt dieses Verfahren als sehr anspruchsvoll. Der Teilungsplan muss detailliert darlegen, wie der Nachlass unter den Erben aufzuteilen ist. Und der Nachlass muss »teilungsreif« sein, was so viel bedeutet wie: alle strittigen Fragen müssen geklärt sein. Nicht ohne Grund wird die Teilungsklage nur selten erhoben. Und wenn dies doch geschieht, sind die Erfolgsaussichten nicht besonders gut. Sie gilt als »Martyrium«, als letzte Möglichkeit, nachdem alle anderen Versuche zur Erbauseinandersetzung gescheitert sind. Gleichwohl besteht diese Möglichkeit. Wenn Sie sich mit dem Gedanken tragen, diesen ebenso kostspieligen wie riskanten Weg zu gehen, lassen Sie sich vorher eingehend von einem Fachanwalt für Erbrecht beraten.

5.4.6 Drohen mit der Teilungsversteigerung

Jeder Miterbe hat nach § 2042 Abs. 1 BGB das Recht, die Auseinandersetzung der Erbengemeinschaft zu verlangen. Und soweit eine Immobilie im Nachlass vorhanden ist, bedeutet dies – Teilungsversteigerung. Dieses Thema ist sehr komplex. Und so werden wir uns in einem eigenen Abschnitt damit beschäftigen (Kapitel 5.5). Allerdings wird die Teilungsversteigerung auch dazu genutzt, Miterben, die sich querstellen, unter Druck zu setzen. Indem man nämlich damit droht, die Immobilie zwangsversteigern zu lassen. Der Erlös wird dann unter den Erben ihrer Quote nach verteilt.

Das Verfahren ist langwierig und teuer. Und es bringt in aller Regel deutlich weniger ein, als wenn die Erbengemeinschaft das Objekt verkaufen würde. Der Unterschied ist: Bei einem Verkauf müssen alle Erben zustimmen. Bei einer Teilungsversteigerung hat keiner mehr mitzureden, wenn die Sache erst einmal ins Rollen gekommen ist. Und es reicht aus, wenn einer damit anfängt. Unter dem Strich bedeutet die Teilungsversteigerung eine mehr oder minder große finanzielle Einbuße. Daher lassen sich manche Miterben mit der Ankündigung gehörig unter Druck setzen, Sie sehen sich gezwungen, die Teilungsversteigerung zu beantragen. Zumindest ist das ein starkes Argument dafür, sich noch einmal zusammenzusetzen und über eine einvernehmliche Lösung nachzudenken.

Teilungsversteigerung als Druckmittel gegen Miterben, die in der Immobilie wohnen

Wohnt ein Miterbe in der Immobilie und zahlt keine oder wenig Miete, sollte die Erbengemeinschaft auf eine faire Lösung zusteuern, was so viel heißt wie: Der Miterbe muss (mehr) Miete zahlen als vorher, aber nicht so viel, wie nach dem Mietspiegel möglich wäre. Lässt sich der Miterbe nicht darauf ein, würde eine Teilungsversteigerung für ihn bedeuten: Ein neuer Eigentümer – mit ungewissen Aussichten, wie stark der die Miete erhöht oder womöglich sogar wegen Eigenbedarf kündigt.

5.5 Die Teilungsversteigerung

Bei der Teilungsversteigerung handelt es sich um eine Form der gerichtlich angeordneten Zwangsversteigerung. Sonst kommt es zu Zwangsversteigerungen, weil der Eigentümer seine Kredite nicht mehr bedienen kann und der Kreditgeber die »Verwertung« der Immobilie beantragt, damit aus dem Erlös seine Forderungen bedient werden können. Die Teilungsversteigerung soll die »Verwertung« erbringen, damit der Nachlass unter den Erben geteilt werden kann. Was aber nicht immer so einfach ist, wie wir noch sehen werden.

Jeder Miterbe kann die Teilungsversteigerung beim Amtsgericht beantragen, in dessen Bezirk sich die Immobilie befindet. Eine Mehrheit der Erben ist nicht erforderlich. Sie können den Antrag als einziger stellen. Sie müssen nur einen (unbeglaubigten) Grundbuchauszug für die Immobilie einreichen und einen Nachweis, dass Sie Erbe sind. Dabei ist nicht zwingend erforderlich, dass Sie bereits als Eigentümer im Grundbuch eingetragen sind. Die Kosten für den Antrag, die Verfahrenskosten und die möglichen Kosten für ein Wertgutachten müssen Sie erst einmal vorstrecken. Erst nach Abschluss der Versteigerung muss die Erbengemeinschaft dafür aufkommen. Und das kann dauern. Rechnen Sie mit ein bis drei Jahren.

Verhindern lässt sich eine Teilungsversteigerung von den Miterben nicht. Doch lässt sie sich hinauszögern. Nach § 180 Abs. 2 ZVG ist es möglich, für längstens sechs Monate die »einstweilige Einstellung des Verfahrens« zu beantragen, »wenn dies bei Abwägung der widerstreitenden Interessen der mehreren Miteigentümer angemessen erscheint«. Damit soll verhindert, werden, dass ein Objekt zu einem ungünstigen Zeitpunkt versteigert werden muss. Ist die Frist abgelaufen, darf noch einmal so ein Antrag gestellt werden, sodass sich das Verfahren maximal um ein Jahr verschiebt.

Haben Sie selbst die Teilungsversteigerung in Gang gesetzt, können Sie den Antrag später noch zurücknehmen, wenn Sie das wollen (§ 29 ZVG). Das Verfahren wird dann gestoppt. Die bis dahin aufgelaufenen Gerichtskosten und die Kosten für das Wertgutachten bleiben dann an Ihnen hängen.

5.5.1 Der Ablauf der Teilungsversteigerung

Das Gericht prüft, ob die formalen Anforderungen erfüllt sind, und informiert die Miterben, die wie erwähnt auf Antrag das Verfahren um sechs Monate hinauszögern können. Ist dieser Punkt geklärt, gibt das Gericht ein Wertgutachten in Auftrag. Sobald das vorliegt, kann der Versteigerungstermin festgesetzt und bekannt gemacht werden.

Beim Versteigerungstermin kann jeder sein Gebot abgeben, selbstverständlich auch Sie selbst und Ihre Miterben. Auch ist es möglich, dass Sie sich mit Ihren Miterben noch auf einen Vergleich einigen. Bieter müssen nicht persönlich anwesend sein, sondern können sich mit einer notariell beglaubigten Vollmacht vertreten lassen (§ 71 Abs. 2 ZVG).

Kommen keine höheren Gebote, erhält der Meistbietende den Zuschlag. Das Gericht prüft, ob es irgendwelche Einwände gegen eine Eigentumsübertragung gibt. Ist das nicht der Fall, erklärt der Rechtspfleger den Betreffenden zum Eigentümer. Der ist von nun an für die Immobilie verantwortlich. Wohnt ein Miterbe noch darin, stellt der Zuschlagsbeschluss einen »vollstreckbaren Titel« dar, mit dem der Eigentümer seinen Anspruch durchsetzen kann, dass die Wohnung herausgegeben, also geräumt wird.

Bieten Sie mit? Vorher Finanzierung klären!

Wollen Sie die Immobilie ersteigern, um selbst Alleineigentümer zu werden? So etwas ist keine Seltenheit. Doch denken Sie daran, dass Sie 10 Prozent des Verkehrswerts als Sicherheit nachweisen müssen, wenn Sie den Zuschlag bekommen. Und den Restbetrag, der Ihrem Gebot entspricht, müssen Sie kurzfristig aufbringen können. Sonst platzt der Deal. Kümmern Sie sich also frühzeitig um die Finanzierung und klären Sie, wie weit Sie mitgehen können.

5.5.2 Gebote zu niedrig?

Das Wertgutachten dient mit der Bestimmung des »Verkehrswerts« nicht nur zur Orientierung der Bietenden. Es legt auch die Grenzen fest, ab welchem Betrag ein Gebot als »zu niedrig« abgelehnt werden darf. Liegt das höchste Gebot unter 50 Prozent des Verkehrswerts, muss der Rechtspfleger den Zuschlag verweigern. Liegt das Gebot zwischen 50 und 70 Prozent, können die Eigentümer verlangen, dass der Zuschlag versagt wird. Dann wird ein Zweittermin anberaumt. Und bei dem gelten diese Untergrenzen nicht mehr.

5.5.3 Verteilung des Erlöses

Das Höchstgebot ist abgegeben, der neue Eigentümer bestimmt, der Kaufpreis ist bezahlt. Nun könnte man annehmen, dass die Sache geklärt ist und die Geldbeträge aufgeteilt werden – nach Abzug der nicht unerheblichen Verfahrenskosten, versteht sich. Doch hat der Gesetzgeber hier eine Sonderschleife vorgesehen, die das ohnehin bereits strapazierte Nervenkostüm der Erben einer weiteren Bewährungsprobe unterzieht. Denn es ist keineswegs so, dass zwangsläufig der verbliebene Erlös an die Erben gemäß ihrer Erbquote ausgeschüttet wird. Vielmehr muss sich die Erbengemeinschaft darüber noch einig werden. Wird sie das nicht, dann hinterlegt das Gericht das Geld bei der Hinterlegungsstelle. Und die Erbengemeinschaft kann die juristische Auseinandersetzung noch weitertreiben.

6 Ihre Mieter

Erben Sie eine vermietete Immobilie, übernehmen Sie auch die Mieterinnen und Mieter, die darin wohnen. Ob als Erbengemeinschaft oder Alleinerbe, Sie treten in den bestehenden Mietvertrag ein, den Sie nicht selbst geschlossen haben, an dessen Vertragsklauseln Sie jedoch gebunden sind. Das ist jedoch selten ein größeres Problem. Gravierende Nachteile drohen eher durch Vertragsklauseln, die besonders streng formuliert sind – die aber genau deshalb unwirksam sind. In solchen Fällen gelten die Regelungen, die der Gesetzgeber festgesetzt hat, falls über diesen Punkt gar nichts vereinbart wurde. Und diese Regelungen gehen fast immer zu Lasten des Vermieters.

Doch als erstes müssen Sie sich in die neue Rolle als Vermieter hineinfinden, sich über grundlegende Rechte und Pflichten klarwerden und dann Kontakt zu Ihren Mietern aufnehmen. Damit schaffen Sie die Grundlage für ein vertrauensvolles Mietverhältnis.

Es gibt jedoch eine Besonderheit zu beachten: Der »Erbfall« tritt ja bereits mit dem Tod des Erblassers ein. Es gibt keine Phase, in der die Immobilie »herrenlos« wäre. Wie § 1942 Abs. 1 BGB festlegt, geht die Erbschaft auf den berufenen Erben über, auch wenn er noch das Recht hat, sie auszuschlagen«. Sie und Ihre etwaigen Miterben übernehmen also unmittelbar die Position des Vermieters – sogar, wenn Sie die Erbschaft später noch ausschlagen, wozu Sie ja im Allgemeinen sechs Wochen Zeit haben (siehe 1.6).

Dadurch entsteht eine Zwischenphase: Sie sind zwar schon Vermieter, doch mit der Option, sich von dieser Position wieder zurückzuziehen, wenn Sie nämlich das gesamte Erbe ausschlagen. Diese »vorläufige Erbschaft« (Kapitel 1.6.2) stellt ihre eigenen Anforderungen an die Vermietung:

- Die laufenden Pflichten müssen Sie sofort übernehmen. Sie sind Ansprechpartner, führen Verhandlungen und dürfen auch nötige Aufträge (z. B. an Handwerker) vergeben oder Routinearbeiten veranlassen.
- Weitreichende Entscheidungen sollten Sie noch nicht treffen und auch keine Maßnahmen veranlassen, die sich ohne Nachteil aufschieben lassen.

Den zweiten Punkt sollten Sie beachten, weil Sie sich damit nämlich die Möglichkeit offenhalten, die Erbschaft noch auszuschlagen. Die Annahme einer Erbschaft müssen Sie nicht erklären, sie kann sich auch aus Ihrem Verhalten ergeben (1.6.1). Zum Beispiel wenn Sie einen Erbschein beantragen, gilt dies als Indiz, dass Sie die Erbschaft annehmen. Wenn Sie also eine Dachsanierung veranlassen oder dem Hausmeister kündigen, setzen Sie damit ein noch stärkeres Zeichen. Wohlverstanden: Regnet es bereits durchs Dach, ist es sogar Ihre Pflicht, Abhilfe zu schaffen. Es geht um Entscheidungen, mit denen Sie starken Einfluss nehmen und mit denen Sie noch hätten warten können. Schlagen Sie dann später (innerhalb der sechswöchigen Frist) das Erbe aus, dürfte dieser Entschluss zwar respektiert werden. Doch könnte es fraglich sein, ob der Erbe, der übernimmt, die Kosten für Ihre Maßnahmen übernimmt.

6.1 Stellen Sie sich Ihren Mietern vor

Verstirbt die Vermieterin, sind die Mieter häufig stark verunsichert. Was erwartet sie in Zukunft? Wer übernimmt die Vermietung? Eine Erbengemeinschaft? Eine Hausverwaltung? Wird die Wohnung verkauft? Oder ist eine Kündigung wegen Eigenbedarf zu befürchten?

Nicht selten sind die Mietwohnungen in den Wochen, Monaten oder Jahren vorher ein wenig vernachlässigt worden. Aus dem einfachen Grund, weil die oder der Verstorbene nicht mehr imstande war, sich näher um diese Angelegenheit zu kümmern. Anders liegt der Fall, wenn bereits ein Angehöriger die Mietangelegenheiten übernommen hat, beispielsweise die Tochter, die nun mit hoher Wahrscheinlichkeit zu den Erben gehört. Dann ist es sehr viel einfacher, die Mieter über die neue Situation zu informieren. Aber auch dann sollten Sie Klarheit schaffen. So eine Vorstellung wirkt beruhigend und kann sich sehr positiv auf Ihr Mietverhältnis auswirken. Ihr Schreiben könnte folgendermaßen aussehen:

DIGITALE EXTRAS

Muster: Vorstellungsschreiben an die Mieter

Sehr geehrte Mieterinnen und Mieter,

mein Name ist [Ihr Name] und ich schreibe Ihnen diesen Brief, um mich als Ihr neuer Vermieter vorzustellen. Ich habe kürzlich die Wohnung, die Sie gemietet haben, geerbt.

Ich möchte Sie darüber informieren, dass sich trotz des Wechsels des Eigentümers an Ihren aktuellen Mietbedingungen nichts ändern wird. Ihr Mietvertrag bleibt unverändert und alle Vereinbarungen, die Sie mit dem vorherigen Eigentümer getroffen haben, bleiben in Kraft.

Ich freue mich auf eine gute Zusammenarbeit und stehe Ihnen für Fragen oder Anliegen zur Verfügung. Sie können mich unter [Ihre Telefonnummer] erreichen.

Vielen Dank für Ihr Verständnis und Ihre Kooperation in dieser Übergangszeit.

Mit freundlichen Grüßen,

[Ihr Name und Ihre Unterschrift]

Planen Sie Veränderungen, Verbesserungen? Wollen Sie sich intensiver um das Mietobjekt kümmern? Dann lassen Sie das Ihre Mieter wissen. Als dritten Absatz könnten Sie beispielsweise hinzufügen:

Beispielformulierung: Instandhaltung ankündigen

Leider hat sich der vorherige Eigentümer aus gesundheitlichen Gründen nicht mehr ausreichend um das Mietverhältnis kümmern können. Dabei ist manches liegen geblieben, die Instandhaltung wurde vernachlässigt. Das würde ich sehr gerne ändern und bitte daher um Ihre Unterstützung.

Ebenso macht es sich gut, wenn Sie ankündigen, dass Sie sich gerne persönlich vorstellen möchten, um zu erfahren, was die Mieter belastet, womit sie zufrieden sind und welche Wünsche sie haben.

Beispielformulierung: Persönliche Vorstellung ankündigen

Gerne möchte ich mich Ihnen persönlich vorstellen. Bei dieser Gelegenheit würde ich gerne erfahren, wo Ihnen der Schuh drückt, womit Sie zufrieden sind und was wir verbessern sollten. Als Termin schlage ich (Datum, Uhrzeit) vor. Lassen Sie mich bitte wissen, ob das für Sie passt oder ob wir einen anderen Termin finden können.

Vielleicht erscheint Ihnen das als zu entgegenkommend. Doch machen Sie sich klar, dass Sie jetzt die Chance auf einen Neuanfang haben. Begegnen Sie den Mietern von Anfang an offen und freundlich, haben Sie gute Aussichten, dass sich das Verhältnis schlagartig verbessert. Und Sie verpflichten sich zu nichts – außer, dass Sie zuhören.

6.2 Zahlungsmodalitäten für die Miete

Wenn Sie sich als neuer Vermieter vorstellen, könnten Sie auch darauf hinwirken, dass die Mieter von nun an ihre Miete direkt auf Ihr Konto überweisen. Allerdings gibt es da einen Haken: Solange Sie noch »vorläufiger Erbe« sind und das Erbe noch ausschlagen können, haben die Mieter womöglich Bedenken, Ihnen das Geld zukommen zu lassen. Dann können Sie entweder den Erbschein vorlegen. Oder Sie dulden es, dass die Mieter weiterhin auf das gewohnte Konto überweisen. Als Erbe haben Sie ja ohnehin Zugriff darauf.

Das gilt auch für eine Erbengemeinschaft (Kapitel 5.2.2). Erst wenn Sie im Rahmen der Erbauseinandersetzung die Konten auflösen, sollten Sie vorher die Kontoangabe korrigieren. Zu diesem Zeitpunkt sollte es keinen Zweifel mehr geben, dass Sie das Erbe angetreten haben und als Vermieter agieren.

6.3 Der Mietvertrag – mit Checkliste

Der Mietvertrag ist das zentrale Dokument für die Vermietung. Ungünstige Vertragsklauseln haben dauerhafte und oftmals schwerwiegende Folgen. Schauen Sie sich daher immer die Mietverträge an, ehe Sie das Erbe antreten und als Vermieter in der Pflicht stehen. Tatsächlich kann ein Mietvertrag so nachteilig sein, dass er den Wert der Immobilie sehr stark mindert. Vielleicht lohnt es sich dann gar nicht mehr, die Erbschaft anzunehmen. Zumal Sie auch noch die Kosten für eine (energetische) Sanierung berücksichtigen müssen.

Viele Vertragsklauseln geben nur die geltende Rechtslage wieder. Deswegen sind sie aber nicht überflüssig. Denn sie informieren Ihre Mieter, welche Regelungen zu beachten sind. Für Sie sind diese Klauseln nicht weiter relevant, wenn Sie den Mietvertrag checken. Sie sollten sich auf die Klauseln konzentrieren, mit denen Sie sich bestimmte Rechte sichern. Prüfen Sie nach, welche Vereinbarungen da getroffen wurden – und vor allem, ob die überhaupt wirksam sind. Ist das nicht der Fall, gelten die gesetzlichen Vorgaben, die wie erwähnt für den Vermieter eher nachteilig sind. Diese kritischen Klauseln betreffen die folgenden Punkte:

DIGITALE EXTRAS

Checkliste: Kritische Klauseln im Mietvertrag prüfen	
Die **Kaution**: Ist eine Kaution vereinbart? In welcher Höhe? Ist geregelt, wie die Kaution angelegt werden muss (Sparbuch, Festgeld, Aktien)?	
Die **Nebenkosten** oder Betriebskosten: Sind die Nebenkostenarten genannt, die zu zahlen sind? Ist ein Betrag genannt, der für die Nebenkosten (voraus-)gezahlt werden muss?	
Sind die Nebenkosten als Vorauszahlung mit jährlicher Abrechnung vereinbart (die bessere Lösung)? Oder als Pauschale (bequemer, aber auf längere Sicht nachteilig)?	
Gibt es eine Vereinbarung zur Erhöhung der Nebenkosten? Müssen Nebenkosten, die neu entstehen, ebenfalls übernommen werden?	
Die **Mieterhöhung**: Welche Methode ist vereinbart worden? Die Erhöhung auf die »ortsübliche Vergleichsmiete«, die »Indexmiete«? Oder besteht ein »Staffelmietvertrag«?	
Die **Schönheitsreparaturen**: Ist der Mieter verpflichtet, spätestens beim Auszug zu renovieren? Viele Vertragsklauseln sind unwirksam. Haben Sie eine gültige Vereinbarung, kann Ihnen das mehr als tausend Euro sparen.	
Haustiere: Ist die Tierhaltung (nicht) erlaubt? Hunde, Katzen, Exoten oder alle Haustiere?	
Besondere Rechte und Pflichten: Darf der Garten genutzt werden? Muss die Treppe gewischt werden oder der Schnee geräumt? Sind besondere Ruhezeiten einzuhalten? Wird die Untermiete verboten?	

6.3.1 Die Kaution

Zu Beginn der Mietzeit müssen die Mieter eine Mietsicherheit hinterlegen, die Kaution. Die darf nach § 551 BGB maximal drei Monatsmieten betragen – wobei die Kaltmiete oder »Grundmiete« (ohne Nebenkosten) herangezogen wird. Die Kaution muss der Vermieter getrennt von seinem Vermögen anlegen und verzinsen – wie ein Sparbuch mit dreimonatiger Kündigungsfrist. Und meist wird die Kaution auch auf so einem Sparbuch angelegt.

Die Zahlung der Kaution hat aller Wahrscheinlichkeit nach längst stattgefunden. Unangenehm wird es, wenn Sie die Kaution nicht mehr auffinden können. Wenn es keine Hinweise gibt, dass die Zahlung der Kaution »vergessen« wurde, müssen Sie die Kaution samt Zinsen übernehmen bzw. vom Nachlass abziehen. Und die Anlage auf einem Sparbuch mit dreimonatiger Kündigungsfrist können Sie nun veranlassen.

6.3.2 Die Vereinbarung der Nebenkosten

Zu den wichtigsten Vertragsklauseln gehört die Vereinbarung über die Nebenkosten. Was viele nicht wissen: Nebenkosten müssen vertraglich vereinbart werden. Sonst gelten sie als bereits mit der Miete abgegolten und Sie könnten nur die Verbrauchskosten und die Kosten für Heizung und Warmwasser abrechnen. Weiterhin sollte aus dem Mietvertrag hervorgehen, welche Kosten überhaupt als Nebenkosten zu zahlen sind: Die Angabe »Strom, Gas und so weiter« heißt: Die Mieterin übernimmt die Kosten für Strom und Gas – mehr nicht. Allerdings gibt es eine Besonderheit: Wird in der Vertragsklausel einfach nur auf »§ 2 der Betriebskostenverordnung« hingewiesen, genügt das, um sämtliche zulässigen Nebenkosten auf die Mieterin umzulegen. Wichtig: Die »sonstigen Nebenkosten« (z. B. Nebenkosten für Sondereinrichtungen wie Klimaanlage, Dachrinnenheizung oder Müllschlucker) müssen genannt sein. Sonst gelten sie als nicht vereinbart.

Aus dem Mietvertrag sollte ebenfalls hervorgehen, ob die Nebenkosten als Pauschale zu zahlen sind (über die nicht abgerechnet wird). Oder als Vorauszahlung – mit jährlicher Abrechnung. Auch Mischformen sind denkbar: Ein Teil der Nebenkosten wird als Pauschale betrachtet, die übrigen Nebenkosten als Vorauszahlung.

Ganz entscheidend: Im Mietvertrag muss der Betrag angegeben sein, der für die Nebenkosten zu zahlen ist. Und wenn gemischt wird, muss aufgeführt sein, welcher Betrag als Pauschale und welcher als Vorauszahlung zu entrichten ist.

Selbstverständlich kann der aktuelle Betrag, den die Mieterin für die Nebenkosten zahlt, von dem abweichen, der im Vertrag genannt ist. Im Laufe der Jahre sind die Vorauszahlungen erhöht worden (was relativ einfach ist). Oder die Pauschale ist erhöht worden (was recht kompliziert ist; nicht ausgeschlossen, dass der Voreigentümer die Pauschale einfach so erhöht hat – was nicht den gesetzlichen Vorgaben entspricht).

Außerdem sollten Sie überprüfen, ob vertraglich überhaupt vorgesehen ist, die Nebenkostenpauschale zu erhöhen. Sonst ist eine Erhöhung unwirksam. Außerdem sollte es eine Regelung geben, die es erlaubt, neu entstandene Nebenkosten auf die Mieter umzulegen.

Für Sie als Nachfolger geht es darum zu überprüfen, wie angreifbar diese Vertragsklausel ist. Ist sie ganz oder teilweise unwirksam, könnten erhebliche Rückforderungen auf Sie zukommen.

6.3.3 Die Mieterhöhung

Es gibt drei unterschiedliche Verfahren der Mieterhöhung: Die Staffelmiete, die Indexmiete und die Erhöhung auf die »ortsübliche Vergleichsmiete« (6.6.1). Ist im Mietvertrag keine Vereinbarung geschlossen, müssen Sie von der dritten Methode Gebrauch machen, der Erhöhung auf die »ortsübliche Vergleichsmiete«, die im Übrigen als Standard gilt.

Bei der **Staffelmiete** sind die kommenden Mieterhöhungen bereits bei Vertragsabschluss angegeben (§ 557a BGB). Dabei muss die Miete 12 Monate lang unverändert bleiben. In der Vertragsklausel muss der Betrag angegeben werden, der als neue Miete ab dem angegeben Datum zu zahlen ist. Eine Prozentangabe reicht nicht aus. Früher durfte der Staffelmietvertrag nur über maximal zehn Jahre abgeschlossen werden. Das ist vorbei. Dennoch sind Staffelmietverträge befristet – ganz einfach, weil nicht unendlich viele »Staffeln« im Vertrag angegeben werden können. Zehn oder zwölf Jahre ist ein üblicher Zeithorizont. Danach kann die Miete ebenfalls erhöht werden – und zwar auf die »ortsübliche Vergleichsmiete«.

Bei der **Indexmiete** wird die Höhe der Miete an die Entwicklung der Verbraucherpreise gekoppelt. Im Mietvertrag wird die Ausgangsmiete festgelegt. Zugleich wird der aktuelle Stand vom Verbraucherpreisindex angegeben, den das Statistische Bundesamt ermittelt. Je nachdem, wie sich der Index entwickelt, kann die Miete entsprechend angepasst werden. Frühestens aber nach zwölf Monaten. Da die Erhöhung aber erst zu Beginn des übernächsten Monats nach Zugang des Erhöhungsschreibens wirksam wird, bleibt die Miete mindestens 14 Monate unverändert. Theoretisch kann bei einem Sinken der Verbraucherpreise auch der Mieter verlangen, dass die Miete angepasst wird. Doch in der Praxis dürfte das kaum vorkommen.

Die Standardmethode ist die Erhöhung auf die »**ortsübliche Vergleichsmiete**«. Als Richtwert gilt hier der Mietspiegel der jeweiligen Gemeinde. Wie Sie dabei vorgehen, erfahren Sie in Kapitel 6.6.1. Auch hier dürfen Sie erst zwölf Monate nach der letzten Mieterhöhung tätig werden und ein »Mieterhöhungsverlangen« an die Mieter schicken. Wirksam wird die Mieterhöhung erst nach drei Monaten. Im Ergebnis bleibt die Miete mindestens 15 Monate unverändert.

Bei Index- und Staffelmiete keine Erhöhung wegen Modernisierung möglich

Ist eine Index- oder Staffelmiete vereinbart, können Sie die Miete nicht auch noch zusätzlich wegen Modernisierungsmaßnahmen erhöhen. Dies ist nur möglich, wenn nach der Standardmethode erhöht wird, als Erhöhung auf die »ortsübliche Vergleichsmiete«.

6.3.4 Die Schönheitsreparaturen

Kaum eine andere Vertragsklausel hat die Gerichte so sehr beschäftigt wie die Vereinbarung über die sogenannten »Schönheitsreparaturen«. Vereinfacht gesagt geht es um die Frage, ob der Mieter die Wohnung renovieren muss, wenn er auszieht. Doch eigentlich liegt der Fall komplizierter. Welche Formulierungen anerkannt werden und was sie bedeuten, das ist schon recht spitzfindig und für Außenstehende nicht leicht nachzuvollziehen. Mittlerweile hat sich eine Standardformulierung durchgesetzt, die in fast allen Formularmietverträgen enthalten ist. Das Problem ist nur: Ältere Mietverträge enthalten oft noch Klauseln, die unwirksam sind. Gleich erfahren Sie, worauf Sie achten müssen.

Was sind Schönheitsreparaturen?

Wenn Sie vermieten, sind Sie für die Instandhaltung der Wohnung verantwortlich. Doch kann im Mietvertrag vereinbart werden, dass für bestimmte Arbeiten der Mieter aufkommen muss: Die »Kleinreparaturen« und die »Schönheitsreparaturen«. Fehlen solche Vereinbarungen, müssen Sie als Vermieter sich darum kümmern.

Schönheitsreparaturen sind einfache Renovierungsarbeiten, die auch von Laien ausgeführt werden können. Dazu gehört das Streichen von Wänden und Decken, das Tapezieren, das Schließen von Bohrlöchern, das Streichen von Fußböden, Heizkörpern und Rohren, die Grundreinigung des Teppichbodens, das Streichen von Innentüren sowie der Innenanstrich von Fenstern und Außentüren.

Achtung: Wird im Mietvertrag mehr verlangt, ist die gesamte Vereinbarung unwirksam. Weder das »Shampoonieren von Teppichböden durch eine Fachfirma« noch das Abschleifen und Versiegeln von Parkett gehört zu den Schönheitsreparaturen. Auch beschränken sich die Arbeiten auf die Wohnräume. Im Keller, im Speicher oder in der Garage sind sie nicht zulässig. Ebenso wenig wie ein Außenanstrich. Tauchen solche

Formulierungen im Mietvertrag auf, kippt die gesamte Klausel. Der Mieter kann die Wohnung unrenoviert übergeben.

Recht auf »Do it yourself«

Unwirksam sind auch alle Vertragsklauseln, die vorschreiben, einen Fachbetrieb zu beauftragen. Zwar sollen die Arbeiten ordentlich und fachgerecht erledigt werden. Aber sie dürfen auch von Laien übernommen werden. Wenn die Mieter selbst tätig werden wollen, so haben sie einen Anspruch darauf, das zu tun.

Im laufenden Mietverhältnis renovieren

In der Praxis geht es fast immer um die Endrenovierung. Dabei ist die Klausel anders formuliert: Der Mieter verpflichtet sich, die erwähnten Arbeiten zu übernehmen. Und zwar nach Grad der Abnutzung der Mieträume. Zur Orientierung werden mehrere Fristen genannt:

- Küche, Bad und Duschräume – alle drei Jahre
- Wohn- und Schlafräume, Flur, Diele, Toilette – alle fünf Jahre
- alle anderen Nebenräume – alle sieben Jahre

Diese Fristen dürfen nicht verpflichtend vorgeschrieben werden! Sonst ist die Klausel unwirksam. Und genau das trifft auf viele ältere Mietverträge zu. Taucht hingegen die Formulierung auf: »Die Pflicht, die Arbeiten durchzuführen, richtet sich nach dem Zustand der Mieträume«, hat die Klausel Bestand.

Zwar geht es fast immer um die Frage: Welche Räume muss der Mieter beim Auszug renovieren? Doch hat er diese Arbeiten bereits im laufenden Mietverhältnis durchgeführt, dann muss er nicht noch einmal zum Abschluss tätig werden.

Ganz entscheidend ist auch die Frage, in welchem Zustand die Mieträume übergeben wurden. War die Wohnung unrenoviert, gibt es keinen Anspruch auf Schönheitsreparaturen. Es ist nicht zulässig, die Wohnung in einem besseren Zustand zurückzubekommen, als sie übergeben wurde. Es sei denn, es findet sich im Mietvertrag eine individuelle Vereinbarung, in der festgelegt wurde: Für die Übernahme der Schönheitsreparaturen gibt es einen fairen Ausgleich, beispielsweise zwei oder drei Monate mietfrei wohnen.

6.3.5 Haustiere erlaubt?

Ob Ihre Mieter einen Hund, eine Katze oder ein anderes Haustier halten dürfen, das hängt auch davon ab, welche Regelung im Mietvertrag steht. Dabei könnten Sie eine böse Überraschung erleben. Es ist nämlich nicht zulässig, die Haltung von Haustieren generell zu verbieten. Eine so rigide Klausel würde es auch untersagen, Meerschweinchen, Zierfische oder Zwerghamster zu halten. Solche Kleintiere bedeuten aber keine unzulässige Beeinträchtigung, urteilen die Gerichte. Daher dürften sie gehalten werden.

Und nicht nur sie. Denn ist die Klausel unwirksam, öffnet sich nun womöglich auch die Tür für Hund und Katze. Zumindest wenn die Bedingungen gegeben sind, in der Wohnung so ein Tier zu halten. Dann stellt die Anschaffung einen »vertragsgemäßen Gebrauch der Mietsache« dar, wie das die Gerichte formulieren. Mit anderen Worten: Sie müssen Hund oder Katze dulden.

Eine solche Regelung gilt auch, wenn im Mietvertrag gar nichts über die Haltung von Haustieren steht. Aber nochmals: Ist die Wohnung zu klein oder aus irgendwelchen Gründen ungeeignet (z. B. empfindliches Mobiliar, das Sie mitvermieten), dann dürfen auch diese Tiere nicht angeschafft werden. Das gilt auch, wenn das Haustier überdimensioniert ist: Die Wohnung ist vielleicht für einen Dackel geeignet, für eine Dogge nicht. Und es dürfen auch nicht zu viele Tiere angeschafft werden. Was toleriert werden muss, das hängt von der Größe der Wohnung ab.

6.3.6 Besondere Rechte und Pflichten

Von besonderer Bedeutung sind die »individuellen Vereinbarungen«, die bei einem Formularmietvertrag häufig am Ende stehen und nicht selten handschriftlich eingetragen sind. Womöglich werden den Mietern bestimmte Pflichten auferlegt (z. B. Treppenreinigung, Winterdienst, Gartenpflege, tägliches Stoßlüften, um Schimmelbildung zu verhindern), sie werden auf Besonderheiten hingewiesen (z. B. empfindliches Parkett, technische Anlagen, Sonderausstattung, Einschränkungen) oder bekommen bestimmte Rechte eingeräumt (z. B. Nutzung der Waschküche, von Kellerabteilen, Stellflächen). Dabei sollten Sie zwei Dinge wissen:

- Alles, was hier zugesichert wurde, muss weiterhin erfüllt werden. Sonst ist der »vertragsgemäße Gebrauch der Mietsache« eingeschränkt. Und es droht eine Mietminderung.
- Manche Vermieter haben versucht, in den »individuellen Vereinbarungen« Regelungen zu treffen, die als Klausel im Formularmietvertrag unzulässig wären. Die werden jedoch nur anerkannt, wenn es dafür triftige Gründe gibt. Oder wenn die Regelung »ausgehandelt« wurde. Sonst sind sie unwirksam.

6.3.7 Können Sie einen neuen Mietvertrag abschließen?

Gerade bei älteren Mietverträgen kommt es vor, dass Formulierungen missverständlich sind, sich die Verhältnisse verändert haben und manche Vereinbarungen auf recht wackligen Füßen stehen. Warum nicht einen neuen Mietvertrag abschließen, der alle aktuellen Anforderungen erfüllt?

Im Prinzip ist das zwar möglich. Allerdings nur unter zwei Voraussetzungen:

- Erstens muss ihr Mieter damit einverstanden sein. Ist er es nicht, gilt der alte Vertrag weiter. Sie können ihn nicht unter Druck setzen oder gar damit drohen, das Mietverhältnis zu beenden.
- Zweitens dürfen Sie den Vertrag nicht einseitig zu Ihren Gunsten verändern. Sogar wenn Ihr Mieter den Vertrag unterschreibt. Dann verstoßen Sie gegen den Grundsatz von Treu und Glauben, wenn Sie ihm einen Vertrag vorlegen, mit dem Sie unwirksame Klauseln aus dem alten Vertrag reparieren wollen. Die neue Vereinbarung hätte keinen Bestand.

Wenn Sie eine unwirksame Klausel ersetzen wollen, dann müssen Sie Ihrem Mieter im Gegenzug etwas anderes anbieten. Dann lässt sich plausibel machen, dass Sie den neuen Vertrag ausgehandelt haben, da beide Seiten einen Vorteil haben. Doch ganz so einfach ist es nicht, solche neuen Vereinbarungen zu schließen. Denn gegen das Gebot von Treu und Glauben verstoßen Sie auch, wenn Sie von den Änderungen stark profitieren (z.B. durch eine wirksame Klausel über die Schönheitsreparaturen) und dem Mieter nur unbedeutende Vorteile anbieten.

»Verhandlungsmasse« finden Sie womöglich in den »individuellen Vereinbarungen«. Regelungen über Einrichtungen, die nicht mehr existieren, Rechte, aus denen sich kein nennenswerter Vorteil ergibt, Verpflichtungen, die sich anders besser regeln lassen. Ein Beispiel könnte die Pflicht zur Treppenreinigung sein. Häufig lässt sich das für alle Beteiligten bequemer regeln, wenn die ein Reinigungsservice oder der Hausmeister übernimmt.

6.4 Die Höhe der Miete

Der Wert einer vermieteten Immobilie hängt letztlich davon ab, wie viel Miete sich mit ihr erzielen lässt. Deshalb sollten Sie hier genauer hinschauen. Nicht selten sind die Mieten bei geerbten Immobilien vergleichsweise niedrig. Weil sie lange Zeit nicht gestiegen sind. Die Verstorbene hat sich schon lange nicht mehr darum kümmern können, die Miete anzupassen. Oder der Neffe, der sich um die vermieteten Wohnungen kümmern sollte, hat das aufwendige Verfahren einer Mieterhöhung nicht auf sich genommen.

Ob Ihre Miete zu niedrig bemessen ist, das können Sie feststellen, indem Sie den Mietspiegel der Gemeinde heranziehen, in dem sich das Objekt befindet. Ein Mietspiegel ist ein Verzeichnis, das dazu gedacht ist, die »ortsübliche Vergleichsmiete« zu bestimmen. Gibt es in Ihrer Gemeinde keinen Mietspiegel, können Sie den der Nachbargemeinde verwenden, wenn die Verhältnisse vergleichbar sind. Es geht ja erst einmal darum zu bestimmen, auf welchem Niveau sich Ihre Miete befindet – und ob Sie überhaupt mehr erlösen können.

Nun ist eine Mieterhöhung nicht immer die beste Entscheidung. Doch mit der aktuellen Miete und einer möglichen höheren Miete müssen Sie rechnen. Nicht zuletzt, um zu überlegen, ob sich bestimmte Sanierungsmaßnahmen lohnen oder ob das Objekt langfristig überhaupt eine Rendite abwirft. Vielleicht zahlen Sie ja drauf – und zwar nicht, weil Sie kurzfristig investieren müssen (z. B. Dämmung, Heizung), sondern weil das Objekt langfristig unrentabel ist. Dann haben Sie mehrere Möglichkeiten: Sie können das Erbe ausschlagen, das Objekt verkaufen – oder verschenken. Und schließlich können Sie die Vermietung auch als steuerbegünstigtes Hobby betrachten, das (wie andere anspruchsvolle Hobbys auch) gewisse Kosten verursacht, die Sie jedoch steuerlich als Verlust geltend machen können.

6.5 Die Mietrendite berechnen

Es gibt verschiedene Kennzahlen, die Sie sich anschauen können, um zu beurteilen, wie rentabel das geerbte Mietobjekt ist – und an welcher Schraube Sie möglicherweise drehen können, um das Ergebnis zu verbessern. Sie können die Mietrendite der vergangenen Jahre berechnen und vorausschauen, wie sich Ihre Mietrendite im laufenden Jahr entwickelt

6.5.1 Der Reinertrag

Ausgangswert ist der sogenannte »Reinertrag«. An ihm lässt sich ablesen, wie viel die Immobilie im Jahr einbringt. Finanzierungskosten bleiben dabei unberücksichtigt. Es geht nur um das Objekt.

DIGITALE EXTRAS

Rechenhilfe: Mietrendite	
Jährliche Kaltmiete	Euro
abzüglich nicht umlegbarer Betriebskosten	– Euro
abzüglich Instandhaltungskosten	– Euro
abzüglich nicht umlegbarer Modernisierungskosten	– Euro
ergibt **Reinertrag**	= Euro

Anmerkung: Zu den »nicht umlegbaren Betriebskosten« gehören auch alle Ausgaben, die durch die Vermietung entstanden sind und die nicht die Mieter übernehmen: Fahrtkosten, Verwaltungskosten, Kosten für Anzeigen beim Mieterwechsel.

Bei den »Modernisierungskosten« sollten Sie berücksichtigen, wie viel Sie auf die Mieter umlegen können – im Zuge einer Mieterhöhung wegen Modernisierung. Ihre Kosten sollten Sie auf mehrere Jahre verteilen. Dann erkennen Sie auch, wann sich die Investition amortisiert hat.

6.5.2 Brutto-Mietrendite

Denken Sie über einen Verkauf nach, ist dieser Wert sehr hilfreich. Er lässt sich relativ einfach berechnen und eignet sich auch, um Ihr Objekt mit anderen zu vergleichen. Der »Verkehrswert« gilt als der Preis, den Sie bei einem Verkauf erzielen könnten (laut Gutachten oder Schätzung). Lässt sich ein höherer Preis erzielen, sollten Sie den ansetzen. Und beachten Sie: Es handelt sich um einen Vergleichswert für den Verkauf. Die »reale« Rendite (Kapitel 6.5.3) liegt darunter.

DIGITALE EXTRAS

Rechenhilfe: Brutto-Mietrendite		
Jährliche Kaltmiete		Euro
multipliziert mit 100	x	Euro
dividiert durch den Verkehrswert	/	Euro
ergibt die **Brutto-Mietrendite**	=	Prozent

6.5.3 Netto-Mietrendite

Erst dieser Wert gibt Auskunft darüber, wie rentabel Ihre Immobilie letztlich ist. Ausgangspunkt ist nicht die jährliche Kaltmiete, sondern der Reinertrag. Und es wird nicht der Verkehrswert (als möglicher Verkaufspreis) herangezogen, sondern im Normalfall die »Anschaffungskosten«. Als Erbe fällt Ihnen das Objekt allerdings mehr oder minder »kostenfrei« zu. Daher setzen Sie in diesem Fall den Verkehrswert an – abzüglich aller Verkaufsnebenkosten, dem »Verkaufserlös«.

DIGITALE EXTRAS

Rechenhilfe: Netto-Mietrendite		
Jährliche Kaltmiete		Euro
multipliziert mit 100	x	Euro
dividiert durch den Verkaufserlös	/	Euro
ergibt die **Netto-Mietrendite**	=	Prozent

Der »Reinertrag« kann durchaus auch negativ ausfallen. Dann wird er zum Verlust. Und je höher der Verkehrswert und der Verkaufserlös ist, desto niedriger die Rendite – anders gesagt: Desto mehr lohnt sich der Verkauf (zum angesetzten Preis, versteht sich).

Wie hoch ist eine zufriedenstellende Mietrendite? Viel hängt von der Berechnungsmethode ab. Doch als Orientierungswerte können gelten:

- 5 Prozent Brutto-Mietrendite sollten es schon sein.
- 3,5 Prozent gelten bei Netto-Mietrendite (bei der die Anschaffungskosten zugrunde gelegt werden) noch als akzeptabler Wert.

6.6 So erhöhen Sie die Miete

Egal, ob Sie sich im unteren oder mittleren Bereich des Mietniveaus bewegen: Für Ihre Mieter ist eine Mieterhöhung stets unangenehm. Es ist daher eine Überlegung wert, ob Sie so in Ihr neues Mietverhältnis starten möchten. Doch über kurz oder lang sollten Sie eine angemessene Miete für Ihr Haus oder Ihre Wohnung erzielen. Daher wollen wir uns ansehen, wie Sie bei einer Mieterhöhung vorgehen.

Wie wir gesehen haben, gibt es drei unterschiedliche Methoden, die Miete zu erhöhen. Welche Sie nutzen müssen, geht aus dem Mietvertrag hervor (Kapitel 6.3.3). Staffelmiete und Indexmiete dürften Sie vor keine Probleme stellen. Sie nehmen auf die Methode Bezug und teilen Ihrem Mieter mit, ab wann er die höhere Miete zu zahlen hat (bei der Staffelmiete müssten Sie das nicht tun, aber es empfiehlt sich, da Mieter die neue Staffel häufig »vergessen«).

Die Erhöhung auf die »ortsübliche Vergleichsmiete« – die Standardmethode – verdient hingegen ein paar Hinweise.

6.6.1 Was ist überhaupt die »ortsübliche Vergleichsmiete«?

Als »ortsübliche Vergleichsmiete« gilt der übliche Mietpreis für vergleichbaren Wohnraum in derselben Region. Vergleichsfaktoren sind Wohnlage, Ausstattung, Größe, Beschaffenheit und energetischer Zustand.

Der örtliche Mietspiegel sollen helfen, die ortsübliche Vergleichsmiete zu bestimmen. Angegeben wird der übliche Quadratmeterpreis für die Wohnfläche, was Sie entsprechend in Ihre Monatsmiete umrechnen müssen. Als Datenbasis für einen Mietspiegel dienen die örtlichen Mieten, die in den vergangenen sechs Jahren gezahlt oder angepasst wurden. Die gesetzliche Definition findet sich in § 558 Abs. 2 BGB.

6.6.2 Der Mieter muss zustimmen

Für manche mag es überraschend klingen, aber als Vermieter dürfen Sie nicht einseitig die höhere Miete festsetzen. Vielmehr brauchen Sie die Zustimmung Ihrer Mieter. Sonst ist die Erhöhung nicht wirksam. Ihr Schreiben ist denn auch keine Ankündigung einer Mieterhöhung, sondern ein »Mieterhöhungsverlangen«. Allerdings haben Sie nach § 558 Abs. 1 BGB Anspruch darauf, dass Ihr Mieter zustimmt, wenn er keine stichhaltigen Einwände hat. Die Zustimmung können Sie einklagen.

Der Mieter kann »formlos« erklären, dass er einverstanden ist. Es gilt auch als Zustimmung, wenn er gar nicht reagiert, sondern ohne Vorbehalt die höhere Miete zahlt. Eine dreimalige Zahlung wird als Zustimmung gewertet (BGH, Beschluss vom 30.1.2018, Az. VIII ZB 74/16). Doch empfiehlt es sich, vorher nachzuhaken, um zu klären, ob Sie die Zustimmung einklagen müssen.

6.6.3 Der Vermieter muss begründen

In Ihrem »Mieterhöhungsverlangen« müssen Sie die Mieterhöhung begründen. Konkret bedeutet das: Gestützt auf die Angaben aus dem Mietspiegel müssen Sie vorrechnen, dass die neue Miete nicht über der »ortsüblichen Vergleichsmiete« liegt. Sie sind nämlich nur berechtigt, maximal die Vergleichsmiete zu verlangen und nicht mehr.

Wichtig: Alle Angaben, die nötig sind, Ihr Verlangen nachzuprüfen, müssen in das Schreiben hinein. Korrekturen oder zusätzliche Gründe können nicht nachgeliefert werden. Sie müssten in diesem Fall ein neues »Mieterhöhungsverlangen« starten – mit entsprechend verschobener Frist.

6.6.4 Die Fristen

Das Mieterhöhungsverlangen dürfen Sie frühestens zwölf Monate nach der letzten Mieterhöhung stellen. Zu zahlen ist die neue Miete erst drei Monate später, sodass die Miete mindestens 15 Monate unverändert bleibt. Die Überlegensfrist für den Mieter endet mit dem »Ablauf des zweiten Kalendermonats nach dem Zugang des Verlangens« (§ 558b Abs. 2 BGB). Hat er bis dahin nicht zugestimmt, können Sie auf Zustimmung klagen. Dafür haben Sie drei weitere Monate Zeit. Ansonsten gilt Ihr Mieterhöhungsverlangen als gescheitert.

6.7 Kündigen wegen Eigenbedarf

Verstirbt die Vermieterin oder der Vermieter, so ist die größte Sorge der Mieter: Wird einer der Erben wegen Eigenbedarf kündigen? Dieses Recht steht Ihnen als Eigentümer zu. Und wenn eine Erbengemeinschaft vermietet, kann jedes Mitglied Eigenbedarf geltend machen – für sich selbst, aber auch für seine Angehörigen. Dabei ist jedoch ist eine Besonderheit zu beachten: Kündigen müssen *alle* Mitglieder der Erbengemeinschaft. Weigert sich nur einer, seine Unterschrift unter das Kündigungsschreiben zu setzen, kommt die Kündigung nicht zustande.

Wie das Mietverhältnis anschließend geregelt wird, ist für die Eigenbedarfskündigung nicht entscheidend. Also, ob die Person Miete zahlt oder die Wohnung im Zuge der Erb-Auseinandersetzung (5.3) später übernimmt, spielt keine Rolle. Kündigen müssen aber in jedem Fall alle Eigentümer.

6.7.1 Für wen kann Eigenbedarf geltend gemacht werden?

Wir haben es erwähnt: Es sind nicht nur die Erben, die für sich selbst Eigenbedarf anmelden können. Sie können auch für Personen kündigen, die ihnen nahestehen: Familienangehörige und oder Personen, die zu Ihrem Haushalt gehören. Dazu zählen vor allem Hausangestellte oder Pflegepersonal. Dabei wird stillschweigend vorausgesetzt, dass sich Ihre eigene Unterkunft in der Nähe befindet. Sonst ergibt sich ja nicht die Notwendigkeit, dass diese Personen dort einziehen.

Zu den Familienangehörigen zählen alle Personen, denen das Prozessrecht ein »Zeugnisverweigerungsrecht« zubilligt. Für Nichtjuristen übersetzt: Die engere und direkte Verwandtschaft ist eingeschlossen: Kinder, Eltern, Geschwister, Enkel, Großeltern, Nichten und Neffen, sofern sie mit Ihnen verwandt sind (»leibliche Nichten und Neffen«).

Es zählen aber auch Menschen zu Ihren Familienangehörigen, mit denen Sie nicht verwandt sind: Ihr Ehepartner, Schwiegereltern, Schwiegerkinder, Stiefkinder, Pflegekinder, Pflegeeltern.

Darüber hinaus können noch weitere Personen in Frage kommen wie etwa die Schwägerin oder der Schwager – allerdings nur, wenn Sie glaubhaft machen können, dass Sie für diese Personen besondere Verantwortung tragen.

Eigenbedarf für geschiedene Ehepartner

Nach einem Urteil des Bundesgerichtshofs kann auch Eigenbedarf für einen geschiedenen Ehepartner geltend gemacht werden (Urteil vom 2.9.2020, Az.: VIII ZR 35/19).

6.7.2 Sie müssen die Person nennen und den Grund

Damit Ihre Kündigung wirksam wird, müssen Sie angeben, für wen Sie den Eigenbedarf geltend machen. Dabei ist es nicht notwendig, die Person namentlich oder gar mit Adresse zu aufzuführen. Es genügt, wenn Ihr Mieter sie zuordnen kann, um zu beurteilen, ob Sie zu Recht Eigenbedarf anmelden.

Daher müssen Sie auch kurz begründen, warum die Person die Wohnung benötigt. Zum Beispiel, weil sie neu in die Stadt zieht, um eine Arbeitsstelle anzutreten oder eine Ausbildung zu beginnen. Weil sie aus ihrer alten Wohnung ausziehen muss. Weil sie mit ihrem Lebenspartner zusammenziehen möchte. Weil sie Nachwuchs bekommen hat und eine größere Wohnung braucht. Weil sich der Weg zur Arbeitsstelle erheblich verkürzt. Oder der Schulweg für die eigenen Kinder. Oder der Weg zu den Enkelkindern, auf die die Person aufpassen möchte (BGH, Urteil vom 23.9.2015, Az. VIII ZR 297/14).

Wichtig: Die Wohnung muss auch künftig zu Wohnzwecken genutzt werden. Soll dort ein Büro oder ein anderer Gewerberaum entstehen, gibt es vielleicht auch die Möglichkeit zu kündigen, nämlich wenn Sie ein »berechtigtes Interesse« geltend machen können. Aber das fällt dann nicht unter die Eigenbedarfskündigung.

Grund muss bei der Kündigung noch nicht eingetreten sein

Nach gängiger Rechtsprechung ist es nicht erforderlich, dass der Grund für die Eigenbedarfskündigung bereits besteht. Allerdings muss er sich abzeichnen oder mit hoher Wahrscheinlichkeit eintreten. So bei der Kündigung wegen der Geburt eines Kindes, wenn die noch bevorsteht. Oder wenn die betagte Vermieterin für eine Pflegeperson kündigt, die noch nicht angestellt worden ist. Dagegen ist eine vorsorgliche Eigenbedarfskündigung nicht zulässig. Wenn also der Familienzuwachs nur »geplant« ist. Oder lediglich »befürchtet« wird, dass die Vermieterin pflegebedürftig werden könnte.

Wenn sich der Kündigungsgrund ändert oder entfällt

Im Laufe der Zeit kann sich der Kündigungsgrund schon mal verändern: Ihre Tochter hat in einer anderen Stadt einen Ausbildungsplatz gefunden, aber Sie benötigen die Wohnung nun für eine Pflegerin, die sich um Ihren Vater kümmern soll. Dann müssen Sie Ihren Mieter darüber informieren – und vermutlich neu kündigen. Denn der ursprüngliche Kündigungsgrund besteht ja nicht mehr.

Wenn der Eigenbedarf ganz entfällt, dann müssen Sie das Ihrem Mieter zügig mitteilen. Will er das Mietverhältnis fortsetzen, müssen Sie das akzeptieren. Sie können auch nicht auf Zeit spielen und erst kurz vor dem Kündigungsdatum mitteilen, dass der Grund entfallen ist – wenn Sie das schon hätten früher tun können. Wer beim Eigenbedarf trickst, macht sich schadenersatzpflichtig!

6.7.3 Weisen Sie auf das Widerspruchsrecht hin

Vergessen Sie in Ihrem Kündigungsschreiben auf keinen Fall, darauf hinzuweisen, dass der Mieter der Kündigung widersprechen kann, wenn diese Kündigung eine »unzumutbare Härte« für ihn darstellt. Fordern Sie ihn außerdem auf, den Widerspruch zu begründen.

Setzen Sie eine Frist: Spätestens zwei Monate vor der geplanten Beendigung des Mietverhältnisses muss der Widerspruch bei Ihnen eingegangen sein. Fehlt dieser Hinweis, dann könnten Sie eine böse Überraschung erleben: Der Mieter zieht nicht aus und beruft sich erst jetzt auf die Härtefallregelung.

6.7.4 Die Sozialklausel

Was ist das überhaupt, eine »unzumutbare Härte«, mit der man nach § 574 BGB der Kündigung widersprechen und die Fortsetzung der Vermietung verlangen kann? Nun, es werden ganz unterschiedliche Härtegründe anerkannt. Es geht um die Frage, ob Ihre Kündigung schwerwiegende Nachteile für den Mieter mit sich bringt. Dabei können diese Nachteile finanzieller, gesundheitlicher oder auch sozialer Art sein. So kann es ein Härtegrund sein, wenn ein alter oder psychisch beeinträchtigter Mensch aus seinem gewohnten sozialen Umfeld herausgerissen würde. Oder wenn jemand schwer krank oder behindert ist und ein Umzug nicht zumutbar erscheint. Schließlich liegt auch ein Härtegrund vor, wenn »angemessener Ersatzwohnraum zu zumutbaren Bedingungen nicht beschafft werden kann«, wie es in § 574 Abs. 2 BGB heißt.

Und noch etwas: Eine unzumutbare Härte kann auch entstehen, wenn einem Angehörigen oder einem Mitglied des Haushalts durch die Kündigung unzumutbare Nachteile entstehen würden. Zum Beispiel: Die schulpflichtigen Kinder sollen nicht mitten im Schuljahr die Schule wechseln müssen. Oder die Mieterin pflegt ihren hochbetagten Vater, der in der Nähe wohnt.

Manche Härtegründe bestehen nur zeitweise. So ist es gewiss eine erhebliche Zumutung, wenn Ihre Mieterin ausziehen muss, wenn sie ein Kind erwartet. Nach der Geburt wird der Härtegrund nicht mehr ganz so stark ins Gewicht fallen. Oder aber wenn der Umzug nach dem Abschluss des Schuljahrs erfolgt, ist das eher zumutbar. In solchen Fällen haben die Härtegründe nur aufschiebende Wirkung und können die Kündigung nur hinauszögern und nicht verhindern.

6.7.5 Die Interessen werden gegeneinander abgewogen

Sie sollten wissen: Die Gründe, die der Mieter geltend macht, stehen nicht für sich allein. Sie werden abgewogen gegen die Interessen desjenigen, der den Eigenbedarf geltend machen will. So steht es auch im Gesetzestext. Die Härte, auf die sich der Mieter beruft, darf »auch unter Würdigung der berechtigten Interessen des Vermieters nicht zu rechtfertigen« sein (§ 574 Abs. 1 BGB).

Das kann dazu führen, dass ein und derselbe Fall unterschiedlich bewertet wird – je nachdem, welche Unzumutbarkeiten die Parteien in die Waagschale werfen können. Einem älteren Mieter, der nicht mehr bei guter Gesundheit ist, will man einen Umzug nicht zumuten. Doch wenn es darum geht, einem noch älteren, noch kränkeren Menschen eine Wohnung zu verschaffen, dann ist es sehr wahrscheinlich, dass der Mieter ausziehen muss.

Mehrere Wohnungen? Sie haben die Wahl!

Können Sie zwischen mehreren Wohnungen wählen, so steht es Ihnen frei, für welche Wohnung Sie sich entscheiden. Die Sozialklausel hat keineswegs zur Folge, dass Sie bei Ihrer Wahl soziale Gründe berücksichtigen müssen. Der Mieter kann sich nicht darauf berufen, dass Sie einem anderen Mieter eher hätten kündigen müssen. Vielmehr muss er zeigen, dass seine Gründe schwerer wiegen als Ihre.

6.7.6 Kündigungsfrist unbedingt einhalten

Eine Eigenbedarfskündigung ist eine »ordentliche« Kündigung. Das heißt, Sie müssen die Kündigungsfristen von mindestens drei Monaten einhalten. Wenn das Mietverhältnis für eine Wohnung schon lange besteht, kann die Frist ein halbes, ein dreiviertel, in Einzelfällen sogar ein Jahr betragen. Halten Sie diese Frist unbedingt ein. Planen Sie ausreichend zeitlichen Puffer ein und lassen Sie sich den Zugang der Kündigung bestätigen. Den fristgerechten Zugang der Kündigung müssen Sie beweisen. Sonst ist Ihre Kündigung unwirksam. Und Sie können von vorne beginnen, mit neuen Fristen.

Dauert das Mietverhältnis bis zu fünf Jahre, beträgt die Kündigungsfrist 3 Monate.

Besteht das Mietverhältnis länger als fünf Jahre, wird die Kündigungsfrist auf sechs Monate verlängert! Das heißt: Geht Ihre Kündigung spätestens am 3. Werktag im Februar bei Ihrer Mieterin oder Ihrem Mieter ein, können Sie erst zum 31. Juli kündigen.

Dauert das Mietverhältnis länger als acht Jahre, verlängert sich die Kündigungsfrist für Sie noch einmal um drei Monate auf neun Monate. Um bei unserem Beispiel zu bleiben: Anfang Februar gekündigt, verschiebt sich der Kündigungstermin auf den 31. Oktober.

In älteren Mietverträgen findet sich manchmal noch die Klausel: Besteht das Mietverhältnis länger als zehn Jahre, muss mit einer Frist von zwölf Monaten gekündigt werden! Das entspricht zwar nicht der gesetzlichen Kündigungsfrist, die endet nämlich bei neun Monaten. Doch wenn diese Regelung im Mietvertrag steht, müssen Sie sich daran halten!

Stillschweigende Verlängerung ausschließen

Achtung: Nach § 545 BGB verlängert sich das Mietverhältnis auf unbestimmte Zeit, wenn der Mieter einfach nicht auszieht und Sie nicht innerhalb der nächsten zwei Wochen aktiv werden. Diese Zwei-Wochen-Frist fängt an zu laufen, sobald Sie »von der Fortsetzung Kenntnis« erhalten. In diesem Fall darf man annehmen: Unmittelbar nach dem Ende der Mietzeit. Immerhin haben Sie ja wegen Eigenbedarf gekündigt.

Dieser »stillschweigenden Verlängerung« des Mietvertrags können Sie bereits in Ihrem Kündigungsschreiben widersprechen. Sicherheitshalber sollten Sie aber dennoch aktiv werden und den Mieter nochmals auffordern, die Wohnung zu räumen und an Sie zurückzugeben. Sonst müssten Sie Räumungsklage erheben.

6.7.7 Kündigung nachweisbar zustellen lassen

Der rechtzeitige Zugang der Kündigung ist entscheidend für ihre Wirksamkeit. Es kommt immer wieder vor, dass diejenigen, denen gekündigt wird, bestreiten, die Kündigung bekommen zu haben. Manche Vermieter schicken die Kündigung deshalb per Einschreiben mit Rückschein. Doch wenn es hart auf hart kommt, reicht das nicht aus. Wollen Sie auf Nummer sicher gehen und die Kündigung rechtssicher zustellen lassen, gibt es drei Möglichkeiten.

Erste Möglichkeit: Sie übergeben selbst die Kündigung und lassen sich quittieren, dass der Mieter das Schreiben bekommen hat.

Zweite Möglichkeit: Sie beauftragen einen Botendienst. Es gibt Firmen, die diese Dienstleistung anbieten, um »sensible Dokumente« wie Kündigungsschreiben rechtssicher zuzustellen. Das Dokument wird nicht nur übergeben oder im »Machtbereich« des Mieters abgelegt (damit gilt es als zugestellt). Der Bote, der es überbringt, nimmt auch den Inhalt zur Kenntnis, um bezeugen zu können, dass tatsächlich das Kündigungsschreiben zugestellt worden ist.

Dritte Möglichkeit: Sie lassen das Schreiben vom Gerichtsvollzieher zustellen. Das ist gar nicht so teuer. Sie können die betreffende Stelle beim Amtsgericht vorher anrufen, um zu klären, ob es möglich ist, das Schreiben fristgerecht zuzustellen. Dann schicken Sie es einfach dort hin.

6.7.8 Sperrfrist bei umgewandelter Eigentumswohnung

Eine drastische Einschränkung gilt, wenn es sich bei dem Objekt, für das Eigenbedarf geltend gemacht wird, um eine Eigentumswohnung handelt, die während der Mietzeit umgewandelt wurde. Wie im nächsten Kapitel näher ausgeführt, entstehen Eigentumswohnungen dadurch, dass ein Mehrfamilienhaus »geteilt« wird – in mehrere Eigentumswohnungen. Wem was gehört und was allen gemeinsam, das steht in der Teilungserklärung.

Hat das Mietverhältnis, das Sie wegen Eigenbedarf kündigen wollen, bereits bestanden, als die Umwandlung stattfand, greift eine Sonderregelung: Die Kündigungssperrfrist nach § 577a BGB.

- Die Sperrfrist gilt für drei Jahre.
- Diese Frist verlängert sich sogar auf zehn Jahre in Gebieten mit Wohnraumknappheit!

Ob die Gemeinde, in der Sie vermieten, dazu zählt, erfahren Sie bei der Verwaltung. Großstädte gehören im Allgemeinen dazu.

Die Sperrfrist ist nicht verhandelbar. Sie beginnt zu laufen, sobald die Eigentumsübertragung stattgefunden hat, in Ihrem Fall: sobald Sie (und Ihre Miterben) im Grundbuch als neue Eigentümer eingetragen werden.

Doch woran erkennen Sie, ob der Fall auf Sie überhaupt zutrifft? Nehmen Sie sich den Mietvertrag und die Teilungserklärung vor. Ist die Teilungserklärung früher datiert als der Mietvertrag? Dann gilt die Sperrfrist nicht. Nur wenn der Mieter die Wohnung bereits genutzt hat, als sie umgewandelt wurde, müssen Sie die Frist beachten.

6.7.9 Musterschreiben Eigenbedarfskündigung

Das folgende Beispiel soll Ihnen helfen, Ihre Eigenbedarfskündigung zu formulieren. Das Szenario ist die Kündigung durch eine Erbengemeinschaft für einen ihrer Miterben. Unterstellt wird, dass sie zügig nach dem Eintrag ins Grundbuch kündigen und sich der Mieterin noch nicht vorgestellt haben. Entscheidend: Es kündigt nicht dieser eine Erbe, der Eigenbedarf anmeldet, sondern alle Mitglieder der Erbengemeinschaft. Alle anderen Elemente gelten auch, wenn Sie als Alleinerbe kündigen.

DIGITALE EXTRAS

Muster: Eigenbedarfskündigung durch eine Erbengemeinschaft

Sehr geehrte Frau Kuhn,

wir sind Mitglieder der Erbengemeinschaft Ernst Hellmann, Ihres bisherigen Vermieters, der am 3. Februar 2024 verstorben ist. Dies ersehen Sie aus dem Erbschein, den wir in Kopie unserem Schreiben beilegen. Nunmehr sind wir Eigentümer der Wohnung in der Kantstraße 7, die Sie gemietet haben. Wir sind in alle Rechte und Pflichten des Mietvertrags eingetreten.

Hiermit kündigen wird den Mietvertrag vom 30. April 2005 wegen Eigenbedarf nach § 573 Abs. 2 Nr. 2 BGB. Das Mietverhältnis besteht seit 19 Jahren. Die Kündigungsfrist beträgt daher neun Monate. Wir kündigen Ihnen fristgerecht zum 31. Dezember 2024.

Der Grund: Die volljährige Tochter unserer Miterbin Katharina Zimmermann zieht aus und gründet ihren eigenen Hausstand. Die elterliche Wohnung ist dafür zu klein. Daher haben wir an der Kündigung ein berechtigtes Interesse.

Gegen diese Kündigung können Sie nach §§ 574, 574 a-c BGB Widerspruch einlegen und die Fortsetzung des Mietverhältnisses verlangen. Und zwar wenn die Beendigung des Mietverhältnisses für Sie, Ihre Familie oder Personen Ihres Haushalts eine Härte bedeuten würde, die auch unter Würdigung unserer Interessen nicht zu rechtfertigen ist. Ihr Widerspruch muss uns mit spätestens zwei Monate vor dem Ende der Mietzeit schriftlich vorliegen, also spätestens am 31. Oktober 2024. In diesem Fall fordern wir Sie auf, Ihren Widerspruch im Einzelnen zu begründen.

Einer Fortsetzung des Mietverhältnisses über den Kündigungszeitpunkt hinaus gemäß § 545 BGB wird bereits heute widersprochen.

Wir bitten Sie, die Wohnung bis spätestens 31. Dezember 2024 zu räumen und an uns zurückzugeben.

Mit freundlichen Grüßen

(sämtliche Namen und Unterschriften der Mitglieder der Erbengemeinschaft)

6.8 Die vielen Pflichten bei der Vermietung

Bevor Sie sich dazu entschließen zu vermieten, sollten Sie sich klarmachen, dass Ihnen das Geld nicht einfach so zufließt wie bei bequemeren Formen der Geldanlage. Sie übernehmen zahlreiche Pflichten, müssen das Objekt instand halten, über die Nebenkosten abrechnen, Handwerker beauftragen, neue Mieter suchen und vieles mehr. Außerdem sollten Sie wissen, was in kritischen Situationen zu tun ist. Zum Beispiel wenn die Miete gemindert wird, die Mieterin die Abrechnung der Nebenkosten beanstandet, ohne Ihre Erlaubnis untervermietet oder in Zahlungsschwierigkeiten gerät.

Und schließlich müssen Sie auf dem Laufenden bleiben, was das Mietrecht betrifft und wie die Gerichte entscheiden.

Am Ende sollte sich der Aufwand lohnen. Denn wenn Sie gut informiert vermieten, kommt das nicht nur Ihrer Mietrendite zugute. Die Vermietung wird Ihnen leichter fallen und hoffentlich auch Vergnügen machen.

7 Eine Eigentumswohnung erben

Knapp jede zehnte Immobilie, die vererbt wird, ist eine Eigentumswohnung. Dabei haben die Erben häufig nur eine ungenaue Vorstellung davon, was sie da eigentlich übernehmen. Begriffe wie Teilungserklärung, Gemeinschaftsordnung, Sondereigentum, Gemeinschaftseigentum, Aufteilungsplan, Sondernutzungsrechte, Miteigentumsanteil, Eigentümerversammlung, Wirtschaftsplan und Instandhaltungsrücklage sagen ihnen nicht viel. In diesem Kapitel werden wir klären, was darunter zu verstehen ist und worauf Sie als Erbe einer Eigentumswohnung achtgeben sollten.

7.1 Am Anfang steht die Teilung

Wie entsteht Wohneigentum? In der Regel wird ein Mehrfamilienhaus oder eine Wohnanlage vom Eigentümer in Wohneigentum *umgewandelt*. Die einzelnen Wohnungen können nun separat verkauft werden. Damit lässt sich ein wesentlich höherer Preis erzielen, als wenn das ganze Gebäude verkauft würde. Und um den Verkauf geht es denn auch. Wer weiterhin vermieten will, muss seine Wohnungen nicht umwandeln. Manchmal geht es auch um die Aufteilung des Gebäudes unter mehreren Eigentümern. Und Sie vermuten richtig: Bei diesen Eigentümern handelt es sich meist um Erbengemeinschaften (siehe Kapitel 5.2.6).

Es gibt auch den Fall, dass ein Gebäude errichtet wird, das bereits für Eigentumswohnungen vorgesehen ist. Doch weit häufiger findet eine Umwandlung von Mietwohnungen statt. Die stehen im Idealfall leer, werden saniert und einzeln verkauft.

7.1.1 Die Abgeschlossenheitsbescheinigung

Erste Voraussetzung, dass ein Gebäude in Eigentumswohnungen aufgeteilt werden kann: Die Wohnungen müssen in sich abgeschlossen sein und über einen eigenen Zugang verfügen. Eine eigene Wohnungstür, die sich abschließen lässt. Niemand sonst darf hier unmittelbaren Zugang haben. In einem Mietshaus sind diese Voraussetzungen im Normalfall gegeben. Schwieriger wird es, wenn eine große Wohnung noch einmal geteilt werden soll und sich kein separater Eingang nachrüsten lässt. Erst wenn der Eigentümer bei der Bauaufsichtsbehörde die Abgeschlossenheit jeder Wohneinheit nachgewiesen hat, kann die Teilung vollzogen werden. Die Teilung wird notariell beurkundet, und für jede Wohnung wird vom Grundbuchamt ein eigenes Wohnungsgrundbuch angelegt. Dort werden Sie und mögliche Miterben als neue Eigentümer eingetragen.

7.1.2 Die Teilungserklärung

Die Teilungserklärung ist das Grunddokument für jede Eigentumswohnung. Man könnte sagen: Sie ist ihre Geburtsurkunde. Denn mit der Teilungserklärung wird das Wohneigentum begründet. In der Teilungserklärung wird näher ausgeführt, wem was gehört und wie die Rechte der Eigentümergemeinschaft geregelt sind. Dabei kann die Aufteilung nicht willkürlich geschehen, sondern es sind bestimmte Vorgaben zu beachten:

- Ausgangspunkt ist die einzelne, in sich abgeschlossene Wohnung. Sie wird als **Sondereigentum** bezeichnet und mit einer Nummer versehen.
- Jedem Sondereigentum wird ein **Miteigentumsanteil** zugeordnet. Der bezeichnet, welcher Anteil am Gemeinschaftseigentum mit der betreffenden Wohnung verbunden ist.
- **Teileigentum** sind alle Räumlichkeiten, die nicht zum Wohnen bestimmt sind: Gewerberäume, Garagen, Dachböden, Kellerräume oder Speicher. In der Regel gehören sie zu einer bestimmten Wohnung, dem Sondereigentum.
- Das **Gemeinschaftseigentum** sind all jene Räumlichkeiten und Gebäudeteile, die allen Eigentümern gehören – zumindest sofern sie über Sondereigentum verfügen. Zum Sondereigentum gehört der Eingangsbereich, das Treppenhaus, Gemeinschaftseinrichtungen wie Waschküche, Fahrradkeller oder Heizungskeller. Aber auch die Fassade, das Dach, Stromleitungen, Wasser- und Heizungsrohre sowie alle tragenden Gebäude sind zwingend Gemeinschaftseigentum.
- **Sondernutzungsrechte** geben einzelnen Eigentümern die Erlaubnis, bestimmte Teile des Gemeinschaftseigentums allein zu nutzen. Die übrigen Eigentümer sind davon ausgeschlossen. Die Kosten trägt die Gemeinschaft- wenn nichts anderes vereinbart wurde.

Die Teilungserklärung enthält die Beschreibung des Gebäudes und gibt an, wie es aufgeteilt ist. Alle Räume und Eigentumseinheiten sind bezeichnet und nummeriert. Ihre Nutzung ist festgelegt. Das ist besonders wichtig beim Teileigentum. Wird es nicht näher bezeichnet, wäre dort jede berufliche oder gewerbliche Tätigkeit erlaubt: Ob Büro, Ladengeschäft, Arztpraxis oder Bierkneipe. Für die übrigen Eigentümer könnten manche dieser Nutzungsarten mit Unannehmlichkeiten verbunden sein.

Deshalb wird das Teileigentum fast immer auf einen bestimmten Zweck hin ausgerichtet, als »Teileigentum Büro« oder »Teileigentum Laden« oder »Teileigentum Gaststätte«. Allerdings sind diese Festlegungen keineswegs in Stein gemeißelt. So urteilte der Bundesgerichtshof, dass Räumlichkeiten, die im Aufteilungsplan vom Architekten als »Sondereigentum Laden« bezeichnet worden waren, auch als Speisegaststätte genutzt werden dürfen. Der Aufteilungsplan regele nur die räumliche Abgrenzung, nicht aber die Nutzung. Das sei nach § 7 Abs. 4 Nr. 1 WEG seine Aufgabe und nicht die Nutzungsrechte der Eigentümer zu erweitern oder zu beschränken (BGH, Urteil vom

16.11. 2012, Az. V ZR 246/11). Soll der Aufteilungsplan auch die Nutzung verbindlich regeln, muss das aus der Teilungserklärung oder der Gemeinschaftsordnung (7.1.4) klar hervorgehen.

7.1.3 Der Miteigentumsanteil

Aus zwei Gründen ist der Miteigentumsanteil, der in der Teilungserklärung angegeben wird, von besonderer Bedeutung: Er gibt an, welchen Anteil an den gemeinschaftlichen Kosten Sie übernehmen müssen. Wird das Dach saniert, eine neue Zentralheizung eingebaut oder ein Gärtner beauftragt, sich um die Grünanlagen zu kümmern, dann tragen Sie anteilig die Kosten – und zwar nach Ihrem Miteigentumsanteil. In aller Regel ist das eine Bruchzahl wie 82/1.000. Das würde bedeuten, dass Sie 8,2 Prozent der Gemeinschaftskosten übernehmen müssen.

Auf der anderen Seite aber verschafft Ihnen ein höherer Miteigentumsanteil auch größeres Gewicht bei den Abstimmungen. Wie jeweils abzustimmen ist, das ist auch in der Gemeinschaftsordnung (7.1.4) geregelt. Doch generell gilt: Wenn Sie die Mehrheit der Eigentumsanteile hinter sich vereinen, können Sie eine ganze Reihe von Beschlüssen durchsetzen – unabhängig davon, wie viele Köpfe zugestimmt haben. Das kann vor allem dann ein Problem werden, wenn ein oder zwei Eigentümer die Mehrheit der Anteile halten und gegenüber allen anderen durchsetzen. Aber auch da gibt es Mittel und Wege, sich zu wehren.

Der Miteigentumsanteil richtet sich in aller Regel nach dem Anteil an der gesamten Wohn- (Sondereigentum) und Nutzfläche (Teileigentum). Nehmen wir an, die Wohn- und Nutzfläche in Ihrer Wohnanlage beträgt 1.234 qm. Misst Ihre Wohnung 101,19 qm beträgt Ihr Mieteigentumsanteil 82/1.000. Bei kleineren Eigentümergemeinschaften wird der Anteil auch mal in 100stel angegeben, bei größeren sind auch 10.000stel möglich.

7.1.4 Aufteilungsplan und Gemeinschaftsordnung – mit Checkliste

Die Teilungserklärung besteht aus drei Teilen. Neben der Teilungserklärung im engeren Sinne (Kapitel 7.1.2) gibt es noch einen Aufteilungsplan. Dabei handelt es sich um Bauzeichnungen, aus denen Sie Lage und Größe der Räume ersehen können. Die Nummerierung entspricht der Beschreibung aus dem ersten Teil, dem Textteil. Zumindest sollte sie es tun. Andernfalls gibt es Klärungsbedarf. Ehrlicherweise muss man sagen: So selten ist der Fall nicht, dass die Angaben widersprüchlich sind. Es gibt Teilungserklärungen, da stimmen die Bezeichnungen und Nummerierungen nicht überein. Oder im Objekt befinden sich Räume, die in der Teilungserklärung gar nicht erwähnt werden. Früher oder später muss hier Klarheit geschaffen werden, was oft für Konflikte sorgt. Denn was nun gelten soll, darauf muss man sich einigen – womöglich einstimmig oder gar »allstimmig« (alle müssen zustimmen, schon eine Enthaltung bringt die Einigung zu Fall).

Die Gemeinschaftsordnung regelt die Beziehungen der Eigentümer untereinander und legt fest, welche Verfahrensregeln bei den Eigentümerversammlungen gelten. Formell gibt es keine besonderen Anforderungen. Es müssen nur die Regelungen des Wohnungseigentumsgesetzes eingehalten werden. Doch genau das ist bei älteren Eigentümergemeinschaften nicht immer gegeben. In solchen Fällen hat das Gesetz natürlich Vorrang. Typische Regelungen in Gemeinschaftsordnungen betreffen die folgenden Punkte:

DIGITALE EXTRAS

Checkliste: Typische Regelungen in der Gemeinschaftsordnung	
Wie dürfen die Eigentümer das Eigentum nutzen? Welche Einschränkungen gibt es? Hier kann festgelegt werden, dass ein Teileigentum nur als Laden und eben nicht als Gaststätte genutzt werden darf (siehe Kapitel 7.1.2).	
Sondernutzungsrechte: Wer darf bestimmte Teile des Gemeinschaftseigentums exklusiv nutzen?	
Welche baulichen Veränderungen sind erlaubt? Welche sind ausdrücklich untersagt?	
Wer ist für die Instandhaltung und Instandsetzung des Gemeinschaftseigentums verantwortlich?	
Duldungspflicht: Welche Maßnahmen müssen die Eigentümer in ihrem Sondereigentum dulden?	
Wer übernimmt die Kosten für bestimmte Maßnahmen? Typisches Beispiel: Die Fenster der Wohnung sind zwar Gemeinschaftseigentum, die Kosten für die Instandhaltung muss jeder Eigentümer selbst übernehmen.	
Regelungen über die Eigentümerversammlungen: Ladungsfrist, Ladungsort, Stimmrechte der Eigentümer.	
Hausverwaltung: Wie wird der Verwalter bestellt? Wie lange? Werden ihm Sonderrechte eingeräumt? Achtung, hier finden sich Regelungen, die anfechtbar sind.	
Verwaltungsbeirat: Zahl der Beiräte, Vorsitz. Wie werden sie gewählt? Für wie lange? Wie werden sie abgewählt? Bekommen sie eine Aufwandsentschädigung?	

7.2 Die Eigentümergemeinschaft

Wer eine Eigentumswohnung erbt, neigt dazu, ihre Bedeutung zu unterschätzen. Dabei ist sie der entscheidende Faktor der ganzen Angelegenheit: Die Eigentümergemeinschaft. Sie trifft alle wichtigen Entscheidungen, nicht selten verhindert sie diese auch. Denn vor allem bei weittragenden Entschlüssen ist eine qualifizierte Mehrheit erforderlich. Da gibt es verschiedene Regelungen. Manche stehen in der Gemeinschaftsordnung, andere im Wohnungseigentumsgesetz, kurz WEG. Von den gesetzlichen Anforderungen darf nicht ohne weiteres abgewichen werden, allenfalls sind *strengere* Regeln erlaubt.

Sind **Modernisierungsmaßnahmen** geplant, deren Kosten jeder Eigentümer gemäß seinem Miteigentumsanteil tragen soll? Dann kann das nur beschlossen werden, wenn drei Viertel aller Stimmberechtigten zustimmen, die zusammen mehr als die Hälfte der Miteigentumsanteile auf sich vereinen (§ 21 Abs. 2 Nr. 1 WEG). Das nennt sich »doppelt qualifizierte Mehrheit«. Diese Regelung soll verhindern, dass sich einzelne Eigentümer oder Investoren mit hohem Miteigentumsanteil auf Kosten der anderen durchsetzen. Änderungen der Teilungserklärung oder größere bauliche Vorhaben sind sogar nur möglich, wenn *alle* Eigentümer zustimmen – was in vielen Eigentümergemeinschaften faktisch ausgeschlossen ist.

Das kann durchaus ein Problem sein, das uns aus dem fünften Kapitel (über die »Erbengemeinschaft«) bereits vertraut ist. Einzelne Eigentümer können sich querstellen und Maßnahmen verhindern, die Sie für sinnvoll oder dringend erforderlich halten. Es bewegt sich nichts. Der Werterhalt des Gebäudes steht auf dem Spiel. Der Gesetzgeber hat das Problem erkannt und zu entschärfen versucht. Seit der WEG-Reform vom Dezember 2020 ist es nämlich möglich, Modernisierungsmaßnahmen mit einfacher Mehrheit zu beschließen (§ 20 Abs. 1 WEG). Bleibt jedoch noch die Frage zu klären, wer die Kosten übernimmt. Hier greift ein zweistufiges Verfahren: Bei einem einfachen Mehrheitsbeschluss teilen sich diejenigen Eigentümer die Kosten, die für die Maßnahme gestimmt haben. Die Blockierer profitieren womöglich noch, was den Entscheidungsprozess nicht einfacher macht. Sollen alle zahlen, geht das nach wie vor nur mit der »doppelt qualifizierten Mehrheit« (wie oben geschildert).

Auf der anderen Seite kann eine Eigentümergemeinschaft auch ihre Vorteile haben. Manche Mitglieder bringen Kompetenzen ein, die Sie sonst nicht nutzen könnten (z. B. als Ingenieurin, Handwerker, Architekt oder Juristin). Auch verbessert es manche Entscheidungen, wenn vorher gründlich darüber gesprochen wird und andere Sichtweisen zu Wort kommen. Außerdem kann eine Eigentümergemeinschaft Investitionen in einer ganz anderen Größenordnung schultern – wenn sie sich denn einig ist.

7.2.1 Die Eigentümerversammlung

Was das Sondereigentum und das Teileigentum betrifft, so können Sie darüber mehr oder minder frei verfügen. Sie dürfen streichen, fliesen und tapezieren, wie Sie wollen, Parkett und Teppichboden verlegen, ja sogar Wände durchbrechen oder Türen versetzen, wenn sie denn Sondereigentum sind. Genau das gilt es zu klären. Denn tragende Wände und Außentüren sind schon mal kein Sondereigentum. Wenn Sie sich daran vergreifen, können Sie sich großen Ärger einhandeln und zum Rückbau gezwungen werden.

Wir haben es erwähnt: Das meiste ist Gemeinschaftseigentum. Wasserrohre, Strom- und Gasleitungen, Außenanlagen und die Fassade. Tatsächlich ignorieren das manche Eigentümer, bringen eigenmächtig Wäscheständer oder Satellitenschüsseln an der Fassade an. Das ist jedoch nicht zulässig. Für Eingriffe ins Gemeinschaftseigentum brauchen Sie die Genehmigung der Eigentümergemeinschaft. Sonst können Sie gezwungen werden, die Installation rückgängig zu machen. Eine umsichtige Hausverwaltung (Kapitel 7.3) wird nicht zögern, genau darauf hinzuwirken.

Die Eigentümergemeinschaft trifft ihre Entscheidungen auf der Eigentümerversammlung, die in der Regel einmal pro Jahr einberufen wird. Stehen wichtige Entscheidungen an, können zusätzlich außerordentliche Eigentümerversammlungen stattfinden. Die entscheiden zum Beispiel über anstehende Baumaßnahmen oder – ganz aktuell – über ein neues Heizkonzept. Außerordentliche Eigentümerversammlungen werden auch einberufen, wenn ein Miteigentümer eine schwere Pflichtverletzung begangen hat und ihm das Eigentum entzogen werden soll. Oder wenn man sich von der Hausverwaltung kurzfristig trennen möchte.

Ziel dieser Versammlungen ist es, einen Beschluss herbeizuführen. Denn über alle wesentlichen Angelegenheiten müssen die Eigentümer gemeinsam beschließen. Mitunter braucht es dazu wie bereits erwähnt eine qualifizierte Mehrheit. Ansonsten genügt die einfache Mehrheit der Miteigentumsanteile. Näheres regelt die Gemeinschaftsordnung. Ohne Beschluss passiert nicht viel, zumindest nicht viel Neues. Die Hausverwaltung muss sich auf die laufenden Geschäfte beschränken und die bereits gefassten Beschlüsse umsetzen. Über einen Beschluss kann sich die Verwaltung nicht einfach hinwegsetzen. Sie muss ihm auch Folge leisten, wenn sie ihn für sachlich falsch hält. Die Eigentümerversammlung ist die maßgebliche Instanz.

7.2.2 Die Ansprüche einzelner Eigentümer

Nicht immer bestimmt die Mehrheit, welche Maßnahmen zu treffen sind. Jeder einzelne Eigentümer hat Ansprüche, die er notfalls gegen die Eigentümergemeinschaft gerichtlich durchsetzen kann. Ein Beispiel haben wir bereits erwähnt: Die Satellitenschüssel, die ein Eigentümer an die Fassade montieren lassen möchte. Seinen Anspruch kann er auf das grundgesetzlich geschützte Recht auf Information gründen (BGH, Urteil vom 13.11. 2009 Az. V ZR 10/09). Ein Freibrief ist das allerdings nicht.

- So braucht er die Genehmigung der Eigentümergemeinschaft. Vorher darf nicht montiert werden. Geschieht es dennoch, muss die Schüssel entfernt werden.
- Er muss zudem auf ästhetische Gesichtspunkte Rücksicht nehmen. So kann die Eigentümergemeinschaft verlangen, dass die Schüssel möglichst unauffällig an einer geeigneten Stelle montiert wird.
- Der Eigentümer muss sicherstellen, dass die Montage »fachmännisch« erfolgt.
- Die Kosten muss er komplett selbst übernehmen.
- Und schließlich kann die Montage auch unterbunden werden, wenn sich herausstellt, dass die Informationen auch auf anderem Wege zugänglich sind.

Bedeutsamer sind jedoch die baulichen Veränderungen, die im Wohnungseigentumsgesetz ausdrücklich erwähnt werden (§ 20 Abs. 2 WEG). So hat jeder Eigentümer Anspruch darauf, dass er eine Lademöglichkeit für Elektrofahrzeuge errichten lässt – und dabei Gemeinschaftseigentum nutzt. Gleiches gilt für den Einbau eines Treppenlifts oder anderer Hilfsmittel für Menschen mit Behinderung, für Maßnahmen zum Schutz vor Einbruch und für Einrichtungen, die den Zugang zum schnellen Internet ermöglichen.

Auch hier sind zwei Voraussetzungen zu beachten:

- Die Eigentümergemeinschaft muss die Erlaubnis erteilen, also einen Beschluss darüber fassen.
- Und der betreffende Eigentümer muss die Kosten für diese Maßnahme selbst tragen.

Ein dritter Fall: Es soll nicht länger möglich sein, dass Eigentümer, die von einer bestimmten baulichen Maßnahme gar nicht betroffen sind, diese blockieren können. Daher gibt Ihnen § 20 Abs. 3 WEG das Recht, eine Maßnahme zu verlangen – wenn alle Eigentümer damit einverstanden sind, »deren Rechte durch die bauliche Veränderung über das bei einem geordneten Zusammenleben unvermeidliche Maß hinaus beeinträchtigt werden«. Auch hier müssen Sie die Kosten selbst tragen. Aber natürlich können sich auch mehrere Eigentümer zusammentun, um gemeinsam bauliche Veränderung vornehmen zu lassen und sich die Kosten zu teilen.

Von der Gasetagenheizung zur Zentralheizung

Die angesprochenen Regelungen dürften in Zukunft eine noch größere Rolle spielen, wenn es um das Thema »Heizung und Energie« geht. Viele Eigentumswohnungen sind mit einer Gasetagenheizung ausgestattet. Die Umstellung auf eine Zentralheizung oder Fernwärme könnte technisch sinnvoll sein, doch gibt es rechtlich manche Hindernisse. Denn die bestehende

Heizung befindet sich im Sondereigentum, während eine Zentralheizung im Gemeinschaftseigentum sein müsste. Hier wird der Gesetzgeber gewiss noch nachregeln, um die Umstellung zu erleichtern.

7.2.3 Der Verwaltungsbeirat

Die Eigentümergemeinschaft wählt einen oder mehrere ihrer Mitglieder zu Verwaltungsbeiräten. In der Regel sind es drei. Ein Beirat übernimmt den Vorsitz, zwei sind stellvertretende Beiräte. Die Beiräte stellen eine Art Vermittler dar zwischen der Eigentümergemeinschaft und der Hausverwaltung (Kapitel 7.3). Dabei hat der Verwaltungsbeirat nach § 29 Abs. 2 WEG eine doppelte Funktion: Er soll die Hausverwaltung unterstützen und sie gleichzeitig kontrollieren. Die Prüfung bezieht sich auf den Wirtschaftsplan, die Abrechnung über das Hausgeld, die Rechnungen, Angebote und Kostenvoranschläge. Darüber hinaus prüft der Beirat auch das Protokoll der Eigentümerversammlung auf seine Richtigkeit. Erst wenn der Beiratsvorsitzende, der Leiter der Versammlung (ein Vertreter der Hausverwaltung) sowie noch ein weiterer Eigentümer das Protokoll abgezeichnet haben, gilt es als genehmigt.

Zudem kann der Beirat eine Eigentümerversammlung einberufen – wenn es keinen Verwalter gibt oder der sich weigert, eine Versammlung einzuberufen (§ 24 Abs. 3 WEG). Allerdings kann der Beirat nicht von sich aus einfach so eine Versammlung einberufen. Dann kann der Verwalter sie absagen.

In der Gemeinschaftsordnung können dem Beirat noch weitere Aufgaben übertragen werden. Zum Beispiel den Verwaltervertrag abzuschließen oder in Abstimmung mit der Hausverwaltung kleinere Aufträge zu erteilen. Letzteres kommt in der Praxis häufig vor. Es erleichtert die Sache ungemein und kommt der Gemeinschaft zugute, wenn nicht jede Zusatzleistung oder Nachbesserung von der Eigentümergemeinschaft mehrheitlich beschlossen werden muss. Gleiches gilt auch für Arbeiten, die erforderlich sind und keinen Aufschub dulden. Was allerdings nicht geht: Aufträge zu erteilen, die ein neues Thema eröffnen und/oder von den Kosten ins Gewicht fallen. In solchen Fällen wird sich eine umsichtige Hausverwaltung stets rückversichern und einen entsprechenden Beschluss auf die Tagesordnung der Eigentümerversammlung setzen.

Wichtig: Der Verwaltungsbeirat hat keine Sonderrechte und darf nicht einfach Entscheidungen stellvertretend für die Gemeinschaft treffen – auch wenn das in der Praxis immer wieder vorkommt. Vielmehr soll der Beirat vermitteln, Sprachrohr der Eigentümer sein, Informationen sammeln und weitergeben, der Hausverwaltung auf die Finger schauen und ihr gleichzeitig helfen, ihre Aufgabe zu erfüllen. Das ist häufig eine Gratwanderung, denn für die Gemeinschaft ist beides nicht wünschenswert: Eine zu große Nähe zur Hausverwaltung oder ein zerrüttetes Verhältnis voller Misstrauen.

7.3 Die Hausverwaltung

Bei der Hausverwaltung handelt es sich um einen externen Dienstleister, bei dem gewissermaßen alle Fäden zusammenlaufen. Sie kümmert sich um die Instandhaltung und Instandsetzung des Gemeinschaftseigentums. Sie erstellt den Wirtschaftsplan, verwaltet die Finanzen, treibt das Hausgeld ein, beruft die Eigentümerversammlungen ein, erstellt dafür die Tagesordnung, leitet die Versammlungen, führt das Protokoll, sorgt dafür, dass die Beschlüsse umgesetzt werden, vertritt die Eigentümergemeinschaft gegenüber Dritten, übernimmt die Korrespondenz, beauftragt Handwerker, Hausmeister und andere Dienstleister, schließt die nötigen Versicherungen ab, stellt eine Hausordnung auf und sorgt dafür, dass eine ausreichend hohe Instandhaltungsrücklage gebildet wird.

Dabei hat die Hausverwaltung durch die Reform im Dezember 2020 noch mehr Verantwortung und mehr Befugnisse bekommen. Sie darf über Maßnahmen von untergeordneter Bedeutung ohne Beschluss der Eigentümergemeinschaft entscheiden. Wie umfangreich diese Maßnahmen sein dürfen, das hängt von der Größe der Anlage ab. Mit der Größe wächst auch der Umfang der Maßnahmen, die der Verwalter eigenverantwortlich veranlassen kann. Typische Fälle sind Reparaturen, aber auch der Abschluss von Versorgungs- und Dienstleistungsverträge sowie die Eintreibung von Hausgeld durch Klageerhebung.

Es ist die Eigentümergemeinschaft, die für den Verwalter die Grenzen festlegen kann. Sie kann ihm für bestimmten Aufgaben und Aufträge in bestimmter Höhe die Eigenverantwortung übertragen oder auch entziehen. Der Vertrag mit einer Hausverwaltung läuft zwischen drei und fünf Jahren. Für diesen Zeitraum ist die Hausverwaltung »bestellt«. Anschließend kann ein neuer Vertrag geschlossen werden. Allerdings können die Eigentümer die Verwaltung vorzeitig »abberufen«. Ein einfacher Beschluss bei der Eigentümerversammlung genügt. Ein »wichtiger Grund« ist dafür nicht mehr erforderlich. Der Verwaltervertrag endet dann spätestens sechs Monate nach der Abberufung.

Eine gute Hausverwaltung zeichnet sich dadurch aus, dass sie für die Eigentümer gut erreichbar ist. Es gibt einen persönlichen Ansprechpartner. Und die Verwaltung verfügt über das nötige Fachwissen, um Ihre Anlage zu betreuen. Aktuell heißt das vor allem Expertise in Sachen Heizung und Energie. Viele Verwaltungen sind darauf nicht gut vorbereitet.

Ein weiterer Pluspunkt sind die Kontakte zu guten Handwerkern und Dienstleistern. Dieses Thema wird künftig an Bedeutung noch zunehmen. Und wenn Sie eine Hausverwaltung haben, die Kontakte hat zu zuverlässigen Hausmeistern, Reinigungskräften, Gärtnern, Malern und anderen Dienstleistern – ist das ein starkes Argument für diese Verwaltung. Zwar können die Kontakte auch nach einem Verwalterwechsel fortbestehen. Doch spricht es für die Qualität einer Hausverwaltung, wenn sie solche Kontakte pflegt und Firmen, die den Anforderungen nicht genügen, kein weiteres Mal beauftragen.

7.3.1 Das Hausgeld

Jedes Jahr stellt die Hausverwaltung einen Wirtschaftsplan auf, in dem die voraussichtlichen Ausgaben aufgelistet sind. Daraus errechnet sich die Höhe des Hausgelds, das jeder Eigentümer gemäß seinem Miteigentumsanteil monatlich zu bezahlen hat. Jährlich wird dann über die tatsächlichen Kosten abgerechnet und die Höhe des Hausgeldes neu festgesetzt.

Von der Jahresabrechnung über das Hausgeld zur Nebenkostenabrechnung

In der Abrechnung über das Hausgeld sind viele Ausgaben enthalten, die Sie als Nebenkosten geltend machen können – wenn Sie Ihre Eigentumswohnung vermieten. Eine umsichtige Hausverwaltung gibt Ihnen die nötigen Informationen dazu. Hier nur so viel: Kosten für die Verwaltung, außergewöhnliche Aufwendungen und Beiträge zur Instandhaltungsrücklage (Kapitel 7.3.2) sind nicht umlagefähig. Als Umlageschlüssel dürfen Sie den »Miteigentumsanteil« übernehmen.

7.3.2 Die Instandhaltungsrücklage

Die Hausverwaltung hat auch die Instandhaltungsrücklage im Auge. Dabei handelt es sich gewissermaßen um die Ersparnisse der Eigentümer, die auf einem Festgeldkonto angelegt sind und die dazu dienen, Reparaturen und Sanierungsarbeiten zu finanzieren. Sonst müssten die Eigentümer für solche Maßnahmen nämlich noch Geld nachschießen, was bei umfangreichen Projekten durchaus vorkommen kann. Dann wird eine »Sonderumlage« fällig, die auf der Eigentümerversammlung beschlossen werden muss. Solche Sonderumlagen versucht man möglichst zu vermeiden. Nicht nur weil sie für die Eigentümer unangenehm sind, sondern weil manche sie auch schuldig bleiben, gemahnt oder verklagt werden müssen, was weitere Kosten verursacht.

Eine niedrige Instandhaltungsrücklage drückt auch den Wert Ihrer Eigentumswohnung. Vor allem wenn sie ein gewisses Alter erreicht hat und sich der Sanierungsbedarf bereits abzeichnet. Aber auch wenn die Rücklage sehr hoch ist und keine größeren Maßnahmen bevorstehen, ist das nicht unbedingt ein Qualitätsmerkmal.

7.4 Die Protokolle der Eigentümerversammlungen

Sehr aufschlussreich sind die Protokolle vergangener Eigentümerversammlungen. Hier finden Sie alle Beschlüsse und Themen, über die diskutiert, gestritten und entschieden wurde. Sie bekommen einen Eindruck, welches Klima in der Eigentümergemeinschaft herrscht. Gibt es viel Streit? Lassen Anträge darauf schließen, dass bestimmte Eigentümer miteinander verfeindet sind? Sind in den vergangenen drei, vier Jahren Umbauten oder Sanierungen durchgeführt worden? Mit welchem Ergebnis? Gab es Ärger, Reklamationen, Streit um Nachzahlungen?

Aus den Protokollen können Sie auch ersehen, wie engagiert die Eigentümer sind. Gibt es viele, die ihre Eigentumswohnung selbst nutzen? Oder sind die meisten Wohnungen vermietet? Interessant können auch die Berichte vom Beirat sein, wenn es sie denn gibt. Manche äußern sich detailliert, verteilen Lob und Tadel, andere fassen sich kurz und teilen lapidar mit, dass es »nichts zu bestanden« gegeben habe.

Die Protokolle sollten Sie im Nachlass finden. Sind sie unvollständig oder gar verlorengegangen, sollte Ihnen die Hausverwaltung weiterhelfen können. Häufig werden die Protokolle auch digitalisiert und können Ihnen als PDF zugemailt werden.

8 Das Elternhaus erben

Ein häufiger, doch ganz besonderer Fall: Es wird das Elternhaus vererbt oder die elterliche Wohnung. Was soll damit geschehen? Was geschieht mit der Einrichtung und den persönlichen Gegenständen, an denen so viele Erinnerungen hängen? Ist es sinnvoll, das Haus zu bewahren? Für wen und wie? Für viele Erben sind diese Fragen sehr belastend. Entscheidungen werden aufgeschoben oder überstürzt getroffen. Beides kann sehr nachteilige Folgen haben und die Beziehung zu anderen Familienmitgliedern und Miterben stark beeinträchtigen. In diesem Kapitel wollen wir uns anschauen, was es alles zu beachten gibt, welche weitverbreiteten Fehler Sie vermeiden können und wie es gelingt, mit den andern und den eigenen Gefühlen ins Reine zu kommen.

8.1 Was das Elternhaus so besonders macht

Wenn Sie Ihr Elternhaus erben, dann ist das fast immer eine Begegnung mit Ihrer Vergangenheit. Und zwar fast immer eine schmerzliche Begegnung. Gerade wenn sich für Sie sehr angenehme Erinnerungen mit Ihrem Elternhaus verbinden, denen Sie nun nachtrauern. Hier sind Sie aufgewachsen, haben Ihre Schulzeit hier verbracht. Vielleicht existiert sogar noch das Zimmer, das Sie damals bewohnt haben, mit dem einen oder anderen sehr vertrauten Möbelstück darin.

Aber sogar wenn Ihre Eltern das Haus oder die Wohnung erst später bezogen haben, so steckt doch noch sehr viel Vergangenheit darin. Sie erinnern sich an Besuche und Begegnungen, Familientreffen und vielleicht auch an Abschiede. Manchen, die ihr Elternhaus wieder betreten, wenn die Eltern nicht mehr leben, kommt es so vor, als würden sie ein Museum besuchen, das der eigenen Vergangenheit gewidmet ist. Weitverbreitet ist der Wunsch, das Elternhaus zu bewahren.

Das ist verständlich. Und wenn es Ihnen ebenso geht, sollten Sie diesen Wunsch nicht einfach abtun. Doch ebenso sehr müssen Sie sich den Tatsachen stellen. Ein Haus ist eben kein Museum und keine Gedenkstätte. Auch wenn Sie es bewahren wollen, wird sich die Nutzung verändern. Egal, ob Sie selbst dort einziehen oder ein anderes Familienmitglied. Oder ob Sie vermieten.

Traurig wäre es hingegen, wenn das Elternhaus leer stehen und allmählich verfallen würde. Das kommt gar nicht so selten vor. Die Erben können sich nicht von dem Haus trennen, haben aber auch nicht die Mittel, es wieder in Schuss zu bringen. Das sollte Ihnen nicht passieren. Manchmal muss man die Dinge mit ein wenig Abstand betrachten, um eine gute Entscheidung zu treffen.

8.1.1 Den Zustand dokumentieren

Sie können den Zustand der Wohnräume nicht konservieren. Aber was Sie tun können: Sie können fotografieren, vielleicht auch einen Rundgang als Videoclip festhalten. Nehmen Sie sich Zeit. Lassen Sie die Räume auf sich wirken und entscheiden Sie dann, was Sie festhalten wollen. Machen Sie sich Notizen. Notieren Sie, was Ihnen durch den Kopf geht, während Sie durch die Räume gehen. Die Fotos können Sie auch Ihren Miterben zu Verfügung stellen. Es versteht sich von selbst, dass dies als Anregung gedacht ist. Es kann Ihnen helfen, die Erinnerung an Ihr Elternhaus zu bewahren. Wenn Ihnen die Sache widerstrebt, sollten Sie das nicht tun. Vielleicht halten Sie Ihre Eindrücke schriftlich fest. Doch auch das muss nicht sein, wenn Ihnen das unangenehm ist. Vielleicht sind die Räume in einem schlechten Zustand, sehen vernachlässigt aus und Sie möchten sie gerade nicht so in Erinnerung behalten. Auf der anderen Seite kann es helfen, mit der Sache abzuschließen, wenn man sie dokumentiert hat. Verlassen Sie sich bei Ihrer Entscheidung ganz auf Ihr Gefühl. Haben Sie das Bedürfnis zu fotografieren, sollten Sie das tun. Auch wenn Sie diese Fotos später vielleicht nie wieder anschauen. Und umgekehrt: Vielleicht machen Sie diese Fotos einfach, weil Sie in ein paar Jahren das Bedürfnis haben könnten, sich zurückzuerinnern und diese Bilder gerne anschauen würden.

Für das Dokumentieren gibt es jedoch nicht nur erinnerungsselige Gründe. Es kann Ihnen auch helfen, Entscheidungen zu treffen oder mit Ihren Miterben abzustimmen: Müssen Räume renoviert werden? Gibt es Schäden, die den Wert der Immobilie beeinträchtigen? Mehr dazu finden Sie im zweiten Kapitel (»Die Immobilie besichtigen«). An dieser Stelle nur der Hinweis: Sie brauchen in solchen Fällen eine »doppelte Optik«: Einmal halten Sie fest, was für Sie und Ihre Miterben persönlich bedeutsam ist. Das zweite Mal richten Sie Ihre Aufmerksamkeit auf die sachlichen Aspekte.

8.1.2 Machen Sie sich einen Plan

Gerade wenn die Situation sehr belastend ist, hilft es häufig weiter, wenn Sie sich einen Plan machen, wie Sie weiter vorgehen. Selbstverständlich können Sie von diesem Plan später noch abweichen. Doch gibt er Ihnen ein gewisses Maß an Sicherheit und Klarheit. Und er verhindert, dass Sie die typischen Fehler begehen, die in Erbschaftsangelegenheiten immer wieder begangen werden. Die können dazu führen, dass sich die Angehörigen zerstreiten, auch wenn sie vorher gut miteinander ausgekommen sind.

Wie könnte so ein Plan aussehen? Sie sollten auflisten, was zu tun ist, eine Reihenfolge festlegen und zumindest ein ungefähres Datum. Dieser Plan hilft Ihnen auch, sich mit den Miterben zu verständigen. Sie können ihnen mitteilen, was Sie vorhaben, was bis wann erledigt sein soll und an welcher Stelle Sie sich Unterstützung wünschen. Auch können Sie deren Vorschläge und Wünsche abfragen. Und natürlich können Sie den Plan auch gemeinsam aufstellen und nachjustieren.

8.1.3 Die emotionale Seite

Eine wichtige Einsicht bei der Planung: Die emotionale Seite muss zu ihrem Recht kommen. Wenn Sie und Ihre Miterben sich nicht imstande fühlen, das Elternhaus in den nächsten Wochen – oder Monaten zu räumen, um es zu vermieten oder zu verkaufen, dann ist das ein völlig legitimer Standpunkt. Auch wenn dadurch Mieteinnahmen oder Verkaufserlöse erst einmal »liegenbleiben«. Es hilft, sich solche Gefühle einzugestehen und sie auszusprechen. Dadurch verhindern Sie nämlich, dass sie untergründig weiterwirken und Schaden anrichten. Das Bemerkenswerte ist nämlich, dass Sie mit Ihren Gefühlen »verhandeln« können, sobald sie auf dem Tisch liegen. Das gilt nicht nur für Ihre eigenen Emotionen, sondern auch für die Ihrer Miterben, mit denen Sie sich auseinandersetzen müssen. Wie die Autoren Douglas Stone, Bruce Patton und Sheila Heen in ihrem hilfreichen Buch über »schwierige Gespräche« zeigen, kann es Wunder wirken, wenn die Gefühle der Beteiligten ausgesprochen und anerkannt werden.

Dass sie zu ihrem Recht kommen, bedeutet noch nicht, dass man ihnen auch Folge leisten muss. Wie schon angedeutet, können Sie mit den Gefühlen »verhandeln« und sich eher auf eine Lösung verständigen, als wenn diese Gefühle unausgesprochen bleiben.

8.2 Ordnung schaffen – Nachlass in Gruppen einteilen

Vielleicht kommt Ihnen das Szenario bekannt vor: Angehörige, Bekannte und Freunde kommen vorbei, nehmen schon mal was mit oder dürfen sich »etwas aussuchen«, nichts von Wert versteht sich, und wenn doch, dann wird das »aufgeschrieben«, womöglich vom Betreffenden selbst, oder man verspricht, sich das zu »merken« und später eine »Liste« anzufertigen, die in Vergessenheit gerät und sowieso niemals erstellt wird, weil ohnehin niemand mehr den Überblick hat. Manchmal gibt es noch Versuche zu rekonstruieren, wer was bekommen hat. Doch die scheitern daran, dass jeder fest davon überzeugt ist, selbst nur das bekommen zu haben, was einem zusteht, während die anderen die wertvollen und schönen Gegenstände an sich gerafft haben.

Das Bemerkenswerte daran ist, dass die Beteiligten dieses Durcheinander eigentlich vermeiden wollen. Es geschieht dennoch und sorgt für Spannungen und schlechte Stimmung. Sogar wenn sich die Zahl der Gegenstände, die unter der Hand verteilt werden, in Grenzen hält. Ein möglicher Grund: Es gibt keinen einvernehmlichen Plan, keine Methode, wie die Gegenstände zu verteilen sind.

Nun gibt es unterschiedliche Verfahren, wie Sie dabei vorgehen können. Entscheidend ist, dass die einzelnen Schritte für die Beteiligten klar und nachvollziehbar sind. Es ist schon viel gewonnen, wenn Sie ankündigen, wie Sie vorgehen. Und nachfragen, ob die anderen damit einverstanden sind. Oder ob sie Verbesserungsvorschläge haben, die Sie wiederum zur Diskussion stellen können.

Vorschlag: Nachlass in drei Gruppen einteilen
Möglich wäre beispielsweise dieses Vorgehen: Sie teilen sämtliche Gegenstände aus dem Nachlass in drei Gruppen ein.

Gruppe 1: Wertgegenstände. Zu dieser Gruppe gehören alle Vermögenswerte und Objekte, die sich verkaufen lassen.

Gruppe 2: Erinnerungsstücke. Zu dieser Gruppe gehören alle Gegenstände, die für die Angehörigen einen persönlichen Wert oder einen Erinnerungswert haben.

Gruppe 3: Übriges. Zu dieser Gruppe gehören alle Gegenstände, die zu verschenken sind und sonst entrümpelt werden.

Bleibt noch zu klären, wer diese Einteilung vornimmt. Ideal wäre es, wenn das die Erben einvernehmlich festlegen würden. Doch das scheitert oft aus praktischen Gründen. Der Aufwand wäre zu hoch. Und nicht alle Erben haben Zeit und Lust, sich daran zu beteiligen. Aber es wäre schon viel gewonnen, wenn sich alle auf jemanden einigen könnten, der den Nachlass in dieser Weise vorsortiert.

8.2.1 Gruppe 1: Wertgegenstände erfassen – Liste erstellen

Zur ersten Kategorie gehören alle Objekte und Vermögenswerte, die Sie in das Nachlassverzeichnis für das Nachlassgericht aufnehmen würden. Gegenstände, die sich in Geld umrechnen lassen. Diese Umrechnung müssen Sie zunächst gar nicht vornehmen. Und womöglich bleibt sie Ihnen ganz erspart. Denn ob diese Umrechnung den »wahren Wert« wiedergibt, darüber lässt sich streiten.

Es kommt darauf an, diese Wertgegenstände vollständig zu erfassen. Es ist zu empfehlen, ein Verzeichnis zu erstellen. Das können Sie Ihren Miterben zusenden. Wer an bestimmten Objekten interessiert ist, soll das Ihnen mitteilen. Sie werden feststellen, dass diese Kategorie oft die wenigsten Probleme bereitet.

DIGITALE EXTRAS

Liste: Wertgegenstände		
Objekt	Wer ist interessiert?	Soll es verkauft werden?

8.2.2 Gruppe 2: Erinnerungsstücke erfassen – Liste erstellen

Die zweite Kategorie hat es in sich. Denn hier finden sich Gegenstände, die nur einen geringen materiellen, aber einen hohen symbolischen Wert haben. Erschwerend kommt hinzu, dass diese Dinge für manche Erben kaum eine Rolle spielen, während für andere sehr viel davon abhängt, dass sie die bekommen. Sie sind fest davon überzeugt, dass sie ihnen zustehen. Nun könnte man meinen: Wunderbar, dann sollen sie diese Dinge auch erhalten. Doch die Schwierigkeiten beginnen damit, dass zwei oder mehr Personen so ein Objekt haben wollen. Diese Gegenstände gerecht zu verteilen, ist eine harte Nuss, mit der wir uns gleich näher beschäftigen. Der erste Schritt, das zu erreichen, besteht darin, dass sie erst einmal erfasst werden. Sehr oft passiert das nämlich nicht, sondern ein Erbe mit privilegiertem Zugang zum Nachlass nimmt sie einfach an sich. Ohne weitere Worte darüber zu verlieren.

Eine besondere Kategorie bilden die Gegenstände, die zwar einen nicht unerheblichen materiellen Wert haben, deren symbolischer Wert aber weit darüber hinausgeht. Das kann der Familienschmuck sein, eine alte Taschenuhr oder ein Musikinstrument, das die Verstorbene so gerne gespielt hat. Um diese Gegenstände wird auch manchmal gestritten, doch gehören sie in die erste Kategorie.

DIGITALE EXTRAS

Liste: Erinnerungsstücke	
Objekt	Wer ist interessiert?

8.2.3 Gruppe 3: Was sonst noch übrig bleibt

Für die dritte Kategorie brauchen Sie kein Verzeichnis. Es handelt sich um die Gegenstände, die weder auf die erste, noch auf die zweite Liste gehören. Das bedeutet keineswegs, dass sie wertlos sein müssen. Doch stehen sie jedem Erben zu Verfügung, der dafür Verwendung hat. Vielleicht lassen sie sich auch verschenken. Finden sich keine Abnehmer, landen sie bei den Objekten, die entrümpelt werden.

Hier müssen Sie aufpassen, dass Sie nicht Objekte in die dritte Kategorie einordnen, die dann doch begehrt sind. Sonst sorgen Sie für Unmut. Vor allem wenn Sie sich geopfert haben, solche Objekte zu übernehmen. Doch der umgekehrte Fall dürfte häufiger vorkommen: Manche Gegenstände von Liste 1 und 2 finden dann doch keine Abnehmer und landen auf der Resterampe.

8.3 Entscheidungen treffen

Auf das Ordnen folgt das Entscheiden. Dabei müssen Sie in zwei unterschiedliche Angelegenheiten Entscheidungen treffen: Wie soll der Nachlass unter den Erben aufgeteilt werden? Und was soll mit dem Elternhaus geschehen? Die erste Frage haben wir im fünften Kapitel, die zweite im dritten Kapitel behandelt. Darum hier nur ein paar zusätzliche Hinweise, die insbesondere den elterlichen Nachlass und das Elternhaus betreffen.

8.3.1 Wer bekommt was?

Anhand der drei Kategorien können Sie den Nachlass hoffentlich leichter unter den Erben aufteilen. Dabei sollte ein Grundsatz befolgt werden: In der Regel gibt es einen Erben, der die Nachlassangelegenheiten in die Hand nimmt. Dieses Engagement sollte angemessen honoriert werden. Wie dies geschieht, das hängt von mehreren Faktoren ab: Vom Aufwand, der damit verbunden ist, vom Nachlass, den es zu verteilen gibt, und von den Wünschen der betreffenden Person, bei der es sich womöglich um Sie selbst handelt. Darüber muss geredet werden. Und da können Sie durchaus Forderungen stellen. Was jedoch eine schlechte Lösung ist (die gleichwohl weit verbreitet ist): Wenn der engagierte Erbe einfach zugreift und die übrigen vor vollendete Tatsachen stellt. Im Ergebnis kann das noch so moderat und gut gemeint sein. Vielleicht würden Sie sogar mehr bekommen, wenn Sie Ihre Miterben mitentscheiden ließen. Das alles zählt nicht. Es ist das Vorgehen, das für Verstimmung sorgt und Argwohn hervorruft. Daher empfehlen wir, dass Sie sich mit den anderen Erben abstimmen. Stellen Sie Ihre Forderungen, äußern Sie Ihre Wünsche. Aber die Miterben haben eben auch ein Wörtchen mitzureden. Allein, dass Sie das respektieren, wird Ihnen helfen. Und wenn Sie gar nicht zurande kommen, hilft ein neutraler Vermittler, ein Mediator.

Wie sollen die Objekte nun verteilt werden?

Gruppe 1: Bei den Wertgegenständen der ersten Gruppe gilt das Prinzip »Die Erben sind in der Vorhand«. Wer eines der Objekte haben möchte, meldet seine Ansprüche an. Daraufhin wird ein Preis festgesetzt (siehe Kapitel 1.2.4). Interessieren sich mehrere Erben für das Objekt, bekommt derjenige den Zuschlag, der mehr bietet. Die Summe wird bei der Berechnung des Erbteils berücksichtigt.

Alle Objekte von Gruppe 1, für die sich kein Erbe interessiert, werden zum Verkauf angeboten. Hier muss niemand einen Preis festsetzen. Am Ende zählt nur das, was bezahlt wird. Und das ist oftmals weniger, als ein Wertgutachten festsetzt. Manche Gegenstände, die durchaus einen Wert haben, lassen sich womöglich gar nicht verkaufen. Dann wandern sie gnadenlos auf die dritte Liste. Erben, die sie übernehmen möchten, können sie »gratis« übernehmen. Gibt es mehrere Interessenten, erhält derjenige den Zuschlag, der mehr bietet.

Gruppe 2: Wir haben es bereits angedeutet, die härteste Nuss ist bei Gruppe 2 zu knacken. Erben erwarten, dass sie dieses oder jenes erinnerungsträchtige Objekt bekommen. Und wenn Sie dann daherkommen und diese Gegenstände jemandem zuteilen wollen, der am meisten dafür bietet, ziehen Sie sich die geballte Abneigung zu. Dieses Problem müssen Sie anders lösen. Solche Objekte werden demjenigen zugeteilt, der den anderen Erben die engste emotionale Bindung plausibel machen kann. Wobei diejenigen, die ebenfalls Anspruch auf diese erinnerungsträchtigen Gegenstände erheben, irgendwie entschädigt werden sollten.

Die ganze Angelegenheit ist keine Kleinigkeit und erfordert manchmal wohlmeinende (oder auch professionelle und damit kostspielige) Vermittlung von außen. Die Lösung dieser Streitfragen lässt die Unbeteiligten gelegentlich nur den Kopf schütteln. Da wird zum Beispiel vereinbart, dass ein begehrtes Fotoalbum von Januar bis Juni bei Familie A verbleibt, die sich verpflichtet, spätestens am 1. Juli diesen Gegenstand an Familie B auszuhändigen. Auch wenn Ihnen das albern vorkommt: Respektieren Sie eine solche Lösung. Den Beteiligten bedeuten sie sehr viel.

Gruppe 3: Die »Resterampe« sorgt dadurch für Aufmerksamkeit, dass allgemein bedauert wird, was für interessante, brauchbare oder sogar werthaltige Gegenstände keine Abnehmer finden. Aber so sind unsere Zeiten nun einmal. Größere Konflikte sind von der »Resterampe« eher nicht zu erwarten. In manchen Fällen springt ein Erbe ein, um diese Gegenstände noch für die Nachwelt zu retten. Unser Rat an Sie lautet: Seien Sie nicht dieser Erbe.

8.3.2 Wollen Sie das Elternhaus bewahren?

Die Statistik spricht eine klare Sprache: Die meisten Erben versuchen ihr Elternhaus zu bewahren. Indem sie es selbst beziehen oder vermieten. Nur 28 Prozent der Erben von Immobilien verkaufen.

Das bedeutet keineswegs, dass es die bessere Entscheidung ist, das Elternhaus zu bewahren, also in Besitz zu halten. Zwar halten wir es für sinnvoll, emotionale Gründe zu berücksichtigen. Und wenn es für Sie eine Horrorvorstellung ist, Ihr Elternhaus an einen »Fremden« zu verkaufen, sollten Sie sich das eingestehen. Die Frage ist nur, was daraus folgt und wie sich Ihre Einstellung verändert. Denn es kann sich auch als »Horror« erweisen, viel Geld in ein Objekt zu stecken, das sich nur schwer vermieten lässt.

Auch der Plan, das Elternhaus als »Familientreffpunkt« zu erhalten, hat seine Tücken. Denn was bedeutet das konkret? Soll das Haus sonst leer stehen? Oder soll hier ein Angehöriger einziehen, der von der Erbengemeinschaft verpflichtet wird, Gästezimmer bereitzustellen? Das sind meist keine guten Lösungen. Denn sie folgen Vorstellungen, die Sie und Ihre Miterben momentan haben. Was das langfristig bedeutet, wird nicht ausreichend bedacht. Wie oft wird sich die Familie tatsächlich hier treffen? Wer möchte hier seine Ferien verbringen? Und wer legt das fest? Ein Haus, das die meiste Zeit des Jahres leer steht, ist eine Belastung. Finanziell und emotional. Und der Angehörige, der verpflichtet werden soll, das Elternhaus zu erhalten und Gästezimmer bereitzustellen, hat vielleicht in ein paar Jahren ganz andere Pläne. Und dann? Wer entscheidet, was geschehen soll? Es empfiehlt sich, eine klare Lösung zu entwickeln. Das heißt in diesem Fall: Die Person, die das Haus für sich nutzen will, sollte die Verantwortung übernehmen, möglichst als Eigentümer. Wer ständig damit rechnen muss, dass sich die Erbengemeinschaft einmischt, wird wenig Freude haben. Und auch für die Erbengemeinschaft ist so eine Konstellation selten ein Vergnügen.

Würden Sie Ihr Elternhaus kaufen?

Bringen Sie in Erfahrung, wie viel Sie für das Haus erlösen könnten. Und dann stellen Sie sich die Frage: Wenn Ihnen jemand dieses Haus zu diesem Preis anböte, würden Sie es kaufen? Ist das nicht der Fall, ist es vermutlich keine richtig gute Entscheidung, das Haus zu behalten.

Und auch wenn Sie das Haus bewahren, führt kein Weg daran vorbei, sich einzugestehen: Es ist nicht mehr Ihr Elternhaus. Es wird jetzt von anderen Menschen bewohnt, die die Räumlichkeiten nach ihren Wünschen umgestalten möchten. Es ist jetzt Zeit für einen Neuanfang.

8.4 Abschied nehmen

Die Beraterin Christina Erdmann, Autorin des Buchs »Adieu Elternhaus«, empfiehlt, sich Zeit zu nehmen, um sich von seinem Elternhaus zu »verabschieden«. Dann fällt es leichter, mit diesem Kapitel abzuschließen und loszulassen.

Wie sich dieser Abschied gestaltet, das ist eine Frage des persönlichen Geschmacks. Manche gehen allein ein letztes Mal durch die Räume und lassen die Atmosphäre auf sich wirken. Dies kann geschehen, bevor die Wohnung entrümpelt wird oder auch wenn die Räume bereits leer sind. Manche kreieren ein eigenes Abschiedsritual. Wie Christina Erdmann berichtet, fegen manche die Räume noch einmal symbolisch aus. Oder sie lassen eine bestimmte Musik laufen, die sie mit ihren Eltern verbinden. Zusätzlich kann man sich davor oder danach mit seinen Geschwistern treffen. Man kann auch gemeinsam die letzte Runde durch das Elternhaus drehen. Das entscheiden Sie selbst.

9 Steuern und Finanzen

Im abschließenden Kapitel dreht sich alles um das Geld. In Erbschaftsangelegenheiten gilt das Interesse besonders der Erbschaftssteuer. Müssen Sie Erbschaftssteuer zahlen und wenn ja: mit wie viel müssen Sie rechnen? Früher wurde Immobilienbesitz bei der Erbschaftssteuer stark begünstigt, weil er nach dem sogenannten »Einheitswert« bewertet wurde, der weit unter dem tatsächlichen Wert lag, dem »Verkehrswert«. Das ist zwar vorbei, doch werden viele Immobilien noch immer steuerfrei vererbt, weil sie als »Familienheim« von den Erben selbst genutzt werden.

Doch für Immobilienerben sind noch weitere Steuerthemen relevant: Sie müssen Grundsteuer zahlen (ab 2025 erstmals nach den neuen Steuersätzen). Wenn Sie vermieten, müssen Sie Ihrer Einkommensteuererklärung die »Anlage V« hinzufügen. Und als Erbengemeinschaft gelten für Sie besondere Bestimmungen, die wir uns näher anschauen. Verkaufen Sie, fällt womöglich »Spekulationssteuer« an. Abschließend beleuchten wir zwei Themen, die für Ihre finanzielle Planung von Bedeutung sind: Was sollten Sie bei Ihrer Immobilie an Instandhaltungskosten einplanen? Und wie können Sie berechnen, wann sich eine Sanierung lohnt?

9.1 Die Erbschaftssteuer

Haben Sie die Erbschaft angenommen, wird womöglich Erbschaftssteuer fällig. Aber sogar wenn Ihre Erbschaft steuerfrei bleibt, sind Sie verpflichtet, dem Finanzamt die Erbschaft mitzuteilen. Nicht dem Finanzamt, das für Sie zuständig ist (und bei dem Sie beispielsweise Ihre Einkommensteuer einreichen), sondern dem Finanzamt, das zuständig ist für den letzten Wohnsitz der Verstorbenen, also womöglich das Finanzamt, in dessen Zuständigkeitsbereich das Pflegeheim liegt, in dem die Verstorbene zuletzt untergebracht war. Für Ihre Mitteilung haben Sie drei Monate Zeit, gerechnet ab dem Zeitpunkt, da Sie von dem Tod erfahren haben. Und Sie sind zu dieser Mitteilung auch verpflichtet, wenn Sie nicht zu den Erben gehören, sondern über ein Vermächtnis (1.1.3) bedacht worden sind.

So finden Sie das zuständige Finanzamt

Es gibt verschiedene Portale und Suchmasken, die Ihnen helfen, das zuständige Finanzamt zu finden. Sie brauchen die genaue Adresse vom letzten Wohnsitz der Verstorbenen. Manchmal genügt die Postleitzahl. Unter den folgenden Webadressen sollten Sie fündig werden:

- www.steuerklassen.com/finanzaemter
- www.onlinestreet.de/finanzamt
- www.bzste.de/DE/service/behoerdenwegweiser/finanzamtsuche

9.1.1 Die Mitteilung an das Finanzamt – mit Checkliste

Für die Mitteilung an das Finanzamt genügt ein »formloses Schreiben«. Doch ganz so formlos ist dieses Schreiben eigentlich nicht. Denn es müssen einige Angaben enthalten sein, sonst ist Ihre Meldung unvollständig:

DIGITALE EXTRAS

Checkliste: Wichtige Angaben in der Mitteilung an das Finanzamt	
Name, Geburtsdatum, Beruf, Steuer-Identifikationsnummer (wenn möglich) und letzte Adresse des Verstorbenen	
Ihr Name, Beruf, Steuer-Identifikationsnummer und Adresse	
Todestag und Sterbeort des Erblassers	
Was wird vererbt? Wie hoch ist schätzungsweise der Wert der Erbschaft (Vermögenswert abzüglich Verbindlichkeiten)?	
Erbschaft oder Vermächtnis?	
Gesetzliche Erbfolge? Oder sind Sie testamentarisch als Erbe bestimmt?	
Persönliche Beziehung zum Verstorbenen: Verwandtschaftsverhältnis, sind Sie verschwägert, standen Sie in einem Dienstverhältnis?	
Gab es in den vergangenen zehn Jahren Zuwendungen, Schenkungen des Verstorbenen? In welcher Höhe und wann?	

Diese Angaben teilen Sie der Erbschaftssteuerstelle des betreffenden Finanzamts mit. Dabei können Sie davon ausgehen, dass das Finanzamt bereits informiert ist. Denn die Standesämter, Gerichte, Behörden und Notare (§ 34 ErbStG), Banken, Versicherungen und Vermögensverwalter (§ 33 ErbStG) sind verpflichtet, Meldung zu machen. Es ist also nicht so, dass das Finanzamt durch Ihre Mitteilung erst auf Ihre Erbschaft aufmerksam wird. Es ist daher zu empfehlen, innerhalb der dreimonatigen Frist tätig zu werden. Ihr Schreiben könnte ungefähr so aussehen:

Muster: Erbschaftsmeldung an das Finanzamt

Mitteilung über eine Erbschaft

Sehr geehrte Damen und Herren,

am 4. Juli 2024 verstarb die Bankkauffrau Hildegard Mustermann, geboren am 3. November 1948, zuletzt wohnhaft in der Tulpenstraße 12 in 12345 Musterstadt. Dies war auch ihr Sterbeort. Ihre Steuer-ID: 987654321.

Ich, Silvia Marhenke, geb. Mustermann, IT-Beraterin, geboren am 4. April 1976, wohnhaft in der Plochinger Straße 99a in 73734 Esslingen, möchte Ihnen mitteilen, dass ich eine der Erbinnen bin. Meine Steuer-ID: 123456789.

Hierzu möchte ich die folgenden Angaben machen:

- Der Nachlass besteht aus dem Hausrat, einer Schmuckkassette, einer Bibliothek, einem Wertpapierdepot bei der Musterbank und dem Haus mit Grundstück in der Tulpenstraße. An Verbindlichkeiten steht dem ein Kredit von 5.000 Euro gegenüber. Den Wert des Nachlasses schätze ich auf insgesamt 450.000 Euro.
- Als Tochter der Verstorbenen erbe ich nach der gesetzlichen Erbfolge ½. So ist es auch in dem eigenschriftlichen Testament bestimmt. Vermächtnisse gibt es keine.
- Innerhalb der vergangenen 10 Jahre hat die Verstorbene mir eine Schenkung zukommen lassen. Am 4. Februar 2018 in Höhe von 30.000,00 Euro.

Bitte lassen Sie mir die nötigen Informationen zukommen, welche Schritte ich unternehmen muss, um die steuerlichen Angelegenheiten in Zusammenhang mit meiner Erbschaft ordnungsgemäß zu regeln.

Mit freundlichen Grüßen

(Name, Unterschrift)

Eine solche Mitteilung ist nicht nötig, wenn es ein notariell beurkundetes Testament oder einen Erbvertrag gibt oder wenn das Testament bereits beim Nachlassgericht hinterlegt wurde. Dann leitet das Nachlassgericht oder der Notar die Informationen weiter.

Unterlassen Sie die Mitteilung, obwohl Sie dazu verpflichtet sind, kann das unangenehme Konsequenzen haben. Das Finanzamt kann nicht nur eine Geldbuße verhängen, sondern auch ein Verfahren wegen »Steuerverkürzung« oder Steuerhinterziehung einleiten. »Steuerverkürzung« ist ein Begriff aus dem Steuerrecht und meint, dass Steuern nicht in voller Höhe oder nicht rechtzeitig festgesetzt werden können (§ 370 Abs. 4 AO).

Daher die dringende Empfehlung: Sobald Sie das Erbe angenommen haben, schicken Sie eine Meldung an das Finanzamt. Auch wenn die Meldung noch nicht ganz akkurat und nicht vollständig ist: Sie haben Ihre Meldepflicht erfüllt – und die eigentliche Steuererklärung kommt ja erst noch. Das heißt, auch wenn Ihre Meldung etwas fehlerhaft ist, hat sie erst einmal keine Konsequenzen. Das heißt natürlich nicht, dass Sie falsche Angaben machen dürfen, sondern Sie dürfen schätzen.

Achtung: Auch wenn Sie sicher sind, dass Sie keine Erbschaftssteuer zahlen müssen, die Mitteilung an das Finanzamt ist verpflichtend! Als Erbengemeinschaft können Sie diese Mitteilung auch gemeinsam abgeben. Das hat den Vorteil, dass nicht jeder tätig werden muss und die Sache für alle Beteiligten einfacher wird. Doch müssen Sie nicht auf Ihre Miterben warten, sondern können für sich selbst die Mitteilung machen.

9.1.2 Die Erbschaftssteuererklärung

Ist Ihre Meldung beim Finanzamt eingegangen, werden Ihre Angaben überprüft: Gibt es Ungereimtheiten oder sind sie schlüssig? Auf dieser Grundlage erfolgt eine Einschätzung, ob Sie Erbschaftssteuer zahlen müssen. Ist das der Fall, schickt Ihnen das Finanzamt ein Formular für Ihre Erbschaftssteuererklärung zu.

Diese Steuerklärung dient dazu, die Erbschaftssteuer festzusetzen. Sie müssen sie aber nur einreichen, wenn Sie vom Finanzamt dazu aufgefordert werden. Dabei setzt Ihnen das Finanzamt eine Frist, bis wann Sie die Steuererklärung abgeben müssen. Diese Frist muss mindestens einen Monat betragen (§ 31 Abs. 1 ErbStG). Geben Sie später ab, kann ein Verspätungszuschlag festgesetzt werden. Ist absehbar, dass Sie die Frist nicht einhalten können, sollten Sie beim Finanzamt eine Fristverlängerung beantragen.

Der Mantelbogen und seine Anlagen

Das Formular für die Erbschaftssteuererklärung, der Mantelbogen, umfasst vier Seiten. Hinzukommen verschiedene Anlagen, die Sie nur brauchen, wenn Sie in der betreffenden Angelegenheit Angaben zu machen haben. Bei einer Erbengemeinschaft muss jeder Erbe für sich die »Anlage Erwerber« ausfüllen. Im Mantelbogen bekommt jeder Miterbe eine Nummer zugeteilte (Zeile 21 bis 24). Diese Nummer muss dann in der Anlage wieder auftauchen.

Für Immobilienerben sind zwei weitere Anlagen wichtig: Die »Anlage Steuerbefreiung Familienheim« (falls Sie die Immobilie selbst beziehen wollen) und die »Anlage Steuerbefreiung für zu Wohnzwecken vermietete Grundstücke« (wenn Sie eine Wohn-Immobilie erben, die vermietet ist, ob Mehrfamilienhaus, Einfamilienhaus oder Eigentumswohnung).

Manche Finanzämter geben Ihnen die Möglichkeit, das Formular, die Anlagen und Anleitungen zum Ausfüllen als PDF herunterzuladen. So etwa das Finanzamt München: https://www.finanzamt.bayern.de/Informationen/Formulare/ Weitere_Themen_A_bis_Z/Erbschaft-_und_Schenkungsteuer/Ab_2016/ default.php.

9.1.3 Das Familienheim steuerfrei erben

Das Haus oder die Wohnung, die der Verstorbene selbst bewohnt hat, kann als »Familienheim« an die nächsten Angehörigen steuerfrei vererbt werden. Dies ist jedoch an bestimmte Voraussetzungen gebunden (§ 13 Abs. 1 Nr. 4 a bis c ErbStG):

- Das Familienheim muss an den Ehepartner oder die Kinder (wenn die verstorben sind: die Enkel) vererbt werden. Andere Erben werden nicht begünstigt.
- Die Erben müssen das Familienheim selbst bewohnen. Und zwar als Hauptwohnsitz. Nutzen sie es als Ferienwohnung oder als Zweitwohnsitz, ist die Steuerbefreiung nicht möglich (BFH, Urteil vom 18. Juli 2013, Az. II R 35/11).
- Werden Teile des Grundstücks anders genutzt (gewerblich, landwirtschaftlich, vermietet), müssen diese Teile herausgerechnet werden. Nebengebäude, Garagen oder Arbeitszimmer, die mit der Wohnung gemeinsam genutzt werden, fallen nicht darunter.
- Ehepartner können das Familienheim komplett steuerfrei übernehmen. Für Kinder und Enkel gilt: Die Immobilie bleibt nur bis zu einer Wohnfläche von 200 Quadratmetern steuerfrei. Ist das Familienheim größer, müssen die Anteile entsprechend herausgerechnet werden: Bei 300 Quadratmetern Wohnfläche unterliegt dann ein Drittel (100/300 qm) der normalen Besteuerung; zwei Drittel bleiben steuerfrei.
- Das Familienheim muss von den Erben »unverzüglich« bezogen werden. Konkret bedeutet das: Spätestens nach sechs Monaten sollten Sie dort wohnen. Diese Frist kann sich etwas verlängern, wenn Sie das Familienheim renovieren oder sanieren. Aber auch hier gilt: Allzu lange dürfen sich diese Arbeiten nicht hinziehen (BFH, Urteil vom 28.5.2019, Az. II R 37/16). Und wenn Sie das Gebäude abreißen und einen Neubau dort hinstellen, gibt es ebenfalls keine Steuerbefreiung (FG München, Urteil vom 22.10.2014, Az. 4 K 847/13).
- Das Familienheim muss zehn Jahre lang von den Erben als Hauptwohnsitz genutzt werden. Wird es vorher verkauft, vermietet, verschenkt oder das Eigentum sonstwie übertragen, kann die Steuerbefreiung rückwirkend komplett entfallen.

Dabei kommt es manches Mal auf Feinheiten an, von denen die Betroffenen nichts ahnen. So entfällt die Steuerbefreiung rückwirkend, wenn Sie als Ehepartner nach fünf Jahren aus dem Familienheim ausziehen und zu Ihrer Tochter ziehen. Ziehen Sie hingegen in ein Pflegeheim und die Wohnung wird vermietet, so bleibt die Steuerbefreiung erhalten. Der Grund: Sie sind aus »zwingenden Gründen« an einer Selbstnutzung gehindert (§ 13 Abs. 1 Nr. 4b ErbStG). Anders gesagt: Sie können nicht dort wohnen bleiben, also wird auch rückwirkend keine Erbschaftssteuer fällig.

Nur wer einzieht, kann die Steuerbefreiung geltend machen

Wichtig für Erbengemeinschaften: Es ist nur der Erbe, der in das Familienheim einzieht, der in seiner Erbschaftssteuererklärung die Befreiung geltend machen kann – und zwar gemäß seiner Erbquote. Ist eine Erbin nur zu 10 Prozent Miteigentümerin des Familienheims, bleibt eben dieser Teil für sie steuerfrei, während die anderen Mitglieder der Erbengemeinschaft ihre Anteile ganz normal versteuern müssen. Geht das Eigentum jedoch im Zuge der »Erbauseinandersetzung« (siehe Kapitel 5.3) auf die Erbin über, kann sie womöglich noch rückwirkend eine Steuerbefreiung für das Objekt geltend machen. Voraussetzung ist allerdings, dass dieser Übergang »zeitnah« erfolgt. Sechs Monate nach dem Erbfall dürften problemlos anerkannt werden. Zieht sich die Sache wegen Erbstreitigkeiten oder der Erstellung von Gutachten in die Länge, empfiehlt sich eine Mitteilung an das Finanzamt (das für die Erbschaftssteuer zuständig ist). Dann kann sogar noch nach 15 Monaten eine Steuerbefreiung anerkannt werden. Allerdings müssen Sie dem Finanzamt dann die Gründe darlegen, warum sich die Erbauseinandersetzung so sehr verzögert hat (BFH, Urteil vom 23. 6. 2015, Az. II R 39/13).

9.1.4 Vermieteten Wohnraum vergünstigt erben

Erben Sie ein Mehrfamilienhaus oder eine Eigentumswohnung, die vermietet ist, füllen Sie die entsprechende Anlage in der Erbschaftssteuererklärung aus. Als Belohnung winkt eine Steuerermäßigung: Der Immobilienbesitz wird nach § 13d ErbStG nur zu 90 Prozent angerechnet. Im Vergleich zu früher, da nur der niedrige »Einheitswert« zugrunde gelegt wurde, mag das zwar als hohe Bewertung erscheinen, doch muss man konstatieren: Immobilienbesitz wird im Vergleich zu anderen Vermögenswerten noch immer leicht begünstigt.

Noch einmal zur Klarstellung: Es muss sich um eine Immobilie handeln, die zu Wohnzwecken genutzt und vermietet wird. Zahlen die Bewohner keine Miete, kann die Begünstigung nicht in Anspruch genommen werden. Dabei muss sich die Immobilie nicht zwingend in Deutschland befinden, auch für Objekte, die in einem Land der Europäischen Union oder des »Europäischen Wirtschaftsraums« vermietet werden, gilt die Regelung.

Es besteht keine Verpflichtung, das Objekt für eine bestimmte Frist zu vermieten oder in Besitz zu behalten. Auch kann es zum Zeitpunkt des Erbfalls (also am Todestag) leer stehen, weil gerade ein Mieter gesucht oder saniert wird, um es anschließend zu vermieten.

9.1.5 Bewertung von Immobilieneigentum

In Ihrer Steuererklärung müssen Sie den Wert der Nachlassgegenstände angeben. Bei Bankkonten, Festgeld, Sparbüchern oder Wertpapierdepots ist das einfach. Sie können den Kontostand oder die Wertstellung ja in Euro und Cent genau beziffern. Maßgeblich ist auch hier (wie beim Antrag auf den Erbschein, siehe 1.2.4) der Tag des Erbfalls, also der Todestag des Erblassers. Bei anderen Wertgegenständen ist das schwieriger: Kunstgegenstände, Schmuck, Münzen, wertvolle Teppiche, Antiquitäten müssen geschätzt werden. Je höher der mutmaßliche Wert, desto strenger die Maßstäbe. Die Briefmarkensammlung wird nur in Ausnahmefällen ein Wertgutachten erfordern. Bei Kunstwerken oder anderen möglichen Kostbarkeiten sieht das ganz anders aus.

Der Feststellungsbescheid vom Finanzamt

Was die Immobilie betrifft, so nimmt Ihnen das Finanzamt die Bewertung erst einmal ab. Sie bekommen von dem Finanzamt, in dessen Zuständigkeitsbereich sich die Immobilie befindet, einen Feststellungsbescheid zugeschickt. Dieser Bescheid geht Ihnen vor Abgabe der Erbschaftssteuererklärung zu. Bei seiner Bewertung orientiert sich das Finanzamt an einem Durchschnittswert vergleichbarer Objekte.

In dem Schreiben legt das Finanzamt fest, wie hoch der Wert der Immobilie für die Erbschaftsteuer veranschlagt wird. Sind Sie damit einverstanden, können Sie ihn übernehmen. Das liegt vor allem dann nahe, wenn Sie feststellen, dass Sie ohnehin steuerfrei erben. Oder wenn der Betrag Ihrer eigenen Einschätzung entspricht, wobei Sie nicht zu bescheiden sein sollten. Ansonsten legen Sie gegen den Feststellungsbescheid Widerspruch ein. Häufig lohnt sich das. Die Aussichten, dass Ihr Widerspruch Erfolg hat, sind gar nicht so gering.

Nach § 198 Abs. 1 BewG Sie müssen schlüssig darlegen, dass Sie den »Verkehrswert« der Immobilie zutreffender erfassen. Um den Verkehrswert zu bestimmen, gibt es drei Verfahren:

- Das **Vergleichswertverfahren** eignet sich für Eigentumswohnungen, Ein- und Zweifamilienhäuser. Dabei werden die Kaufpreise vergleichbarer Objekte herangezogen.
- Das **Ertragswertverfahren** kommt bei vermieteten Mehrfamilienhäusern (ab drei Wohneinheiten) zum Einsatz, bei Gewerbeimmobilien und Gebäuden mit gemischter Nutzung. Der Ertragswert setzt sich zusammen aus dem Bodenwert und dem »Rohertrag« (Miete minus Bewirtschaftungskosten).
- Das **Sachwertverfahren** kommt in Frage, wenn sich für selbstgenutztes Wohneigentum keine geeigneten Vergleichsobjekte finden lassen. Oder wenn sich für Gewerbeimmobilien oder Objekte mit gemischter Nutzung keine ortsübliche Miete ermitteln lässt. Außerdem wird es für unbebaute Grundstücke eingesetzt. Hier werden Bodenwert und Gebäudewert zusammenaddiert. Bei unbebauten Grundstücken entfällt natürlich der Gebäudewert.

So funktioniert das Vergleichswertverfahren

Beim Vergleichswertverfahren zieht man die möglichst aktuellen Kaufpreise vergleichbarer Objekte heran, um den Wert zu bestimmen. Dabei werden nur Preise berücksichtigt, die auch tatsächlich gezahlt worden sind. Es geht also nicht darum, die Wohnungsangebote unter die Lupe zu nehmen. Vielmehr werden alle Grundstückskaufverträge in der Region dem zuständigen Gutachterausschuss gemeldet. Der führt eine »Kaufpreissammlung«, über die Sie bei »berechtigtem Interesse« Auskunft fordern können. Die Angaben sind anonymisiert und sollen keine Rückschlüsse auf konkrete Objekte erlauben.

Hin und wieder ist zu lesen, man könne das Vergleichswertverfahren selbst durchführen. Denn alle nötigen Informationen könnten Sie beschaffen. Wir raten davon ab. Nicht nur weil die Bewertung einer Immobilie eine anspruchsvolle und zeitraubende Aufgabe ist, sondern auch weil es Ihnen gelingen muss, die Bewertung durch das Finanzamt mit stichhaltigen Argumenten zu widerlegen. Und wer entscheidet darüber, ob Sie rechthaben? Richtig, das Finanzamt.

Daher empfehlen wir: Wenn Sie Widerspruch einlegen, kontern Sie mit einem Wertgutachten. So ein Wertgutachten ist besonders sinnvoll bei älteren Häusern mit einem gewissen Renovierungsbedarf oder bei Gebäuden komplexen Zuschnitts. Damit es ernstgenommen wird, müssen Sie einen qualifizierten Gutachter beauftragen. Diese Person muss von einer staatlichen, staatlich anerkannten oder nach DIN EN ISO/IEC 17024 akkreditierten Stelle als Sachverständiger oder Gutachter für die Wertermittlung von Immobilien bestellt oder zertifiziert sein. Wenn Sie hingegen einen freien Gutachter (siehe Kapitel 1.2.4) einschalten, wird das niemanden beeindrucken.

Über das gerichtsfeste Gutachten eines staatlich anerkannten Experten wird sich das Finanzamt kaum hinwegsetzen. Hinzukommt: Gutachter berücksichtigen auch unscheinbare Details und Nachteile bei der Immobilie, die den Verkehrswert mindern. Dem Finanzamt dürften diese Nachteile entgehen, da das Objekt ja gar nicht näher überprüft wird. Höchst unwahrscheinlich, dass das Finanzamt das beanstandet. Außerdem können Sie die Kosten für das Gutachten als Verbindlichkeit geltend machen, also vom Nachlasswert abziehen. Wenn es um größere Summen geht, macht sich diese Investition fast immer bezahlt.

So funktioniert das Ertragswertverfahren

Beim Ertragswertverfahren werden Bodenwert und Rohertrag der Immobilie zusammenaddiert. Der Rohertrag wird aus der Jahresmiete berechnet, die für das Gebäude gezahlt wird. Gehören nicht vermietete Wohn- oder Gewerbeeinheiten dazu, müssen die auch berücksichtigt werden. Und zwar mit dem ortsüblichen Mietwert, also mit der Miete, die für eine vergleichbare Einheit entrichtet wird. Von der Jahresmiete werden die »Bewirtschaftungskosten« abgezogen. Zu den Bewirtschaftungskosten gehören nicht nur die üblichen Betriebs- oder Nebenkosten, die in der Regel auf die Mieter umgelegt werden. Es sind auch Instandhaltungs- und Verwaltungskosten zu berücksichtigen sowie das »Mietausfallwagnis«. Dabei werden die Bewirtschaftungskosten nicht im Detail berechnet, sondern »nach Erfahrungssätzen« angesetzt (§ 187 Abs. 2 ErbStG). Das Ergebnis entspricht dem jährlichen Reinertrag. Und der wird mit einem bestimmten Faktor multipliziert, der von der »Restnutzungsdauer« des Gebäudes abhängt.

Kurz gesagt: Auch hier ist wieder ein Wertgutachten gefragt. Für einen Laien dürfte es kaum möglich sein, das Verfahren selbst durchzuführen. Und auch das kostengünstige Gutachten eines »freien Gutachters« dürfte kaum ausreichen, den Feststellungsbescheid des Finanzamts zu kippen.

So funktioniert das Sachwertverfahren

Das Sachwertverfahren ähnelt dem Ertragswertverfahren. Auch hier wird der Bodenwert bestimmt. Doch es wird nicht der Ertrag des Gebäudes hinzuaddiert, sondern der Sachwert des Gebäudes. Auch hier werden nicht die realen Herstellungskosten herangezogen, sondern normierte Herstellungskosten, bei denen die Ausstattung und das Alter des Gebäudes berücksichtigt werden. Und auch hier sollten Sie wieder einen qualifizierten Gutachter oder Sachverständigen einschalten, damit Ihr Widerspruch gegen den Feststellungsbescheid durchgeht.

9.1.6 Stundung der Erbschaftssteuer

Ein ärgerlicher Fall: Sie erben eine vermietete Immobilie. Die Erbschaftssteuer ist so hoch, dass Sie die nicht sofort aufbringen können. Sie müssten das Objekt verkaufen. Um solche Notverkäufe zu verhindern, kann Ihnen die Steuer für maximal zehn Jahre gestundet werden. Dabei geht es um den Betrag, der auf die Immobilie entfällt. Durch die Stundung sollen Sie in die Lage versetzt werden, die Erbschaftssteuer aus den erwirtschafteten Mieten zu begleichen.

9.1.7 Ihre Steuerklasse

Der Erbschaftssteuersatz richtet sich nach dem Verwandtschaftsgrad. Je enger Sie mit der Verstorbenen verwandt sind, desto günstiger wirkt sich das steuerlich aus. Dabei gibt es nur drei Steuerklassen. Die Einteilung folgt im Großen und Ganzen der »gesetzlichen Erbfolge« (siehe Kapitel 1.1.1).

Die »direkte Linie« zählt zur Steuerklasse I: Der Ehe- oder (eingetragene) Lebenspartner, die Kinder (ob leiblich, adoptiert oder Stiefkinder), Enkel und Urenkel, Eltern und Großeltern.

In der Steuerklasse II wird sich meistenteils die übrige Verwandtschaft wiederfinden: Geschwister, Nichten und Neffen (= die Kinder der Geschwister, nicht die »angeheirateten«), Schwiegertöchter und Schwiegersöhne, Schwiegereltern, Stiefeltern und der geschiedene Ehe- oder Lebenspartner (wenn er denn noch mit einer Erbschaft bedacht worden ist).

Für alle übrigen Erben bleibt die Steuerklasse III. Dazu gehören die Lebensgefährten, denen zu Steuerklasse I nur der Trauschein oder die eingetragene Partnerschaft fehlt, die weitläufige Familie und die Freunde. Und Sie vermuten richtig: Die Unterschiede in der Besteuerung sind gewaltig!

9.1.8 Die Freibeträge

Großen Einfluss auf die Steuerbelastung haben auch die Freibeträge. Hier werden die Ehepartner und eingetragenen Lebenspartner am großzügigsten bedacht, während außerhalb der Kernfamilie sehr schnell die Grenze erreicht ist.

Wer erbt?	Wie hoch ist der Freibetrag?
Ehepartner, eingetragener Lebenspartner	500.000 Euro
Kinder (leiblich, adoptiert)	400.000 Euro
Enkel	200.000 Euro
Eltern und Großeltern	100.000 Euro
Geschwister, Neffen, Nichten	20.000 Euro
Übrige Erben	20.000 Euro

Weitere Freibeträge können hinzukommen. Vom »Familienheim«, das steuerfrei an die nächsten Verwandten vererbt wird, war bereits die Rede (Kapitel 9.1.3). Doch gibt es zusätzlich noch »Versorgungsfreibeträge«. Bei denen bleiben Versorgungsbezüge wie die Zahlungen aus einer privaten Lebensversicherung in bestimmten Grenzen steuerfrei. Für Ehepartner und eingetragene Lebenspartner liegt dieser zusätzliche Freibetrag aktuell bei 256.000 Euro. Bei Kindern beginnt der Freibetrag bei 52.000 Euro und sinkt mit fortschreitendem Alter alle fünf Jahre um rund 10.000 Euro. Hat das Kind das 27. Lebensjahr vollendet, gibt es hier keinen Freibetrag mehr.

9.1.9 So berechnen Sie Ihre Erbschaftssteuer

Was Sie an Erbschaftssteuer zu bezahlen haben, das entnehmen Sie Ihrem Erbschaftssteuerbescheid. Doch können Sie schon vorher berechnen, was auf Sie zukommt – und gegebenenfalls Widerspruch einlegen, wenn der Steuerbescheid davon abweicht.

Als erstes bestimmen Sie, wie hoch Ihr Anteil am Nachlass vom Finanzamt veranschlagt wird. Davon ziehen Sie Ihre Freibeträge ab. Befindet sich ein »Familienheim« in der Erbmasse, das steuerfrei vererbt wird, können Sie diesen Brocken an Gegenwert ebenfalls abziehen. Was dann noch übrigbleibt, das müssen Sie versteuern. Und zwar nach den folgenden Steuersätzen:

Wert vom Erbanteil	Steuerklasse I	Steuerklasse II	Steuerklasse III
Bis 75.000 Euro	7 Prozent	15 Prozent	30 Prozent
Bis 300.000 Euro	11 Prozent	20 Prozent	30 Prozent
Bis 600.000 Euro	15 Prozent	25 Prozent	30 Prozent
Bis 6.000.000 Euro	19 Prozent	30 Prozent	30 Prozent
Bis 13.000.000 Euro	23 Prozent	35 Prozent	50 Prozent
Bis 26.000.000 Euro	27 Prozent	40 Prozent	50 Prozent
Alles darüber	30 Prozent	43 Prozent	50 Prozent

Berechnungsbeispiele

Beispiel 1: Angenommen, die Tochter erbt eine vermietete Immobilie mit dem Verkehrswert von 500.000 Euro. Steuerlich wird die zu 90 Prozent berücksichtigt, das sind 450.000 Euro. Hinzukommt ein Aktiendepot mit dem Tageswert von 135.000 und Wertgegenstände im Wert von 35.000 Euro. Insgesamt sind das 620.000 Euro. Bei einem Freibetrag von 400.000 Euro muss sie auf 220.000 Euro einen Steuersatz von 11 Prozent bezahlen. Das sind 24.200 Euro.

Beispiel 2: Die Tochter ist Teil einer Erbengemeinschaft, erbt zusammen mit Mutter und Bruder. Ihr Anteil beträgt nach gesetzlicher Erbfolge (Kapitel 1.1.1) ein Viertel. Jetzt erben die drei aber noch ein Haus mit dem Verkehrswert von 600.000 Euro und im Rahmen eines Vermächtnisses erbt sie noch Familienschmuck im Wert von 120.000 Euro zu. Insgesamt beträgt der Wert der Erbschaft (ohne Vermächtnis) 1.220.000 Euro. Davon ein Viertel sind 305.000 Euro. Hinzukommt der Wert des Vermächtnisses. Insgesamt muss sie 425.000 Euro versteuern. Bei einem Freibetrag von 400.000 Euro bleiben 25.000 Euro. Der Steuersatz dafür beträgt 7 Prozent. An Erbschaftssteuer zahlt sie 1.750 Euro.

Vermächtnis und »Voraus« nicht vergessen!

Bei der Berechnung der Erbschaftssteuer dürfen Sie die Zuwendungen nicht vergessen, die bei der anteilsmäßigen Verteilung des Nachlasses ausgeklammert werden: Den Wert des Vermächtnisses (siehe Kapitel 1.1.3) und des Hausrats, den Sie als »Voraus« bekommen haben (siehe Kapitel 1.1.5).

Wer nicht zur Familie gehört, wird stärker belastet

Ein Grundsatz, der sich dramatisch auswirken kann: Sind Sie mit der Verstorbenen nicht verwandt, gehören Sie nicht als Ehepartner oder eingetragener Lebenspartner zur Familie, zahlen Sie wesentlich mehr Erbschaftssteuer. Wer seinem Lebensgefährten also noch etwas Gutes tun will, der sollte über eine Heirat nachdenken. Die sichert im Übrigen beide Partner ab.

Damit Sie den Unterschied erkennen, nehmen das erste Beispiel vom vorangegangenen Abschnitt wieder auf. Nur erbt nicht die Tochter, sondern die Lebensgefährtin.

Beispiel 3: Die (nicht mit dem Partner verheiratete Lebensgefährtin) erbt einen Nachlass von 620.000 Euro. An dessen Berechnung ändert sich ja nichts. Doch nun kommen die Unterschiede. Ihr Freibetrag macht 20.000 Euro aus. Sie muss 600.000 Euro versteuern – zum Höchststeuersatz von 50 Prozent. Das Finanzamt freut sich auf ihre Überweisung von 300.000 Euro. Die vermietete Immobilie dürfte nicht zu halten sein.

Beispiel 4: Spulen wir die Zeit zurück und stellen wir uns vor, es gelingt der Lebensgefährtin noch die Eheschließung. Am Nachlass ändert sich nichts. Nun kann sie einen Freibetrag von 500.000 Euro in Anspruch nehmen. Sie muss auf 120.000 Euro 11 Prozent Erbschaftssteuer zahlen. Das sind 13.200 Euro.

Beispiel 5: Haben die beiden (neben der vermieteten Immobilie, die in den Nachlass einberechnet ist) noch ein gemeinsames Haus bewohnt, wird die Sache noch eindrucksvoller: Denn für eine Lebensgefährtin gibt es kein steuerfreies Familienheim (Kapitel 9.1.3). Und so muss sie den Verkehrswert voll versteuern. Hat das Haus einen Verkehrswert von 600.000 Euro, kommen also noch weitere 300.000 Euro Erbschaftssteuer hinzu.

Beispiel 6: In der gleichen Situation – allerdings nach einer Eheschließung müsste die Witwe keinen weiteren Cent zahlen. Sogar wenn das Familienheim 1.000.000 Euro wert wäre.

9.2 Die Grundsteuer

Als Eigentümer einer Immobilie müssen Sie an die Gemeinde, in der sich das Objekt befindet, Grundsteuer bezahlen. Ab Januar 2025 gilt ein neues Verfahren, mit dem die Grundsteuer berechnet wird. Dies war nötig geworden, nachdem das Bundesverfassungsgericht das alte Verfahren (das auf längst überholten »Einheitswerten« beruhte) 2018 für verfassungswidrig erklärt hatte. Das neuen Bewertungsverfahren soll zu einer gerechteren Steuer führen. Am Steueraufkommen soll sich nichts ändern. Das heißt, die einen werden mehr, die anderen werden weniger zahlen. Aber ob das am Ende so hinkommt, lässt sich aktuell noch nicht abschätzen.

Das neue Verfahren ist ein wenig kompliziert. Auch gibt es in verschiedenen Bundesländern verschiedene Regelungen. Grundlage all dieser Verfahren ist eine Kombination aus Bodenwert, Gebäudetyp und Nutzung.

9.2.1 Die Grundsteuererklärung

Im Unterschied zu anderen Steuererklärungen muss die Grundsteuererklärung nicht immer wieder abgegeben werden, sondern womöglich nur ein einziges Mal. Und das ist für Ihre Immobilie hoffentlich bereits erfolgt. Stichtag war der 1. Januar 2022. Wer an diesem Tag Eigentümer des Grundstücks war, musste die Erklärung abgeben. Dazu hatte er bis zum 31. Januar 2023 Zeit. Die Finanzämter haben diese Angaben überprüft und einen Grundsteuerwert festgesetzt, der aber noch nicht dem Betrag entspricht, der von Ihnen ab 2025 zu zahlen ist. Die Höhe der neuen Grundsteuer soll erst im Herbst 2024 feststehen.

Es soll noch immer Eigentümer geben, die bis heute keine Angaben über ihr Grundstück und das Gebäude gemacht haben. Gehört Ihr Erblasser dazu, dürfte sich im Nachlass eine umfangreiche Korrespondenz zu diesem Thema finden. Und noch etwas: Wenn sich an der Immobilie etwas verändert, an der Nutzung, an der Art und Größe des Gebäudes, so müssen Sie beim zuständigen Finanzamt eine neue Grundsteuererklärung einreichen.

Grundsteuer mit dem Online-Rechner berechnen

Es gibt mehrere Online-Rechner, die Ihnen helfen, den (voraussichtlichen) Wert zu ermitteln. Einen davon finden Sie unter: https://grundsteuer.de/rechner/

9.2.2 Lässt sich die Grundsteuer umlegen?

Wenn Sie vermieten, so können Sie im Prinzip die Grundsteuer als Nebenkosten auf Ihre Mieter umlegen. Voraussetzung ist eine entsprechende Vereinbarung im Mietvertrag (siehe Kapitel 6.3.2). Dabei genügt es, wenn sich im Vertrag die heute übliche Standardformulierung findet (mit Hinweis auf § 2 der Betriebskostenverordnung). Zwar ist immer wieder im Gespräch, zur Entlastung der Mieter die Grundsteuer ganz oder teilweise auf die Vermieter zu übertragen. Doch diese Vorschläge sind aktuell mal wieder vom Tisch.

9.3 Die »Anlage V« in der Einkommensteuererklärung

Wenn Sie vermieten, müssen Sie Ihrer Einkommensteuererklärung die »Anlage V« hinzufügen. V steht für Vermietung und Verpachtung. Vermieten Sie mehrere Immobilien, müssen Sie mehrere dieser Formulare abgeben – pro Haus eine Anlage V. Vermieten Sie hingegen mehrere Wohnungen in ein und demselben Gebäude, genügt ein Formular.

Auf Mietersuche? Sie dürfen die Anlage V einreichen!

Die Anlage V dürfen Sie auch dann ausfüllen, wenn Sie noch gar keine Mieteinnahmen erzielt haben, sondern sich erst auf Mietersuche begeben haben. Dann können Sie Ihre Ausgaben als Kosten geltend machen, was sich steuermindernd auswirkt. Dazu gehören nicht nur Ihre Ausgaben für die Mietersuche, sondern sämtliche »Werbungskosten«, die angefallen sind (Kapitel 9.3.2)!

9.3.1 Mieteinnahmen

Sie geben Ihre Miteinnahmen an. Und zwar das, was im Steuerjahr tatsächlich auf Ihrem Konto eingegangen ist. Ist Ihre Mieterin eine Mietzahlung schuldig geblieben, hat sie verspätet überwiesen oder die Miete gemindert, so müssen Sie das alles berücksichtigen. Es ist also nicht damit getan, dass Sie die Monatsmiete einfach mit 12 multiplizieren. Es geht auch nicht um Ihre Ansprüche und Nachforderungen, sondern um die tatsächlich gezahlte Miete. Dabei gilt eine Sonderregel: Im Zeitraum zwischen dem 22. Dezember und dem 10. Januar des Folgejahrs müssen Sie die Miete in dem Jahr versteuern, zu dem das Geld wirtschaftlich gehört. Wenn die Dezembermiete also erst am 9. Januar des Folgejahrs bei Ihnen eingeht, gehört sie dennoch in das alte Jahr. Und wird die Januarmiete bereits am 23. Dezember Ihrem Konto gutgeschrieben, muss sie erst im Folgejahr versteuert werden.

Bei den Mieteinnahmen wird unterschieden: Die »Kaltmiete« tragen Sie in Zeile 9 ein, die Nebenkostenvorauszahlungen müssen getrennt davon aufgeführt werden, nämlich in Zeile 13. Vermieten Sie eine Garage, gehören die Einnahmen in Zeile 16 –

allerdings nur wenn Sie die Garage *unabhängig* von der Wohnung vermieten, ohne Wohnung gewissermaßen. Vermieten Sie die Wohnung *zusammen* mit der Garage, einem Carport oder einem Stellplatz, gehört die Miete mit zur Wohnungsmiete, die Sie in Zeile 9 eintragen. Die Miete für Gewerberäume notieren Sie in Zeile 11.

Außerdem geben Sie zu jeder Wohnung die Wohnfläche an. Im Zweifel nach der Berechnungsmethode der Wohnflächenverordnung. Demnach werden Kellerräume, Abstellräume außerhalb der Wohnung oder Trockenböden nicht zur Wohnfläche gezählt. Die Flächen von Balkonen werden zu einem Viertel, die von Wintergärten zur Hälfte gezählt. Warum der ganze Aufwand? Die Quadratmeterzahl Wohnfläche gibt Aufschluss darüber, ob Sie »zu billig« vermieten – womöglich noch an Angehörige. Dann kann Ihnen das Finanzamt die »Werbungskosten« (9.3.2) kürzen oder im Extremfall das ganze Mietverhältnis zum »Scheinmietverhältnis« erklären.

9.3.2 Werbungskosten

Als »Werbungskosten« werden Ihre Ausgaben bezeichnet, die im Zusammenhang mit der Vermietung entstehen. Die können Sie von den Einnahmen abziehen. Sie mindern also Ihren »Gewinn« und damit das zu versteuernde Einkommen. Übersteigen die Werbungskosten die Mieteinnahmen, entsteht ein Verlust, der sich steuermindernd auf Ihre anderen Einkünfte auswirkt. Allerdings dürfen solche Verluste nicht die Regel werden. Sie müssen eine »Einkunfterzielungsabsicht« plausibel machen können. Sonst betrachtet das Finanzamt die Angelegenheit als »Scheinmietverhältnis« und erkennt Ihre Ausgaben nicht an.

Typische Werbungskosten sind: Kosten für die Instandhaltung, Verwaltungskosten, Fahrtkosten, Zinszahlungen für Kredite, Anwalts- und Prozesskosten: Ob Sie Ihren Mieter verklagen und einen Handwerker, der schlecht gearbeitet hat. Kosten für Anzeigen, egal ob Print oder Online: Ob Sie einen Mieter suchen, eine Reinigungskraft oder einen Hausmeister (wichtig nur, es muss für Ihr Mietobjekt bestimmt sein). Kosten für den Energieberater, den Energieausweis, den Kaminkehrer, Fachliteratur, Büromaterial, Portogebühren, Telefongebühren, Beiträge für Versicherungen wie Gebäudeversicherungen, Öltank-, Mietausfall-, Gebäude-Haftpflicht- und Grundstücksrechtschutzversicherungen.

Keine Werbungskosten

Die Liste der Werbungskosten ist lang. Fast alle Ausgaben, die im Zusammenhang mit Ihrer Vermietung stehen, können Sie geltend machen. Allerdings gibt es zwei Dinge zu beachten:

- Sie dürfen keine Ausgaben geltend machen, die Sie als Nebenkosten auf Ihre Mieter umlegen. Haben Sie zum Beispiel in Ihrem Mietvertrag die Standardvereinbarung getroffen (siehe Kapitel 6.3.2), können Sie die Grundsteuer (Kapitel 9.2) auf den Mieter umlegen. Dann gehört sie nicht zu den Werbungskosten. Müssen Sie die Grundsteuer selbst tragen, können Sie die als Werbungskosten absetzen.
- Ihre Eigenleistungen fallen nicht unter die Werbungskosten (BFH, Urteil vom 1.10. 1085, Az. IX R 58/81). Lassen Sie die Arbeiten von einem Angehörigen gegen Rechnung erledigen, sieht das ganz anders aus.

Leerstand kann zur Kürzung der Werbungskosten führen!

Steht die Wohnung leer, kann das doppelt schaden: Sie bekommen für diese Zeit keine Miete und müssen befürchten, dass Ihnen das Finanzamt die Werbungskosten kürzt! Stand die Wohnung zum Beispiel drei Monate leer, also ein Vierteljahr, könnten die Werbungskosten um ein Viertel reduziert werden. Können Sie hingegen nachweisen, dass Sie sich um eine Neuvermietung bemüht haben, darf nicht gekürzt werden (BFH, Urteil vom 20.7. 2010 Az. 9 R 49/09).

Eine drastische Kürzung der Werbungskosten droht auch, wenn Sie »zu billig« vermieten. Dieser Verdacht besteht vor allem, wenn Sie an Angehörige vermieten (Kapitel 3.2.3). Aber im Prinzip gelten die gleichen Regeln auch für »fremde Mieter«. Wenn die Miete niedriger ist als die 50 Prozent der »ortsüblichen Vergleichsmiete« (Kapitel 6.6.1), handelt es sich um eine »Billigmiete« und es wird gekürzt. Liegt die Miete zwischen 50 und 66 Prozent der Vergleichsmiete, kann das Finanzamt von Ihnen eine »Totalüberschussprognose« verlangen. Darin müssen Sie darlegen, dass Ihr Mietverhältnis langfristig darauf angelegt ist, Gewinne zu erzielen. Gelingt Ihnen das, droht keine Kürzung.

Wie stark wird gekürzt? Orientierungswert ist die ortsübliche Vergleichsmiete. Das Finanzamt kürzt die Werbungskosten um den Anteil, um den die »Billigmiete« diesen Wert unterschreitet. Liegt die ortsübliche Vergleichsmiete bei 1.200 Euro und Sie vermieten für 582 Euro, beträgt die Miete nur 48,5 Prozent der Vergleichsmiete, gilt also als Billigmiete. Dann erkennt das Finanzamt nur 48,5 Prozent Ihrer Werbungskosten an. Würden Sie nur 20 Euro mehr verlangen, also 602 Euro, hätten Sie die Chance, dass Sie die Werbungskosten in voller Höhe geltend machen können.

9.3.3 Erhaltungs- oder Herstellungsaufwand?

Die Werbungskosten können Sie meist sofort in voller Höhe geltend machen. Dies gilt insbesondere für den Erhaltungsaufwand. Damit sind Maßnahmen gemeint, die Ihre Mietwohnung oder Ihr Haus in seinem Zustand erhalten. Wartungsarbeiten, Reparaturen, auch Renovierungen gehören dazu. Hier müssen Sie nur darauf achten, dass diese Maßnahmen auch wirklich Ihrem Mieter zugutekommen. Vermieter, die am Ende der Mietzeit noch mal aufwendig renovieren, um dann das Objekt zu verkaufen oder selbst einzuziehen, können nicht darauf hoffen, die Kosten absetzen zu können (FG Hamburg, Urteil vom 22.11.2004, Az. VI 111/01).

Als Herstellungsaufwand gelten alle Arbeiten, die Ihr Haus oder Ihre Wohnung erweitern oder wesentlich verbessern. Dann müssen Sie die Kosten über mehrere Jahre hinweg abschreiben. Es gibt allerdings eine wichtige Einschränkung: Kostet die Baumaßnahme maximal 4.000 Euro (netto, ohne Mehrwertsteuer!), so können Sie die Rechnung sofort geltend machen und den Betrag zum »Erhaltungsaufwand« hinzurechnen, der in Zeile 40 einzutragen ist.

Soweit die wichtigsten Hinweise. Sie ahnen vielleicht schon, dass es da noch manche Sonderregelung zu beachten gibt, auf die wir hier nicht näher eingehen können. Daher beschränken wir uns auf den Hinweis: Zu weiteren Risiken und Nebenwirkungen lesen Sie die einschlägigen Publikationen aus dem Hause Haufe oder fragen Sie Ihren Steuerberater.

9.4 Die Steuererklärung der Erbengemeinschaft

Wir haben es in Kapitel 5 angesprochen: Eine Erbengemeinschaft ist nicht auf Dauer angelegt. Sie soll sich möglichst zügig auflösen, damit jeder Erbe an seinen Erbteil kommt, über den er dann frei verfügen kann. Doch manchmal sind Erbengemeinschaften recht zählebig, vor allem wenn Immobilien im Spiel sind. Und wenn es um vermietete Immobilien geht (Kapitel 5.2.4), dann kann die Langlebigkeit durchaus beabsichtigt sein und den Beteiligten sogar Vorteile bringen, nämlich Einkünfte. Und wo Einkünfte sind, da ist das Finanzamt nicht fern und verlangt eine Steuererklärung. Allerdings handelt es sich um eine besondere Form der Steuererklärung, die sich von der individuellen Einkommensteuer unterscheidet.

9.4.1 Die Feststellungserklärung

Die Erbengemeinschaft versteuert ihre Erträge nicht selbst. Es sind die beteiligten Personen, denen die Einkünfte oder Verluste der Erbengemeinschaft zugerechnet werden – gemäß ihrer Erbquote, versteht sich. Doch bevor dies geschieht, geben die beteiligten Personen gegenüber dem Finanzamt eine gemeinsame Erklärung ab, eine »Erklärung zur gesonderten und einheitlichen Feststellung von Grundlagen für die Einkommensbesteuerung«, kurz die »Feststellungserklärung«. Oder noch kürzer »Vordruck ESt 1 B«.

In dieser Erklärung benennen die Mitglieder der Erbengemeinschaft einen Bevollmächtigten, der die Erträge verwaltet und für das Finanzamt als Ansprechpartner fungiert. Bei Einkünften aus Vermietung und Kapitalanlagen ist das Finanzamt zuständig, in dessen Bezirk der Bevollmächtigte wohnt.

9.4.2 Die nötigen Anlagen von »FB« bis »V«

Für jedes Mitglied der Erbengemeinschaft muss zusätzlich die Anlage FB ausgefüllt werden. Hier werden Angaben gemacht über die Art der Beteiligung und die Aufteilungsquote. Für jede Einkunftsart muss die Erbengemeinschaft die betreffende Anlage abgeben. Bei der Vermietung und Verpachtung ist das die Anlage V. Dabei ist für jedes Grundstück jeweils eine Anlage V erforderlich.

In der Anlage FE 1 werden Sondereinnahmen, Sonderwerbungskosten oder Sonderbetriebsausgaben erfasst. Damit ist gemeint: Wenn ein Mitglied Zahlungen erhalten hat (z. B. weil es für die Erbengemeinschaft die Steuererklärung erstellt oder Verwaltungsaufgaben übernommen hat), dann müssen die hier aufgeführt werden. Ebenso wenn ein Mitglied Kosten für die Erbengemeinschaft übernommen hat.

Hat die Erbengemeinschaft Einkünfte aus Veräußerungsgeschäften erzielt, ist die Anlage FE 2 fällig. Und bei einer Sonderabschreibung für Mietwohnneubauten nach § 7b EStG müssen Sie die Anlage FE 3 einreichen. Kapitalerträge erfassen Sie in der Anlage FE-KAP 1. Und wenn darin auch Investmenterträge enthalten sind, die nicht dem inländischen Steuerabzug unterworfen waren, reichen Sie noch die Anlage FE-KAP-INV ein. Zusätzlich, versteht sich.

9.4.3 Der Feststellungsbescheid

Das Finanzamt prüft alle Angaben und erstellt dann seinerseits einen Feststellungsbescheid. Der entspricht einem Steuerbescheid. Allerdings wird darin nicht die Höhe der Steuer genannt, sondern die Höhe der Einkünfte, die das Finanzamt anerkennt. Und die Aufteilung auf die einzelnen Mitglieder der Erbengemeinschaft. Diese Angaben müssen die Mitglieder der Erbengemeinschaft in ihre eigene Steuererklärung übernehmen.

Wichtig: Ist ein Mitglied der Erbengemeinschaft mit dem Ergebnis aus dem Feststellungsbescheid nicht einverstanden, muss es innerhalb von einem Monat Einspruch erheben. Beim Finanzamt, das den Feststellungsbescheid erstellt hat. Sie können sich damit nicht Zeit lassen, bis der Einkommensteuerbescheid vorliegt.

9.5 Die Spekulationssteuer

Verkaufen Sie Ihre geerbte Immobilie, fallen womöglich Steuern an. Dabei handelt es sich um die sogenannte »Spekulationssteuer«, die bei »privaten Veräußerungsgeschäften« erhoben wird. Wie § 23 Abs. 1 Nr. 1 EStG festlegt, gehört der Verkauf von Immobilien dazu. Die Steuer wird auf den »Gewinn« erhoben. Und der errechnet sich aus der Differenz zwischen dem Erwerbspreis und dem Verkaufspreis. Anders gesagt: Vom Verkaufspreis ziehen Sie die Kosten ab, die beim Erwerb entstanden sind. Dabei können Sie die Kaufnebenkosten geltend machen.

Nun haben Sie die Immobilie ja geerbt, es sind Ihnen also gar keine Kosten entstanden. Doch müssen Sie keineswegs den Verkaufspreis als Ihren »Gewinn« versteuern. Vielmehr ist der ursprüngliche Erwerbspreis maßgeblich. Also: Wie viel hat die Verstorbene damals für die Eigentumswohnung bezahlt, die Sie jetzt verkauft haben. Und auch das Datum des Erwerbs ist entscheidend.

9.5.1 Die zehnjährige Spekulationsfrist

Viele Erben kommen um die Spekulationssteuer herum. Denn wie § 23 Abs. 1 Nr. 1 EStG ausführt, handelt es sich nur dann um ein steuerpflichtiges Veräußerungsgeschäft, wenn zwischen Erwerb und Verkauf nicht mehr als zehn Jahre liegen. Entscheidend ist also nicht, wann die Immobilie in Ihren Besitz übergangen ist, in unserem Fall: wann Sie sie geerbt haben, sondern wann der Erblasser sie erworben hat, mit anderen Worten: Das Datum des Kaufvertrags.

Und es gibt noch eine Einschränkung: Wenn Sie selbst das Objekt im Jahr des Verkaufs bewohnt haben und in den beiden vorangegangen Jahren, dann bleibt der Verkauf ebenfalls steuerfrei.

Hinterlässt Ihnen Ihre Erbtante eine Eigentumswohnung, die sie vor acht Jahren gekauft hat, so müssten Sie Spekulationssteuer zahlen, wenn Sie die Wohnung gleich veräußern. Warten Sie noch gut zwei Jahre mit dem Verkauf, fällt die Steuer nicht an. Gleiches würde gelten, wenn die Erbtante die Wohnung erst vor drei Jahren erworben hat, Sie selbst in die Wohnung ziehen, um sie nach drei Jahren zu verkaufen.

9.5.2 Sonderfall Erbengemeinschaft

Bei einer Erbengemeinschaft kommt dieser Fall nicht selten vor: Im Zuge der »Erbauseinandersetzung« (siehe Kapitel 5.3) übernimmt ein Erbe die Anteile seiner Miterben an einer Immobilie. Anders gesagt, er kauft ihnen die Anteile ab. Was geschieht nun, wenn er die Immobilie innerhalb der nächsten zehn Jahre veräußert? Bislang war das ein Fall für die Spekulationssteuer. Doch das hat sich geändert. In einem wegweisenden Urteil hat der Bundesfinanzhof klargestellt, dass die Übertragung der Erbanteile kein »Erwerb« im Sinne von § 23 Abs. 1 Nr. 1 EStG ist (Urteil vom 26.9.2023, Az. IX R 13/22). Bei einem Weiterverkauf fällt keine Spekulationssteuer an.

Zur Klarstellung: Das Urteil bezieht sich auf die Übernahme der Eigentumsanteile innerhalb der Erbengemeinschaft. Also, wenn eine Erbin den Miterben ihre Anteile abkauft. In manchen Berichten über das Urteil ist zu lesen, der Verkauf geerbter Immobilien sei nicht länger steuerpflichtig – das ist mindestens irrführend.

Das Urteil betrifft nicht den in Kapitel 9.5.1 geschilderten Fall. Wenn die Verstorbene das Objekt vor weniger als zehn Jahren erworben hat, müssen Sie als Angehörige einer Erbengemeinschaft Spekulationssteuer zahlen. Bleibt die Frage: Wie viel eigentlich?

9.5.3 Wie berechnet sich die Steuer? – mit Rechenhilfe

Die Spekulationssteuer wird nicht gesondert erhoben. Vielmehr müssen Sie den »Gewinn« als Einkommensteuer abführen. Der »Gewinn« wird also nach Ihrem persönlichen Einkommensteuersatz besteuert. Die Höhe der Steuer hängt also von Ihren Einkünften in dem betreffenden Jahr ab. Dabei gibt es eine Bagatellgrenze: Übersteigt der Gewinn aus »privaten Veräußerungsgeschäften« in dem Steuerjahr nicht die Marge von 600 Euro, wird auf Besteuerung verzichtet.

DIGITALE EXTRAS

Rechenhilfe: Spekulationssteuer	
Datum des Erwerbs der Immobilie	(max. 10 Jahre)
Verkaufspreis	Euro
abzüglich Verkaufsnebenkosten (z. B. Anzeigen, Makler, Grundbuch, Notar)	Euro
abzüglich Kosten für Sanierung und Renovierung (sofern noch nicht steuerlich abgeschrieben)	Euro
abzüglich Erwerbskosten (laut damaligem Kaufvertrag)	Euro
abzüglich damalige Kaufnebenkosten (z. B. Makler, Notar)	Euro
= »Gewinn«	Euro
Persönlicher Einkommensteuersatz	%
Steuerbetrag	= Euro

9.6 Kosten für die Instandhaltung kalkulieren

Wenn Sie eine Immobilie erben, dürfen Sie eines nicht übersehen: Das Objekt muss instandgehalten werden. Es fallen Reparaturen an, Decken und Wände müssen von Zeit zu Zeit gestrichen werden, die Haustechnik sollte auf einem halbwegs aktuellen Stand bleiben und vieles mehr. Dabei geht es bei der Instandhaltung nicht um Modernisierung oder Verbesserung des Wohnstandards. Vielmehr soll der Standard gehalten werden. Das kostet. Doch ist Instandhaltung unverzichtbar, um den Wert Ihrer Immobilie zu erhalten. Daher sollten Sie die Kosten für die Instandhaltung kalkulieren und miteinplanen.

9.6.1 Instandhaltungskosten bei der Vermietung

Wenn Sie vermieten, sind Sie für den »vertragsgemäßen Zustand der Mietsache« verantwortlich. Das schließt ein, dass Sie für die Instandhaltung der Wohnung sorgen müssen. Sonst kann Ihr Mieter die Miete mindern. Anders verhält es sich bei einer Modernisierung. Die stellt eine Verbesserung und Aufwertung dar. Daher können Sie einen Teil der Kosten auf den Mieter umlegen: als Mieterhöhung wegen Modernisierung. Bei Staffel- und Indexmietverträgen ist diese Art der Mieterhöhung allerdings ausgeschlossen.

Und noch etwas ist zu beachten: Wenn Sie vermieten, können Sie die Instandhaltungskosten steuerlich geltend machen.

9.6.2 Rücklagen einplanen – mit Rechenhilfe

Um die Kosten für die Instandhaltungen aufbringen zu können, sollten Sie Rücklagen einplanen. Vielleicht lassen die sich auch aus Teilen der Erbschaft bilden. Sie legen eine ausreichende Summe für diese Arbeiten zum Beispiel auf einem Festgeldkonto an. Sonst müssen Sie für die Arbeiten einen Kredit aufnehmen oder Ihr Konto überziehen. Und das macht die Sache erheblich teurer. Wieviel Sie für die Instandhaltung zurücklegen sollten, das hängt von vielen Faktoren ab: Vom Alter des Gebäudes, von seiner Art (z.B. Reihenhaus, Mehrfamilienhaus, Bungalow), von seiner technischen Ausstattung und vom Zustand besonders kritischer Gebäudeteile wie zum Beispiel das Dach. Einen Überblick sollten Sie sich ja bereits bei der Besichtigung (siehe Kapitel 2.3) verschafft haben.

Darüber hinaus gibt es ein paar Faustregeln, die Ihnen einen Anhaltspunkt geben, wieviel Sie pro Jahr zurücklegen sollten, um die Instandhaltung zu finanzieren. Denn früher oder später werden die Arbeiten auf Sie zukommen. Wenn nicht in diesem Jahr, dann trifft es Sie im kommenden Jahr womöglich doppelt. Dafür haben Sie in den Folgejahren weniger zu zahlen, was Sie jedoch nutzen sollten, um Geld anzusparen.

Die Ein-Euro-Daumenregel

Die einfachste Art, die Instandhaltung zu berechnen, ist Ein-Euro-Daumenregel. Sie gilt für ein Einfamilienhaus neuerer Bauart. Demnach legen Sie pro Quadratmeter Wohnfläche mindestens einen Euro pro Monat für die Instandhaltung beiseite. Bei 180 Quadratmetern also 180 Euro im Monat, das macht im Jahr 2.160 Euro. Das ist jedoch die Untergrenze. Bei älteren Häusern ist der Bedarf deutlich höher. Da wird empfohlen, mindestens zwei Euro pro Quadratmeter monatlich anzusparen. Bei 180 Quadratmetern sind das 360 Euro im Monat oder 4.320 Euro im Jahr.

DIGITALE EXTRAS

Rechenhilfe: Rücklage mit der Ein-Euro-Daumenregel		
Wohnfläche:		Quadratmeter
Multipliziert mit 1,00/2,00 EUR	x	Euro
Multipliziert mit 12 Monaten	x	Euro
Jährliche Rücklage für Instandhaltung	=	Euro

Die Peterssche Formel

Bei Mehrfamilienhäusern wird eher die Peterssche Formel verwendet. Auch sie liefert nur einen ungefähren Anhaltspunkt – auch wenn ihr die Auswertung statistischer Daten zugrundeliegt und sie daher mehr Aussagekraft hat als eine bloße »Daumenregel«. Bei der Petersschen Formel bildet nicht die Wohnfläche die Grundlage der Berechnung, vielmehr sind es die Herstellungs- oder Anschaffungskosten des Gebäudes (Kaufpreis minus Grundstückswert). Die werden auf den Quadratmeterpreis umgerechnet, mit 1.5 multipliziert und durch 80 (Jahre) geteilt. Das Ergebnis ist die jährliche Rücklage pro Quadratmeter für die gesamte Instandhaltung des Gebäudes.

DIGITALE EXTRAS

Rechenhilfe: Rücklage mit Petersschen Formel berechnen		
Herstellkosten des Gebäudes		Euro/Quadratmeter
Multipliziert mit 1,5	x	Euro/Quadratmeter
Dividiert durch 80 Jahre	/	Euro/Quadratmeter/Jahr
Jährliche Rücklage pro qm	=	Euro

Berechnung der Instandhaltungsrücklage

Die Peterssche Formel wird auch verwendet, um bei einer Eigentumswohnung die Höhe der Instandhaltungsrücklage zu beurteilen. Bei einer Eigentumswohnung müssen wir unterscheiden zwischen der Instandhaltung des Gemeinschaftseigentums und des Sondereigentums. Für letztere muss jeder Eigentümer selbst aufkommen. Die Instandhaltung des Gemeinschaftseigentums wird über den gemeinsamen Topf finanziert, die Instandhaltungsrücklage. Reicht die nicht aus, muss eine »Sonderumlage« die übrigen Kosten decken – was häufig für Ärger sorgt.

Nach den Berechnungen von Peters entfallen auf die Eigentümergemeinschaft zwischen 65 und 70 Prozent der jährlichen Instandhaltungskosten, während jeder einzelne zwischen 30 und 35 Prozent noch zusätzlich beiseitelegen sollte. Daraus ergibt sich, dass die Instandhaltungsrücklage 65 oder 70 Prozent der jährlichen Rücklage betragen sollte.

DIGITALE EXTRAS

Rechenhilfe: Instandhaltungsrücklage berechnen	
Jährliche Rücklage pro qm Wohnfläche	Euro
multipliziert mit 0,65 oder 0,7	x Euro
Jährliche Instandhaltungsrücklage pro qm	= Euro

9.7 Wann lohnt sich eine Sanierung?

Bei geerbten Immobilien gibt es oft einen nicht unerheblichen Sanierungs- und Modernisierungsbedarf. Die Frage ist: Wann lassen Sie diese Arbeiten ausführen, in welcher Art, in welchem Umfang, oder ist die ganze Angelegenheit unwirtschaftlich, weil die Kosten zu hoch sind und der Nutzen zu gering ist?

Eine Sonderstellung haben dabei Maßnahmen zur energetischen Sanierung, vor allem der Austausch oder die Umrüstung der Heizung. In diesem Fall haben Sie nämlich nicht die Möglichkeit, alles auf dem aktuellen Stand zu halten. Das aktuelle Gebäude-Energie-Gesetz (GEG) verlangt, dass jede neu eingebaute Heizungsanlage mindestens zu 65 Prozent mit erneuerbaren Energien betrieben werden muss. Auch wenn sich das noch einige Zeit hinziehen kann mit dem Austausch, ist die Richtung klar: Früher oder später werden Sie die Heizung umrüsten müssen. Daher ist sicher sinnvoll, dieses Thema ganz nach oben zu stellen.

9.7.1 Die Aufwertung Ihrer Immobilie

Ein entscheidendes Argument für eine Sanierung: Ihre Immobilie gewinnt an Wert. Nach Möglichkeit übersteigt der Wertzuwachs Ihre Ausgaben. Aber Sie können es auch so betrachten: Wenn Sie bestimmte Modernisierungsmaßnahmen unterlassen, sinkt der Wert der Immobilie. Sie erfüllt bestimmte Standards nicht mehr. Badezimmer, die in den 1990er-Jahren aufwendig saniert worden sind, wirken heute rückständig.

Wenn Sie vermieten, kann eine Aufwertung sinnvoll sein, weil Sie eine höhere Miete verlangen können – und sogar im laufenden Mietverhältnis einen Teil der Kosten wieder hereinholen können (über die Mieterhöhung wegen Modernisierung). Aber auch wenn Sie das Objekt selbst nutzen, können Sie davon profitieren. Denn Ihre Immobilie steigt im Wert. Und sollten Sie auf die Idee kommen zu verkaufen, erzielen Sie einen höheren Verkaufspreis.

Das führt uns zur entscheidenden Frage: Wie sehr wird Ihre Immobilie durch die Maßnahme aufgewertet? So genau lässt sich das nicht sagen. Denn niemand kann voraussagen, wie viel jemand in Zukunft für Ihr Haus zu zahlen bereit ist, wenn es über eine Fußbodenheizung verfügt – oder gerade nicht. Was sich jedoch abzeichnet, das sind bestimmte Trends und bestimmte Standards, abhängig auch von der jeweiligen Wohnlage. Soll heißen: Wenn Sie eine Wohnung geerbt haben mit einfacher Ausstattung und Wohnlage, dann gewinnen Sie wenig, wenn Sie die »hochrüsten«. Und auch beim gehobenen Segment ist es eine Überlegung wert, wie sehr die Maßnahme Ihre Immobilie aufwertet, wie »nachhaltig« sie wirkt oder ob sie in fünf Jahren schon überholt ist.

Aktuell ist das Thema Heizung und Energie äußerst relevant. Haben Sie eine Immobilie zu vermieten oder zu verkaufen, die die neuen Anforderungen bereits erfüllt, macht das Ihr Objekt sehr viel attraktiver. Altbauwohnungen waren bis vor kurzem begehrt, teilweise sind sie es noch immer, vor allem wenn sie technisch nachgerüstet worden sind. Und doch spielt auch hier das Heizungsthema mit hinein. Objekte, die bis vor kurzem schwindelerregende Preise erzielt haben, sind momentan weniger gefragt – solange das Heizungsthema nicht geklärt ist. Gerade im oberen Preissegment möchten sich Käufer nicht mit einer ungeklärten Heizungsfrage belasten.

9.7.2 Der Einspareffekt

Bei einer Sanierung geht es nicht allein um die Aufwertung. Häufig sollen auch Einsparungen erzielt werden, an Wasser und Energie. Beides hängt miteinander zusammen. Wenn Sie Ihr Haus zum »Energiesparhaus« umrüsten, dann steigt es eben auch im Wert. Und doch ist es sinnvoll, beides voneinander zu trennen. Denn während die Aufwertung immer ein wenig spekulativ bleibt, lässt sich der Einspareffekt viel eher berechnen. Und wenn sich ergibt, dass der Einspareffekt bereits ausreicht, die Maßnahme zu finanzieren, spricht sehr viel für diese Maßnahme. Sie lohnt sich – finanziell.

9.7.3 Die Berechnung der Amortisationszeit

Ob sich eine Sanierung lohnt, das können Sie berechnen. Dabei beruhen solche Berechnungen notwendigerweise auf mehr oder weniger plausiblen Annahmen. Wie viel die Arbeiten tatsächlich kosten und welche Einsparungen durch erreicht werden, das wissen Sie erst im Nachhinein. Wenn überhaupt. Dennoch ist es sinnvoll, ja dringend anzuraten, die Sache vorher durchzurechnen. Nur so können Sie eine vernünftige, informierte Entscheidung treffen.

Eine Standardmethode ist die Berechnung der Amortisationszeit. Dabei versuchen Sie herauszufinden, wie lange es dauert, bis Sie die Kosten einer Maßnahme wieder hereingeholt haben. Zunächst einmal kostet Sie die Sanierung viel Geld. Im Laufe der Zeit macht sich jedoch der Einspareffekt (9.7.2) bemerkbar. Es wird weniger Energie verbraucht. Die Kosten gehen runter. Außerdem ist zu berücksichtigen, dass die Kosten womöglich steigen würden, wenn Sie *nicht* sanieren. Zum Beispiel durch die jedes Jahr steigende CO_2-Abgabe für Heizöl und Erdgas, die Ihnen erspart bleibt, wenn Sie auf erneuerbare Energien umrüsten. Oder höhere Wartungs- und Instandhaltungskosten, die Sie hätten, wenn Sie die Haustechnik oder die sanitären Anlagen nicht erneuern.

Diese positiven Effekte rechnen Sie auf Jahresbasis um: Wie viel sparen Sie pro Jahr? Sie können auch die Wertsteigerung berücksichtigen. Die tritt allerdings mit sofortiger Wirkung ein. Daher können wir sie gleich von den Kosten abziehen. Daraus ergibt sich die folgende Grundformel für die Amortisationszeit:

Grundformel für die Amortisationszeit
Amortisationszeit=Kosten – Wertsteigerung / Einsparungen pro Jahr.

Nun wissen Sie, nach wie viel Jahren die Kosten abgetragen sind. Anschließend geraten Sie in die Gewinnzone und profitieren nur noch von den Einsparungen. Allerdings hat jede Maßnahme nur eine begrenzte »Lebensdauer«. Irgendwann geht die Photovoltaik-Anlage kaputt oder ist technisch überholt. Die Fenster müssen wieder ausgetauscht und die Elektrik muss erneuert werden. Natürlich wissen Sie noch nicht, wann dieser Zeitpunkt erreicht ist. Doch können Sie sich auf Erfahrungswerte stützen und eine Schätzung vornehmen.

In jedem Fall sollte die angenommene »Lebensdauer« deutlich über der Amortisationszeit liegen. Sonst fällt der zu erwartende Einspareffekt allzu dürftig aus. Und wenn die Amortisationszeit die »Lebensdauer« übertrifft, heißt das: Finanziell lohnt sich diese Sanierung nicht. Sie zahlen drauf.

Kreditkosten nicht vergessen

Können Sie die Sanierung aus der Erbmasse oder aus Eigenmitteln finanzieren? Wenn nicht, müssen Sie die Sanierung über einen Kredit finanzieren. In diesem Fall müssen Sie Zinsen und etwaige Gebühren zu den Kosten hinzurechnen. Wenn Sie es besonders akkurat machen möchten, dann könnten Sie außerdem noch berücksichtigen, wie viel das eingesetzte Kapital gebracht hätte, wenn Sie es als Festgeld angelegt hätten, anstatt es in die Sanierung zu stecken.

Stichwortverzeichnis